개정판

부동산 매매사업자
처음 시작합니다

재 편 지음

부동산 매매 사업자

처음 시작합니다

가디언

매매사업자 제대로 알려주는 책은 왜 없을까?

살면서 가장 많은 감사 인사를 받고 있습니다. 제 글에는 매일 초보 매매사업자가 찾아옵니다. 심플한 글입니다.

'매매사업자 질문받습니다.'
'늦더라도 반드시 답변드립니다.'

매매사업자 초보 시절, 저는 어디에서도 답을 찾기 어려웠습니다. 공무원 선생님께 '이러시면 어떡합니까' 하며 혼나기 일쑤였습니다. 경매 책을 십수 권, 부동산 책을 수십 권, 경제 책을 수백 권 읽어도 실전은 또 달랐습니다. '죄송하다, 감사하다' 연발하다 보니 어느새 여기까지 왔습니다. 맨땅에 헤딩하면 오래 걸려서 돌아갈지는 몰라도, 어떻게든 갈 수는 있더라고요.

힘들었던 시절을 떠올렸습니다. 호기심이 생겼습니다. 나처럼 고민하는 사람은 없을까? 그렇게 온라인 카페에 글을 올렸습니다. 정말 간단한 글이었습니다. 기대도 안 했습니다. 예전에 혼신의 노력을 다해 부동산 전자책을 만들었지만,

놀랍게도 아무도 관심을 주지 않았거든요. 온라인 세상은 차갑구나. 내 역량을 인정하고 받아들였습니다. 유명한 사람은 많지만 저는 일개 아무개였습니다. 그저 카페에 '툭' 하고 돌을 던졌습니다.

놀라운 일이 일어납니다. 첫날에만 댓글이 100개가 넘게 달렸습니다. 뿌린 대로 거둔다고, 답을 드리는 데만 한나절이 걸렸습니다. 약속은 지켜야 하니까요. 재미있었습니다. 그래서 다음 날에도 글을 올렸습니다. 성실하게 답변을 드리고, 감사 인사를 받고, 또 글을 올리고. 어느새 몇 달이 지나 있었습니다. 제 팬도 늘었습니다. 짧은 기간에 가장 많은 감사를 받았습니다.

궁금했습니다. '여태까지 받은 질문에 일관성이 있을까?' 저도 나름 논문을 써본지라, 통계를 내보고 싶어졌습니다. 역시 세상에는 별의별 호기심이 다 있습니다. 그렇게 데이터를 모았습니다. 질문을 주제별로 분류하고, 같은 질문이 있으면 일일이 숫자를 더했습니다. 숫자 1000을 끝으로 더 이상 세지 않았습니다. 큰 수의 법칙을 충분히 만족했기 때문입니다. 그 결과는 다음과 같습니다.

질문 통계

대분류	질문 수	소분류
대출	187	한도, 대환, 공제, 기대출, 실거주, 임대, 전입신고, 경락, 공동, 사업자, 용도전환, DSR
매매사업자 운영	175	사업자등록, 사업장, 시기, 필수, 이득, 이월공제, 환급, 강제, 관할세무서, 비교과세, 취급품목, 예정신고
세금	157	납부, 시기, 양도세, 종소세, 증여세, 취득세, 다주택, 부가세
비용처리	70	항목, 필요성, 부가세, 한도, 시기, 적격증빙
개인	64	개인 명의, 중복, 비과세, 기존주택, 실거주
연결	61	세무사, 법무사, 대출상담사
매매사업자 인정	53	임대, 월세, 전세, 단기, 사업성, 횟수, 기간, 추징
장부	47	기장, 필요성, 시기, 방법, 재고자산

건강보험료	34	비용, 기간, 시기, 지역가입자, 직장가입자, 회사 통지
명의	32	소득, 낙찰, 가족, 공동사업자, 입찰, 일반
법인	21	상가, 비교, 개인, 매매사업자
국민연금	19	비용, 기간, 타공적연금
폐업	19	무실적, 직권 말소, 과태료, 현황신고, 개업
직장인	18	겸업금지, 병행, 연말정산, 회사통보
경매	15	임차인, 대항력, 주택채권매입, 납부기한
임대사업자	14	중복, 필수, 임대
코드	10	면세, 과세, 업종, 비주택, 추가
사업자카드	8	개인카드, 시기, 홈택스 등록, 필요성

가장 많이 물어본 분야는 사업자 운영도, 세금도, 명의도, 비용처리도 아닌 '대출'이었습니다. 아뿔싸, 정작 답변을 하는 저도 몰랐습니다. 실제로 제 직장 동료가 이번에 경매로 신혼집을 마련하며 제게 처음으로 물었던 것도 대출이었습니다. '샘, 대출이 얼마나 나오는지는 어떻게 알아요?' 했더랬죠. 경험자는 대출이 쉽죠. 초보자는 꽉 막혀서 뚫기 어려운 벽입니다. 그제야 알았습니다. 데이터가 뚜렷하게 말해주고 있었습니다.

분야를 막론하고 가장 많이 물어본 단일 질문은 무엇이었을까요? 이번에도 사업자 운영도, 세금도, 명의도, 비용처리도 아니었습니다. '개인 주택 비과세 따로 받을 수 있나요?'였습니다. 매매사업자를 시작하려는데 기존에 보유하던 주택이 걸렸던 것이지요. 괜히 시작했다가 '기존 주택 비과세가 날아가면 어떡하지?' 하는 불안. 저는 몰랐습니다. 무주택자로 투자를 시작했거든요. 그래서 기존 주택이 잘못될 수 있다는 두려움을 알지 못했지요. 질문을 정리해보지 않았더라면 몰랐을 일입니다.

이 책은 1,000개가 넘는 질문이 쌓이고 쌓여 만들어진 퇴적암과 같습니다. 한 층 한 층마다 수많은 경험과 좌절이 담겼습니다. 지금 당장의 궁금한 점을 해결하는 데 그치지 않습니다. 미래에 반드시 발생하는 문제까지 해결합니다. 과장 좀 보태면, 여러분이 앞으로 겪을 위기는 이 안에 예언되어 있습니다. 이 책을 사전처럼 옆에 뒀다가, 문제가 닥치면 꺼내어 헤쳐나가길 바랍니다.

특히 강조하고 싶은 점이 있습니다. 이 책 내용은 인터넷에 안 나옵니다. 찾아보기 힘들 것입니다. 그럴 수밖에 없는 이유가 있습니다. 제게 질문하신 분들이 늘 하시는 말씀이거든요. 제 글에 달린 감사 댓글을 보면, '와, 찾기 힘들었는데 알려주셔서 감사합니다', '잘 안 나오는 걸 이렇게 쉽게 알려주셔서 감사합니다'가 유독 많습니다. 뿌듯한 일입니다.

이 책은 '잘 알려지지 않았는데 꼭 필요한 지식'의 창고입니다. 매매사업자에 관한 질문이 생긴다면, 이 책 한 권으로 그 답을 대신해도 될 정도입니다. 만약 여기서 다루지 않은 내용이 있다면 이유는 두 가지입니다. 필요하지 않거나, 어디든 잘 나오거나. 그만큼 자신이 있습니다. 글을 쓰며 제가 겪었던 힘듦이 생각나서 더 자세히, 더 친절하게 썼습니다.

책은 총 7장으로 구성되었습니다. 목차는 전부 실제 질문을 기반으로 작성했습니다. 질문을 토씨 하나 안 틀리고 그대로 가져온 목차도 있습니다.

1장은 매매사업자의 개념, 장단점, 명의를 다룹니다. 1장만 읽어도 개인, 매매사업자, 법인 명의를 완벽하게 구분할 수 있고, 간주 매매사업자에 대한 걱정이 사라집니다. 2장에서는 매매사업자를 둘러싼 세금을 정복합니다. 양도세, 종합소득세, 부가세, 취득세, 보유세 등 세금 의문을 없앱니다. 특히 매매사업자는 부가세를 유의해야 하는데, 이에 관련한 모든 궁금증을 해결합니다.

3장부터는 본격적으로 매매사업자를 알려드립니다. 매매사업자 인정, 장부,

비용처리, 운영, 기장료·법무사비, 폐업, 법인, 개인과의 차이를 다룹니다. 폐업까지 다루는 책은 아마 거의 없을 겁니다. 4장에서는 매매사업자 심화 학습이 시작됩니다. 사업자 유형, 등록, 직장인, 건강보험료, 국민연금, 비교과세, 예정신고, 성실신고를 다룹니다. 특히 회사에 걸리지 않고 사업하는 방법을 공개하니, 부업에 관심 있는 직장인이라면 꼭 이 부분을 챙겨 읽길 바랍니다.

5장은 가장 많은 질문 분야였던 대출을 똑 떼어 설명합니다. 대출 한도를 더는 누구한테 물어보지 않고 스스로 계산할 수 있게 됩니다. 6장에서는 위에서 배운 개념으로 실제로 매매사업자 예정신고, 종합소득세, 비용처리 사이클이 어떻게 굴러가고 얼마나 이득인지 개인과 비교해서 알아봅니다. 마지막으로 7장에서는 부동산 투자를 하며 가져야 할 기본적인 마음가짐을 담았습니다.

저는 긴 글을 싫어합니다. 그래서 질문-답, 질문-답 형식으로 책을 만들었습니다. 유튜브 쇼츠처럼 슥슥 넘기면서 보시길 바랍니다. 직관적이고 간결한 해답. 이 책에서 추구하는 정신입니다. 프롤로그처럼 긴 글은 이제 없습니다. 여러분이 세 페이지를 넘겼음에도 '아, 그래서 뭐라는 거야' 소리가 나오면 이 책을 환불해 드리겠습니다. 저자 블로그에 댓글을 남겨주세요. 반성하겠습니다.

정말 마지막으로, 한 가지 양해를 구합니다. 책에서는 프롤로그를 제외한 모든 문장에서 반말을 씁니다. 솔직한 마음을 담아내고자, 제 친구에게 고백하는 마음으로 작성했습니다. 다소 무례해 보이더라도 너른 마음으로 봐주셨으면 좋겠습니다. 존댓말을 쓰면 저 자신을 온전히 내놓지 못할 것 같았습니다. 제 필력이 부족한 탓입니다.

자, 서론이 정말 길었습니다. 제가 누군지 궁금하신 분은, 이 책 맨 뒤 에필로그를 보고 와주세요. 이 책에 한층 진솔함이 묻어날 겁니다. 제가 누군지 별 관심 없으시면 바로 다음 장으로 가시면 됩니다. 소크라테스와 공자에 버금가는 매매사업자 문답 퍼레이드, 지금 시작합니다!

매매사업자 동료 여러분, 환영합니다

재편입니다. 자랑 좀 하겠습니다.

책이 손익분기점을 한참 넘겼습니다. 전혀 예상하지 못했습니다. '5년 안에 1쇄만 다 팔자'던 목표가 무색할 정도입니다. 덕분에 출판사에 당당히 개정판을 제안할 수 있었습니다. 모두 독자 여러분의 사랑 덕분입니다. 진심으로 고개 숙여 감사드립니다. 이번 개정판에는 특별히 몇몇 독자분들의 생생한 후기도 함께 담아 그 의미를 더했습니다.

이 개정판을 준비하며 가장 염두에 둔 것은, 역시나 초보 매매사업자입니다. 기존 책에서 다루지 않은 내용 중 가장 궁금해한 것들은 무엇일까? 무엇이 궁금한지 본인도 모르는, 그러나 궁금해할 것들은 무엇일까? 철저히, 처절히 고민했습니다. 그렇게 이번 책도 초보 매매사업자에 집요하게 초점을 맞췄습니다.

우선, 당연하게도 책 출간 후 추가된 질문을 총정리했습니다. 책이 나온 뒤에도 계속해서 질문을 받았습니다. 누적된 질문은 5천 건 이상입니다. 이 모두를 거르고 걸러서 꼭 필요한 것만 추가했습니다. 기존 책을 갖고 계신 분은 아는 부분은 빠르게 되새기고, 까먹은 부분은 다시 기억하고, 새롭게 추가된 부분은 처음 이 책을 만났을 때처럼 유익하게 읽길 바랍니다.

특히 이 책을 덮을 때쯤엔, 수많은 규제를 뚫고 나갈 명확한 대응책이 여러분 머릿속에 그려져 있을 겁니다. 6·27, 9·7, 10·15 규제 모두를 한 권으로 정복합니다. 어느새 규제는 여러분을 가로막는 장벽이 아닌, 다른 사람들이 쉽게 넘볼 수 없는 진입장벽이 될 겁니다.

다음, 정확한 입찰가 산정법을 추가했습니다. 도대체 입찰가를 얼마로 해야 할지 모르겠다는 분들에게 '세후수익'이라는 명확한 기준을 제시합니다. 분명히 수천만 원 차이로 여유롭게 취득했는데 왜 주머니에 남는 돈이 없을까요? 이런 의아한 일을 더는 겪지 않게 됩니다.

또, 부가세를 스스로 계산할 수 있게 했습니다. 대형 평형 주택은 부가세 부담으로 다른 매매사업자나 법인 투자자가 쉽게 접근하지 못합니다. 세금 부담으로 남들이 주저할 때, 정확한 계산으로 자신 있게 도전하세요. 줄어든 경쟁자에 좋은 결과까지 자연스레 뒤따를 겁니다.

사실 개정판은 작가에게 큰 도움이 되지 않습니다. 이미 책은 잘 팔리고 있고, 매매사업자 핵심 지식은 이전 책으로도 충분하니까요. 그럼에도 개정판 집필을 결심한 이유는 간단합니다. 계속되는 질문을 받으며 처음 매매사업자를 시작하던 시절로 돌아간 것 같았기 때문입니다. 첫 집필과 이유가 같습니다. 이 책이 혼란스러운 부동산 시장에서 매매사업자 여러분의 한 줄기 빛이자, 길잡이가 되길 바랍니다.

마지막으로 재밌는 점 하나. 목차에 없는 한 페이지를 숨겨뒀습니다. 책을 열심히 읽은 분들을 위한 제 작은 선물입니다. 초보 투자자에게 도움이 될 거라 자신합니다. 유익하게 사용해주세요.

자, 개정판 서론도 참 길었습니다. 독자분들의 생생한 후기가 궁금한 분은 이책 맨 뒤로 가주세요. '아니, 무슨 책이길래 이런 말을 하지???' 싶을 겁니다. 별로 궁금하지 않은 분은 바로 다음 장으로 가시면 됩니다. 소크라테스와 공자에 버금가는 매매사업자 문답 퍼레이드, 이제 진짜 시작합니다!

차 례

PART 1 가장 많이 묻는 질문부터

 **PART 2 매매사업자라면 세금부터**

 **PART 3 여러분이 놓쳤던 매매사업자의 비밀**

PART 4 이것도 모르고 시작하려 했다니

PART 5 매매사업자 대출을 이제야 알다니

PART 6 실전 계산! 개인 vs 매매사업자

 **PART 7 시장을 대하는 마음가짐은**

PART

1

가장 많이 묻는
질문부터

매매사업자가
도대체 뭔가요?

CHAPTER
1

    지금 부동산 매매사업자를 검색해보자. 매매사업자에 관한 정의, 설명이 쭉 나올 것이다. 뭐라고 나오는가? 이해가 되는가? 어떻게 할지 감이 오는가?

    아닐 것이다. 괜찮다. 나도 그랬다. 겪어보니, 법적 용어와 정의는 오히려 시작을 늦추는 장벽이었다. 처음부터 배우는 지금, 어려운 용어는 다 빼자. 다듬고 다듬은 끝에, 내가 정의한 매매사업자는 다음과 같다.

◉ "단기로 부동산을 사고팔아 돈을 버는 직업."

    이 간단한 문장에 매매사업자의 정수가 담겨 있다. 흔히 알려진 매매사업자의 정의, '1과세 기간에, 2번 이상 매수하고, 1번 이상 매도하며…' 같은 말은 중요하지 않다. '단기', '부동산', '직업' 이렇게 세 가지 키워드에 주목하자.

    매매사업자는 '단기'에 사고팔며 매매차익을 쌓는다. 싸게 사서, 빠르고 덜 비싸게 판다. 매매사업자의 핵심이다. '부동산'을 사고팔기에 관련 제도, 세금, 조건을 알아야 한다. '직업'이기에 '명의'가 될 수 없으며, 사업자로서 얻는 이익과 의무가 있다.

◂◂◂

개인 단기 매도는
왜 추천하지 않을까?

부동산을 사고팔면 돈을 벌 수 있다. 누구나 아는 사실이다. 그렇다면 부동산을 빠르게 사고팔면 더 빠르게 벌까. 틀렸다. 빠르게 팔기보다 2년 뒤에 파는 것이 낫다. 양도세가 훨씬 적기 때문이다. 양도세는 개인이 부동산을 팔 때 내는 세금이다. 양도세는 2년 내, 2년 후가 어마어마한 차이를 보인다. 부동산 공부를 조금 해봤거나, 집을 사고팔아본 경험이 있는 사람은 잘 알 것이다.

그래서 개인 단기 매도는 돈을 모으기 힘들다. 세금을 70%나 떼어 가서 손에 남는 돈이 없다. 지방세 10%까지 추가하면 77%가 세금이다. 열심히 공부해서 산 아파트가 6개월 만에 1억 원이 올라도, 7,700만 원이 세금이니 부담이 너무 크다. 집값이 오를 때 빠르게 갈아타기를 하고 싶어도, 울며 겨자 먹기로 2년간 가지고 있을 수밖에 없는 현실이다. 그 사이 집값이 내려갈 수도 있다. 손해 보고 팔 수도 없다. 투자금은 묶인다. 환금성이 떨어진다.

개인과 매매사업자는 남는 돈이 다르다. 매매사업자는 훨씬 낮은 세율을 적용받아 돈을 쉽게 모은다. 사업 소득에 따라 소득세율 6~45%만 낸다. 개인 단기 양도세율 77%와 비교하면 거의 반토막 수준이다. 덕분에 세금 부담이 적으니 빠르게 팔고 다음 물건으로 돈을 옮길 수 있다. 환금성이 높다.

거기다 매매사업자는 손해 보고 팔아도 그렇게 손해가 아니다. '오늘 본 이득'에 대한 세금을 '옛날에 본 손해'로 탕감해주기 때문이다. 사업자의 특권이다. 개인은? 쥐뿔도 없다. 개인이 올해 부동산 투자로 2천만 원 손해봤더라도, 내년에 번 3천만 원에 대해서는 세금을 고스란히 내야 한다. 하지만 매매사업자였다면 1천만 원에 대한 세금만 내면 된다. 이렇게 손해를 미루는 기간은 얼마 동안? 무려 15년 동안이다.

정리하면, 매매사업자는 부동산을 싸게 매입하고, 빠르게 매도하며 돈을 번다. 세율이 개인 단기 양도세보다 훨씬 낮기 때문이다. 더욱이 손해를 보더라도 마냥 손해가 아니다. 앞으로 벌 돈에서 과세표준을 줄여주니, 길게 보면 매매사업자를 안 하는 것이 오히려 손해다. 부동산 투자에서 손대는 족족 이득만 보는 사람이 있을까?

꼭 경매를 할 필요도 없다. 일반 매매도 매매사업자를 쓸 수 있다. 나도 작년에 일반 매매로 산 아파트 가격이 올라서, 2개월 만에 팔고 상급지로 갈아탔다. 매매사업자가 없었다면 불가능했을 일이다. 좋은 기회가 왔다는 것을 알아도, 손 놓고 쳐다만 봐야 했을 생각을 하니 아찔하다. 개인으로 팔았으면 손에 남는 현금이 없으니 갈아타기도 못 했을 것이다.

중요한 것은 싸게 사서, 빠르고 덜 싸게, 꼭 필요한 사람에게 매도하는 것. 부동산은 돈 단위가 크기 때문에 10%만 이익을 남겨도 어마어마한 금액이 수중에 남는다. 이렇게 매매사업자로 순수익 5천만 원만 남겨도 연봉 뚝딱이다. 개인과 매매사업자가 같은 매매차익에 대해 순수익이 얼마나 다른지는, 공부를 마친 후 파트 6장에서 직접 비교해보자.

POINT

부동산 단기 매도를 매매사업자로 하면, 개인으로 했을 때보다 세금을 훨씬 줄일 수 있다.

Q2

매매사업자는
어떤 부동산을 사고파나요?

매매사업자의 세 가지 키워드 중 '부동산'과 '사업자'에 관한 자세한 이야기다.

어떤 부동산을 사고팔지는 순전히 사업자인 우리 마음이다. 원하는 대로 하면 된다. 사과를 팔든, 감귤을 팔든 과일 장수 마음이다. 매매사업자도 모든 종류의 부동산을 취급할 수 있다. 아파트, 원룸, 오피스텔, 상가, 건물 등 마음대로 골라서 사고팔면 된다.

뒤에서 배우겠지만, 사업자는 면세사업자와 과세사업자로 나뉜다. 매매사업자도 면세사업자와 과세사업자 두 가지 종류가 있다. 매매사업자 면세사업자는 85㎡ 미만 주택과 땅을, 과세사업자는 모든 종류의 부동산을 다룰 수 있다. 과세사업자가 다루는 범위가 넓은 만큼, 부가세 관련해서 지켜야 할 사항이 더 있다.

또한 매매사업자도 사업자라서 업종 코드가 정해져 있다. 자영업을 해본 사람은 안다. 헬스장은 통신판매업 코드를 넣고, 식당은 음식점업 코드를 넣는다. 특히 식당은 중식, 양식, 한식 코드가 다르다. 매매사업자도 비슷하다. 쓸 수 있는 코드는 총 네 가지다. 업종 코드에 따라서도 취급 가능한 부동산 종류가 달라진다.

보통 코드·업종·과세 질문을 받으면, 703011(주거용 건물 공급 및 개발업), 과세사업자를 추천하는 편이다. 매매사업자는 보통 주택으로 시작하는 경우가 많기 때문이다. 설령 주택이 아닌 상가, 오피스텔 등을 다루게 되더라도 추후 703014(비주거용 건물 공급 및 개발업) 코드만 추가하면 된다. 부동산 품목별 부가세와 처리법은 파트 2, 업종 코드와 면세·과세사업자는 파트 4에서 자세히 다룬다.

POINT

매매사업자 과세사업자는 모든 종류의 부동산을 사고팔 수 있다. 다만, 면세사업자는 85㎡ 미만 주택만을 다룬다.

Q3 부동산 종류별 주의해야 할 세금은 없나요?

모든 부동산을 단기에 사고팔며 돈을 번다니. 실로 강력한 능력이다. 부동산은 품목마다 다른 세금 제도를 적용받는다. 매매사업자라도 품목 자체의 주의사항이 없는 것은 아니다.

우선 아파트는 면적에 따라 주의사항이 다르다. 전용 85㎡ 이상인지, 미만인지가 관건이다. 전용 85㎡ 미만 아파트는 매매사업자 주의사항이 따로 없다. 개인으로 매매하듯 하면 된다. 85㎡ 이상 아파트는 조금 다르다. 부가세^{질문 31번, 32번}가 발생한다. 매수인에게 부가세를 따로 받아서, 매도자인 우리가 납부해야 한다. 매매가에 부가세를 포함시키는 경우도 물론 있지만, 원칙적으로는 따로 받는 것이 맞다.

오피스텔은 개인으로 팔면 부가세가 없지만, 사업자로 팔면 부가세가 있다. 다만, 전용 85㎡ 미만 주거용 오피스텔은 매매사업자로 매도 시 부가세가 없다. 주택처럼 취급한다. 보통 오피스텔을 분양받은 사람은 임대사업자를 이용해 부가세 조기환급을 받는다. 일정 기간 내 분양받은 오피스텔을 매도하면, 환급받은 부가세를 토해내야 한다. 상가는 주거용이 따로 없으므로 부가세 과세 대상이다.

주택 분양권은 조심해야 한다. 매매사업자로 분양권을 매도했다가는 치명상을 입을 수 있다. 주택 분양권, 비사업용 토지, 미등기부동산, 중과대상주택은 비교과세 대상이다.^{질문 138번} 매매사업자를 활용해 매매차익을 소득세로 신고해도 세무서에서 '이놈' 하고 양도세로 다시 추징해간다.

POINT

> 비주택, 대형 주택은 부가세를 유의하자. 비교과세 대상은 양도세가 추징될 수 있으니 피해야 한다.

양도세를 소득세로
바꾸는 힘

'쓰레기를 나무로 바꾸는 힘.'

이 대사를 들어 봤는가? 내가 어렸을 때 유행하던 〈배틀짱〉이라는 만화 속 대사다. 주인공 유키가 쓰레기를 손에 쥐면 한순간 빛이 나며 커다란 나무가 된다. '와, 나도 저런 능력이 있으면 좋겠다.' 쓰레기를 쓸모 있게 바꾸는 능력이 부러웠다.

이처럼 특별한 능력은 만화 주인공이나 가질 수 있다. 하지만 '과도한 양도세를 저렴한 소득세로 바꾸는 힘'은 누구나 쉽게 가질 수 있다. 매매사업자만 있으면 된다.

매매사업자는 양도세를 내지 않는다. 비싼 양도세 대신에 소득세를 낸다. 77%에 달하는 양도세 대신 6~45%의 낮은 세율을 적용받는다. 줄어든 세금만큼 내 주머니에 고스란히 남는다. 세전 연봉 1억 원이 세후 월급 600만 원이다. 세후가 중요하다.

매매사업자는 되기도 쉽다. 만화 〈드래곤볼〉에서 크리링과 야무치는 부단히 노력해도 초사이어인이 되지 못한다. 지구인의 태생적 한계를 극복하지 못했기 때문이다. 그러나 매매사업자는 누구나 가정집에서 쉽게 될 수 있다. 따로 사업장을 구하지 않아도 되며, 특별한 조건 없이 시작할 수 있다.

누구나 양도세를 소득세로 쉽게 바꿀 수 있다. 매매사업자의 첫 번째 장점이다.

Q4

양도세를
안 내도 된다고요?

그렇다. 매매사업자는 양도세를 내지 않는다. 세상에 양도세를 안 내도 되는 직업이 있다니.

부동산을 팔아서 돈을 벌면 나라에서 일부를 가져간다. 누구나 매매차익 일부를 세금으로 내야 한다. 양도세는 얼마나 보유하고 팔았는지에 따라 세율이 어마어마하게 다르다. 그중 단기 양도세율은 무척 높다. 나라에서 단기 투자를 억제하기 위해 단기 양도세율을 높게 설정했기 때문이다.

매매사업자는 다르다. 양도세를 소득세로 바꿔서 낸다. 소득세는 단기 양도세율보다 세율이 훨씬 낮다. 매매사업자를 이용하면 쓰레기(?) 같은 양도세를 나무 같은 소득세로 손쉽게 바꿀 수 있다. 심지어 매매차익을 '보유기간에 관계없이' '양도세 대신 소득'으로 처리할 수 있다. 부동산을 사고 바로 다음 날 팔아도 적용된다.

강제 사항도 아니다. 개인 매매사업자는 양도세와 소득세 중 유리하게 '선택'할 수 있다. 세금을 가장 많이 줄이는 방법으로, 개인 비과세는 비과세대로 다 받을 수 있다. 세금도 적게 내고 환금성도 챙긴다. 매매사업자는 초능력이 맞다.

만화 속 주인공이 아니어도 누구나 쉽게 가질 수 있는 초능력이다. 강력한 혜택이 너무 쉽게 주어지는 것이 아닐까? 매매사업자는 왜 소득세로 낼 수 있는 걸까?

POINT

> 매매사업자는 양도세 대신 소득세를 낸다. 매매차익을 사업소득으로 보기 때문이다.
> 보유기간과 무관하다.

#다주택자
#소득세
#양도세
} **Q5**

매매사업자는
왜 소득세로 낼 수 있나요?

왜 이게 가능할까? 별다른 이유는 없다. 의사가 약을 처방하고, 변호사가 변호를 하듯, 매매사업자가 그런 직업이라 그렇다. 매매사업자는 양도세나 소득세중 선택해서 신고할 '권리'가 있는 직업이다.

면허나 자격증도 필요 없다. 가정집에서 사업자등록증 한 장만 제출하면 된다. 매매사업자를 내면 바로 지금부터 매매차익을 소득세로 처리할 수 있다. 소득세는 6~45%라서 아무리 높아도 단기 양도세보다 무조건 낮다. 심지어 언제든 팔아도 되니 부동산의 가장 큰 단점 중 하나인 '환금성'을 해소할 수 있다.

기존에 보유 중인 주택도 매매사업자로 처리할 수 있다. 심지어 다주택자도 1주택자로 부동산을 매도할 수 있다.

뭐라고? 다주택자도 1주택자처럼 부동산을 팔 수 있다고? 그렇다. 매매사업자의 재고자산을 활용하면 된다. '다주택자를 1주택자로 바꾸는 힘'이 궁금한가? 다음 페이지를 보자.

POINT

개인 매매사업자는 양도세와 소득세 중 선택해서 신고할 수 있다. 다주택자도 1주택자가 되어 부동산을 매도할 수 있다.

▶▶▶

31

다주택자를 1주택자로
바꾸는 힘

매매사업자 두 번째 장점은 다주택자를 1주택자로 바꾸는 힘이다.

다주택자는 거주하는 주택을 제외한 나머지 주택은 임대를 준다. 다주택자가 많을수록 전월세 공급이 늘어나 전세가가 떨어진다. 임대 시장 안정화에는 다주택자가 필수다. 하지만 정부는 생각이 다른 듯하다. 다주택자에게 불리한 세금 제도를 유지하고 있다.

다주택자는 종합부동산세 부담이 어마어마하다. 취득세 중과는 물론이요, 다주택자라 대출도 덜 나온다. 그렇다고 양도세 탓에 바로 팔지도 못하고 최소 2년을 가지고 있어야 한다. 한마디로 이리저리 치이고만 있다. 이런 다주택자도 순식간에 1주택자로 만들어버리는 힘이 있으니, 매매사업자의 재고자산이다.

재고자산이란, 매매사업자가 사고팔 주택으로 등록해 둔 '사업용 주택'이다.^{질문 53번} 매매사업자 재고자산으로 등록된 주택은, 다른 주택을 개인으로 팔 때 주택 수에서 제외된다. 다주택자도 양도세 비과세 혜택을 받을 수 있다. 파격적이다. 골칫덩이 매물을 빠르게 정리해서 돈도 벌고, 재산세도 아낀다.

Q6 사업용 주택은 모든 주택 수 계산에서 제외되나요?

이 질문을 설명하려면 장부와 재고자산을 먼저 이해해야 한다.

'장부'는 사업자의 용돈기입장이다. 돈이 어디서 나고 어디로 나갔는지를 기록한다. 매매사업자는 장부를 바탕으로 재고자산을 관리하며, 매년 5월 종합소득세를 납부한다.

장부를 작성하는 행위를 '기장'이라 한다. 매매사업자는 기장이 특히 필수다. 재고자산 때문이다. 매매사업자는 사업용 주택을 장부에 재고자산으로 넣는다. 이 행위를 '사업용 주택으로 등록' 또는 '재고자산으로 등록'이라 한다.

재고자산으로 등록된 주택(=사업용 주택)은 개인 명의 매도 시 양도세 주택 수 산정에서 제외된다. 다주택자가 양도세 비과세 혜택을 받을 주택을 제외한 나머지 모든 주택을 사업용 주택으로 등록하면, 다주택자도 1주택자가 되어 비과세를 받을 수 있다.

매매사업자가 매매차익에 대해 양도세를 낼지, 소득세를 낼지는 자유롭게 선택할 수 있다. 매매사업자는 강제 적용이 아니다. 매매사업자 등록 후에도 개인 명의로 사고파는 건 따로 처리할 수 있다. 1세대 1주택 비과세, 일시적 1세대 2주택, 입주권 특례 등 개인 명의 양도세 혜택은 사업자등록 후라도 고스란히 남는다.

다만, 사업용 주택은 양도세 주택 수 계산에서 제외될 뿐, 취득세, 보유세 등 등 다른 분야 세금은 똑같이 적용된다.

POINT
> 사업용 주택은 '양도세 주택 수' 계산에서만 제외된다. 다주택자는 재고자산을 이용해 1주택 비과세를 받을 수 있다.

Q7 사업용 주택은 꼭 매매사업자로 매도해야 하나요?

아니다. 해병도 아니고 한 번 재고자산이 영원한 재고자산인 것은 아니다. 재고자산은 일종의 주머니다. 주머니에서 물건을 자유롭게 넣고 빼듯 재고자산에 한 번 넣은 주택도 사업자 사정에 따라 재고자산에서 꺼내어 개인으로 매도할 수 있다. 단, 재고자산을 활용해 비과세 혜택을 받았다면, 혜택에 활용된 사업용 주택은 매매사업자로 매도해야 한다.

예를 들어보자. 다주택자가 재고자산을 이용해 주택 1개를 비과세로 팔고, 다시 1개 주택만 재고자산에서 꺼내서 또 비과세로 팔고를 반복하면 안 될까? 바로 앞 질문 6번에서 재고자산에 넣은 주택은, 양도세 주택 수에서 제외된다고 했다.

10주택자가 있다고 해보자. 모든 주택은 비조정지역이고 2년 이상 보유했다. 주택 9개를 재고자산에 넣고, 나머지 1개 주택을 1세대 1주택 비과세로 판다. 재고자산에 넣은 주택은 양도세 주택 수에서 제외되니 가능한 일이다.

그다음 재고자산에 넣은 주택 9개 중 1개를 꺼내서 다시 비과세로 판다. 이어서 또 1개를 꺼내서 비과세로 판다. 나머지 주택들은 계속 재고자산으로 등록되어 있으니, 팔 때는 무조건 1주택자 취급이다. 이를 반복하면 이론적으로 10개 주택 모두 1세대 1주택 비과세로 매도할 수 있다. 놀랍지 않은가!

이 방법은 아쉽게도 불가능하다. 개인 명의 1세대 1주택 비과세를 위해 재고자산에 넣은 주택은 모두 추후 매매사업자로 매도해야 한다. 이미 혜택을 받은 주택들이기에, 나중에 재고자산에서 꺼내어 개인 명의로 매도한 것이 적발되면 이전 거래까지 추징된다. 사업용 주택 혜택을 주었으니 매매사업자로 매도하라는 뜻이다. 개인 명의로 일시적 1세대 2주택 비과세^{질문 20번} 혜택을 받고도 종전주택을 3년 내 매도하지 않으면 양도세가 추징되는 원리와 같다. 특정 행위를 이행하는 조건으로 비과세를 준 것이니, 행위를 하지 않으면 비과세가 취소되는 것이다.

이처럼 재고자산이 아닌 주택을 개인 명의 비과세로 매도하는 등 혜택을 받은 게 아니라면 추징될 일은 없다. 1주택자가 본인 주택을 매매사업자로 매도하려다 사업이 어려워 폐업 후, 다시 개인 명의로 매도하는 것도 전혀 문제 되지 않는다.

이렇듯 강력한 혜택을 주는 사업용 주택으로 인정받기 위해서는 몇 가지 챙겨야 할 사항이 있다. 이런 요건들을 '매매사업자 인정 요건'이라 한다. 매매사업자 인정 요건은 정말 중요해서, 파트 3에서 깊이 다룰 것이다.

POINT ━━━━
사업용 주택을 재고자산에서 제외해서 개인으로 매도할 수 있다. 단, 재고자산이 아닌 주택을 비과세로 매도하는 등 혜택을 받았다면 예외다.

비용처리로 세금을
날리는 힘

매매사업자 세 번째 장점은 '비용처리로 세금을 날리는 힘'이다.

'비용처리'가 도대체 뭘까? '세금을 비용으로 날리는 힘'은 또 무슨 말일까? 일단 세금을 날린다니 정확히 뭔지는 몰라도 좋은 것 같다. 세금이 적을수록 우리 주머니에 남는 돈이 많아지니까.

사업자도 근로소득자처럼 번 돈에 대해 세금을 낸다. 다른 점이 있다면, '순소득'에 대해서만 세금을 낸다는 점이다. 순소득은 '사업자의 매출에서 비용을 뺀 값'이다. 비용이 많을수록 사업자가 내는 세금이 줄어든다. 비용처리는 사업자만이 가진 혜택이다. 개인은 비용처리 대신 연말정산이 있지만, 비용처리에 비하면 미미한 수준이다. 과장 좀 보태면 발톱의 때다.

당연하지만, 아무 지출이나 비용으로 처리할 수는 없다. 내가 갑자기 먹고 싶은 과자가 생겨서 슈퍼에서 사 먹는다면? 개인적으로 지출한 비용이라 비용처리를 할 수가 없다. 하지만 우리 사업장에서 직원들끼리 먹을 다과로 산다면? 비용처리가 된다. 사업 관련된 비용이기 때문이다.

회사 탕비실에 놓인 과자, 커피믹스가 바로 그런 원리다. 이때 산 과자는 내가 개인적으로 사 먹은 과자와 같은 종류더라도, 비용처리가 가능하다. 즉, 품목보다 '어떤 용도'였는지가 더 중요하다.

매매사업자도 이름에 나와 있듯 '사업자'다. 따라서 사업 관련 지출은 비용처리가 가능하다. 비용처리를 한 만큼 세금이 줄어드니, 같은 지출이더라도 얼마나 사업과 관련시키느냐가 관건이다.

#비용처리
#선소득후세금
#연말정산

Q8

사업자와 근로소득자 차이가 무엇인가요?

두근두근 첫 월급날. 띠링! 월급이 들어왔다. 어디 보자… 어라, 뭔가 이상하다. 나는 계약할 때 연봉 5천이었는데 왜 내 통장에는 300만 원만 들어왔지? 동기에게 물어보니 세전, 세후 차이를 알려준다. 아….

직장인이라면 월급을 받으며 내심 속상했던 순간이 누구나 있을 것이다. 어쩔 수 없다. 월급쟁이의 숙명이다. 근로자는 월급이 통장에 들어오기 전에 세금을 먼저 떼간다. 이 시스템은 자동이다. 신고하지 않아도 알아서 작동한다. 편리하지만 우리가 손쓸 수 없다.

직장인은 연말정산으로 소소한 혜택을 받는다. '13월의 월급'이라고 하지만, 사업자가 받는 혜택과 비교하면 새 발의 피다. 이 책을 덮을 때쯤 우리는 연말정산으로 끊은 영수증을 사업자로 바꾸려 애쓰고 있을 것이다.

사업자는 다르다. 돈을 먼저 벌고 나중에 세금을 낸다. 일단 돈을 주머니에 넣고 나중에 '신고'하니 당장에 나가는 돈도 적다. 직장인처럼 매달 세금이 나가지 않고 매년 5월에만 나간다. 종합소득세 신고다. 이때 사업용으로 지출한 비용을 공제받을 수 있다. 공제 범위도, 금액도 개인 연말정산보다 훨씬 크다. 순서만 바뀌었을 뿐인데, 강력한 효과를 발휘한다. 비용처리가 어떤 원리로 세금을 줄여주는지 같이 살펴보자.

POINT

사업자는 직장인과 달리 돈을 벌고, 세금을 낸다. 사업 관련된 지출은 비용처리로 세금을 크게 줄일 수 있다.

▶▶▶   37

비용처리는 어떤 원리로 세금을 줄여주나요?

아래는 종합소득세 계산식이다.

- ⊙ 매출 - 필요경비 = 소득금액
- ⊙ 소득금액 - 이월결손금 - 소득공제 = 과세표준
- ⊙ 과세표준 × 세율 = 산출세액
- ⊙ 산출세액 - 세액공제 + 가산세 - 기납부세액 = 납부세액

이 식을 초간단 버전으로 쓰면 아래와 같다.

- ⊙ 매출 - 비용 = 소득
- ⊙ 소득 × 세율 = 세금

비용을 늘리면? 소득이 줄어든다. 소득이 줄면? 세금도 줄어든다. 즉, 비용처리를 할 때마다 세금이 줄어든다. 그래서 사업자들이 비용처리, 비용처리에 목숨을 거는 것이다. 우리 사장님이 '옆집 사장님네는 자동차 운행일지 작성해서 비용처리 한다더라, 너도 운행일지 써라' 하는 이유가 이 비용처리 때문이다.

당연히 모든 지출을 비용처리할 수는 없다. 사업자마다 비용처리 가능 항목이 정해져 있다. 매매사업자는 임대사업자와 달리 비용처리 가능 항목이 꽤 많다. 같은 부동산 사업자라도 비용처리 범위가 다르다. 우리가 타고 다니는 자동차만 해도 주유비, 감가상각비, 주차비 등 비용처리 항목이 한두 개가 아니다. 심지어 결혼식 축의금, 장례식 부의금도 비용처리 된다. 사업 관련 지출을 모두 비용에 넣고, 세금을 적게 낼 수 있다. 비용처리를 잘 알아야 세금을 줄일 수 있다.

◄◄◄

이렇게 처리한 비용은 결국 소득세율만큼 세금을 줄여준다. 소득에 세율을 곱한 것이 세금이니까. 소득 구간이 높으면? 비용처리에 더더욱 신경을 써야 한다. 같은 금액이라도 세율이 높으면 할인 금액이 크니까.

매매사업자의 세율은 매매사업자 단독으로 계산하지 않고, 종합소득을 기준으로 산정한다. 근로소득이 3천만 원, 매매사업자 사업소득이 3천만 원이라면 아래 표에 따라 6천만 원의 소득구간 세율 24%가 적용된다. 고로 비용처리를 하는 모든 지출은 24% 할인을 받는 것과 다름이 없다. 2만 원짜리 식사를 하면 4,800원을, 5만 원짜리 기차를 타면 1만 2,000원을 할인받는 셈이다. 세율 구간이 높아지면 할인이 더더욱 커진다.

종합소득세율

과표	세율	누진공제
1,400만 원 이하	6%	-
5,000만 원 이하	15%	126만 원
8,880만 원 이하	24%	576만 원
1.5억 원 이하	35%	1,544만 원
3억 원 이하	38%	1,994만 원
5억 원 이하	40%	2,594만 원
10억 원 이하	42%	3,594만 원
10억 원 초과	45%	6,594만 원

POINT

비용처리한 금액은 소득세율만큼 절세 효과가 있다. 비용처리를 늘릴수록 세금이 줄어든다.

Q10

왜 사업자는
이런 혜택을 주나요?

사업자는 자본주의 사회에서 꼭 필요하다. 직원을 고용하고, 거래를 하며, 경제를 돌아가게 만든다. 그래서 나라에서 불공평한 혜택을 주는 것이다. 심지어 법인은 사업자보다 혜택이 더하다. 사업자보다 규모가 훨씬 크고 움직이는 돈 단위도 다르기 때문이다. 개인만 혜택이 없다. 너무하다는 생각이 든다면 정상이다.

유튜브에서 명품 가방, 옷, 액세서리 하울haul 영상을 본 적 있는가? 부럽다고만 생각할 것이 아니다. 그들도 명품 구매 비용을 사업 경비로 처리해서 소득세율만큼 할인받아 구매하는 것이다. 그렇게 번 돈으로 다시 명품을 사고, 구독자를 모으고, 모인 사람으로 돈을 벌고…. 그 뒤에 숨겨진 사업, 돈 버는 구조를 봐야 한다. 사업자 비용처리를 알면 모르던 시절로 다시는 못 돌아간다.

비용처리는 철저한 원칙에 따라 해야 한다. 허투루 했다가는 세무조사를 받을 수 있다. 따라서 정석대로, 규범대로 안전하게 하기를 권한다. 유재석 씨가 고강도 세무조사를 받고도 혐의가 전혀 없어 세무서 직원들이 감탄했다는 일화가 있다. 정직하고 우직한 게 우둔해 보여도 길게 보면 가장 멀리 가 있는 법이다.

만약 세무조사가 나오면, 상상하기 힘든 일을 겪을 것이다. 내 통장에 있는 돈이 어디에서 들어와서 어디로 나갔는지 과거 기록을 싹 다 뒤진다. 최소 10년이다.

그러므로 세무서 인정을 받을 수 있도록 적격증빙을 잘 챙기고, 성실하게 신고하는 것이 중요하다. 그렇지 않으면 공무원 선생님의 친절한(?) 연락을 받게 될 것이다.

POINT

> 사업자와 법인의 비용처리는 개인과 비교해 불공평한 혜택이 맞다. 다만, 비용처리는 합법적으로 하자. 조사하면 다 나온다.

개인, 매매사업자,
법인 개념을 모르겠어요

　개인, 매매사업자, 법인을 많은 사람이 어려워한다. 이는 자연스러운 현상이다. 많은 매체에서 매매사업자의 장점을 보여 주려 개인·매매사업자·법인 이렇게 셋을 두고 비교하기 때문이다. 그래서 매매사업자가 개인, 법인과 같은 종류의 개념이 아닌데도 종종 오해가 발생한다.

　같은 종류의 개념이 아니라고? 그렇다. 결론부터 말하자면, 사업자는 직업이요, 개인과 법인은 명의다. 분류 자체가 다르다. 이 간단한 차이가 시작이다. 그래야 어떤 명의로 계약서를 쓰고, 세금계산서를 발행하며, 입찰서에 무슨 이름을 적을지 안다. 혼동의 원인은 주로 사업자를 '명의'로 여기는 것에 있다.

　이번 장에서 여러분이 해결할 수 있는 질문은 아래와 같다.

- ◎ '매매사업자'는 도대체 무엇인가?
- ◎ '개인, 법인과 매매사업자는 다른 것인가?
- ◎ '개인 매매사업자'와 '매매사업자'는 같은 말인가?

　이런 질문을 한 방에 해결해주겠다. 이 책으로 매매사업자를 처음 배우는 여러분은 행운이다. 개인, 법인, 매매사업자를 헷갈리지 않게 되었으니. 시작부터 제대로 잡고 가는 셈이다. 나는 이 개념을 제대로 잡지 않은 채로 시작해서 세무서와 세무사 선생님께 많이 혼나면서(?) 배웠다.

　여러분은 나와 같은 어려움을 겪지 않았으면 좋겠다. 국어로 치면 문법이요, 수학으로 치면 사칙연산이다. 지금 잡은 이 개념이 여러분의 사업에 단단한 바탕이 되어 줄 것이다. 처음에 이 개념을 잡아둬야 뒤에서 헷갈리지 않는다.

개인 vs 법인,
차이는 무엇인가요?

명의는 곧 인격체다. 세상에는 명의가 딱 2개 존재한다. 우리와 같이 자연에서 발생한 인격체인 개인, 그리고 법으로 만들어진 인격체인 법인.

오직 개인, 법인만이 통장을 갖고 재산을 보유하며 거래를 할 수 있다. 사업자 통장도 결국 개인 또는 법인이 가진 통장 중 하나일 뿐이다.

개인과 다르게 법인은 실체가 존재하지 않는다. 여러분은 삼성전자를 만져본 적 있나? 없다. 갤럭시 휴대폰은 삼성전자에서 만든 제품일 뿐, 삼성전자가 아니다. 법인은 추상적 존재니까 만질 수 없는 게 당연하다. 하지만 법인은 법적으로 인정받은 '존재'다. 경제 활동에 참여한다. 명의가 있기에 직업도 가지고 거래도 하며 세금도 낸다. 불법을 저지르면 재판도 받고 고소도 당한다. 그렇기에 사람들은 애플, 포르쉐가 존재한다고 인정하고, 믿고, 이를 법에서, 나라에서 보증하는 것이다.

여기까지는 쉽다고? 좋다. 개인과 법인은 명의이기에 직업을 가질 수 있으며, 어떤 직업인지에 따라 허용되는 행위가 늘어난다.

개인이 의료 행위를 하면 뭐라고 하나? 의사다. 법인이 의료 행위를 하면? 의료법인이다. 개인이 변호하면? 변호사다. 법인은? 법무법인이다. 개인이 사업자를 가지면 개인사업자, 법인이 사업자를 가지면 법인사업자다. 개인이 헬스장을 차리면 통신판매업자, 매매사업자를 내면 개인 매매사업자다.

이처럼 매매사업자도 직업의 하나라서 개인사업자, 법인사업자가 모두 존재한다. 법인 매매사업자라고 개인과 다를 것 없다. 개인처럼 '부동산을 사고팔며 돈을 벌고 혜택을 받는 직업을 가진 법인'일 뿐이다.

정리하면, 개인과 법인은 '명의', 매매사업자는 '직업'이다. 소유권 취득은 명의만 가능하다. 직업인 매매사업자로는 소유권을 가질 수 없다. 따라서 '매매사

◀◀◀

업자로 아파트를 샀습니다' 같은 건 틀린 말이다. 매매사업자를 가진 개인 또는 법인이 아파트를 샀다고 해야 옳다. 매매사업자는 직업이지 명의가 아니라서, 소유권을 취득할 수 없다는 걸 꼭 기억하자.

우리가 흔히 말하는 '매매사업자'는 개인 매매사업자를 말한다. 개인은 매매사업자를 단독으로 하는 경우가 많지만, 법인은 설립 당시 사업 목적에 매매사업자 외 수많은 직업을 넣기 때문이다. 법인으로 매매사업자를 하는 경우는 보통 법인 매매사업자라고 부른다.

이제 개인과 법인, 매매사업자는 헷갈리지 말자.

POINT

개인과 법인은 '명의', 매매사업자는 '직업'이다. 소유권 취득은 명의, 즉 개인과 법인만 가능하다.

Q12   개인 vs 매매사업자, 차이는 무엇인가요?

자, 여러분은 이제 사업자라는 개념을 탑재했다. 개인 매매사업자와 법인 매매사업자를 알았다. 그럼 '개인'과 '개인 매매사업자'의 차이는 무엇일까?

법은 개인이 '아무 자격 없이' 할 수 있는 것과 '특별한 자격이 있어야' 가능한 것을 정해뒀다. 개인이 자격 없이 할 수 있는 것 중 대표적인 것이 부동산 매매다. 개인은 부동산을 자유로이 사고팔 수 있고, 매매차익에 대해 양도세를 내야 한다. 양도세 신고 의무가 있는 것이다. 그렇다면 특별한 자격이 있어야 가능한 것은 무엇일까?

의사로 예를 들어 보겠다. 개인이 병원 프로그램으로 약을 처방할 수 있나? 불가능하다. 만약 그렇게 하면 불법이다. 그런데 개인이 의사 면허 보유자라면? 합법이다. 의사 면허가 있기에, 의사라는 직업 덕분에 법적으로 허가된 행위가 늘어났다. 의사만 가진 '권리'다.

개인 매매사업자도 권리가 추가된다. 매매사업자를 가지고 있다면, 기존 양도세 대신 매매차익을 소득세로 신고할 '권리'를 획득한다. 의사가 약을 얻기 위해 다른 의사를 찾아도 되지만, 본인 권리를 이용해 셀프 처방하듯, 매매사업자도 매매차익을 양도세 대신 소득세로 신고할 수 있다. 즉, 의사 면허증=매매사업자 사업자등록증, 의사 처방권=매매사업자 매매차익 소득세 신고권이라 생각하면 된다.

이해가 됐는가? 개인 매매사업자는 '매매사업자라는 면허를 가진 개인'이라고 이해하면 된다. 개인이 할 수 있는 일에 매매사업자 권리만 추가된 상태다. 즉, 매매사업자를 가지고 있다고 해서, 취득세, 보유세를 낼 때 개인과 다른 세율을 적용받는 건 아니다. 매매사업자는 매도 혜택만 있기 때문이다.

따라서 우린 앞으로 '개인 매매사업자 취득세는 개인과 동일하다'는 말을 이상하게 느껴야 한다. 개인과 매매사업자는 동일한 범주의 개념이 아니다. 하나는 명의, 하나는 직업이다. 그래서 종종 매매사업자의 취득세를 설명하기 위해 '개인과 같다'라는 표현을 쓰지만, 실은 틀린 표현이다. 매매사업자는 취득세에 영향을 주는 직업이 아니기에, 그냥 개인의 취득세가 적용될 뿐이다.

그동안 헷갈렸던 이유를 이제 알았는가? 잘했다.

그럼 깜짝 퀴즈. 법인 매매사업자 취득세는? 당연히 '법인' 세금 규정을 따른다. 여기까지 맞혔다면 개인, 매매사업자, 법인의 '본질'을 완벽하게 이해한 것이다. 고생했다.

앞으로 '개인=매매사업자가 없는 개인', '매매사업자=매매사업자를 낸 개인'이라 이해할 것이라 믿는다. 더불어 '매매사업자 명의'라는 말을 책에서 만나면, '매매차익을 매매사업자로 처리'라 이해하길 바란다. 앞서 말했듯 매매사업자 명의는 사실 없다. 매매사업자는 매매차익을 소득세로 처리하는 직업일 뿐이다. 이해의 편의를 위해 '명의'라는 단어를 부득이 사용했다. 양해 부탁한다.

정리하면, 개인은 명의, 매매사업자는 직업이다. 매매사업자로 달라지는 세금은 양도세를 소득세로 대체하는 것. 이외에 취득세, 보유세 등은 영향이 없으니 그저 개인이다. '개인과 같다'가 아니다.

POINT

매매사업자라는 '직업'은 개인, 법인에게 권리를 추가한다. 매매사업자는 '명의'가 아니기에 소유권을 취득할 수 없다.

Q13   매매사업자의
기본 프로세스를 알려주세요

마지막으로 매수부터 매도까지 개인과 비교한 매매사업자 프로세스를 알아보자. 둘은 매매차익을 처리하는 방법이 다르다.

개인은 '매수 → 매도 → 양도세' 프로세스다. 양도세는 매도일 두 달 이내로 신고 및 납부한다. 세무서에서 친절하게 양도세 납부 고지서도 발송해준다. 매매사업자는 여기에 몇 가지가 추가, 수정된다. '매수 → 매도 → 매매차익 예정신고 → 종합소득세 → 세무서 인정' 프로세스다. 매수, 매도까지는 개인과 동일하다.

개인 매매사업자는 매도 이후에만 개인과 달라진다. 매도일 두 달 이내로 매매차익 예정신고 및 납부를, 매도일 다음 해 5월 종합소득세 신고 및 납부를 한다. 이후 세무서에서 매매사업자 적정성을 검토하고, 문제가 없다면 신고를 인용한다. 매매사업자로서 인정받기 위해서는 여러 요건을 만족해야 한다.

참고로, 매도까지 개인과 동일하기에, 세무서에서는 양도세 납부 통지서를 똑같이 발송한다. 매매사업자로 매매차익을 처리한다면 이 통지서는 무시해도 좋다. 절차에 따라 자동 발송되는 통지서이며, 우리가 예정신고를 완료한 순간 양도세와는 작별이다.

또한 예정신고, 종합소득세 신고와 별개로 해야 하는 신고도 있다. 사업자라면 누구나 정해진 기간마다 사업 현황을 세무서에 보고해야 한다. '우리 사업 매출이 얼마 났습니다, 세금은 얼마쯤 내고 있습니다' 하고 세무서에 친절히 알리는 과정이다.

보고 방법은 면세사업자와 과세사업자가 약간 다르다. 매매사업자 면세사업자는 매년 1월 사업장현황신고를, 매매사업자 과세사업자는 매년 1월, 7월에 부가세 신고를 한다. 과세사업자는 반기별로 부가세 신고를 하면서 자연스레 현황보고가 되기 때문에 사업장현황신고는 따로 하지 않는다. 사업자 종류는 추후 4장에서 자세히 다뤄보자.

참고로, 개인은 명의, 매매사업자는 직업이다. 개인 매매사업자라도 개인이 할 수 있는 것은 그대로 할 수 있고, 매매사업자라서 특별히 할 수 있는 것들과 의무가 생긴다. 매매사업자를 내더라도, 꼭 사업자로 팔아야 하는 것은 아니며, 원한다면 개인으로 양도세를 내며 팔아도 된다.

매매사업자는 개인과 다르게 매매차익 예정신고, 종합소득세 신고를 해야 한다. 이 신고가 세무서 인정을 받아야 절차가 비로소 끝난다. 그 외에 부가세 신고 또는 사업장현황신고 의무도 따라온다.

한 가지 의문, 개인 양도세로 신고한 매매차익은 종합소득세에 합산하지 않아도 될까? 그동안 부동산을 개인으로만 거래했다면, 종합소득세를 내본 적이 없을 것이다. 왜냐하면 사업자가 아닌 개인으로 매도한 매매차익은, 종합소득세 분리과세 대상이기 때문이다. 해외주식 소득이랑 근로소득을 합산해서 세금을 내지 않는 이유와 같다.

POINT
매매사업자의 기본 프로세스는 '매수(낙찰) → 매도 → 매매차익 → 예정신고 → 종합소득세 신고'다. 여기에 부가세 신고 또는 사업장 현황신고가 추가된다.

Q14 개인, 매매사업자 이름은 각각 언제 써야 하나요?

매도 계약서에는 사업자 이름을 써야 할까? 경매 입찰할 때 사업자 이름을 쓰면 될까? 낙찰받고 나서 잔금 내고 소유권을 이전할 때 사업자로 하면 되나? 매수 계약서는 사업자 이름일까? 취득세는 사업자 앞으로 내면 되나?

정답은 모두 '아니오'다. 매수, 매도는 개인으로 하던 것과 똑같이 하면 된다. 매수·매도 계약서, 경매 입찰, 낙찰, 소유권, 취득세 모두 개인 명의를 쓴다.

질문 11번을 떠올려보자. 매매사업자는 명의가 아니라 직업이다. 계약, 낙찰, 입찰 등은 모두 명의가 필요하다. 그래서 내 이름, 개인 이름을 쓴다. 매매사업자는 '매도 이후 절차'를 다르게 하는 능력만 있다. 매도 이전에는 영향을 미칠 수 없다. 달라질 것 없이 개인으로 처리한다. 계약, 낙찰, 입찰 등은 개인 이름을 쓴다.

그렇다면 매매사업자 이름은 언제 쓰는 걸까? 쉽게 생각하면, 사업자 비용처리할 항목은 매매사업자 이름을 쓴다. 중개수수료, 수선비 등 세금계산서, 현금영수증을 뗄 때는 사업자번호, 사업자상호를 쓰면 된다. 그 말은 연말정산이 아니라 종합소득세 비용처리 항목으로 쓴다는 뜻이다.

예정신고도 사업자 이름으로 한다. 홈택스에서 개인으로 로그인 후 매매차익 예정신고를 진행하면, 자동으로 사업자가 연동된다. 바로 이 예정신고부터 매매사업자 능력이 발휘되는 것이니, 어찌 보면 사업자 이름을 쓰는 것이 당연하다. 앞으로 개인, 사업자 이름 중 어떤 것을 쓸지 헷갈릴 때는 '명의'에 관한 건 개인, '비용처리'에 관한 건 사업자로 생각하자. 90%는 틀리지 않을 것이다.

POINT

개인 이름을 주로 쓰되, 비용처리를 위해 영수증을 끊을 때는 사업자 이름을 쓰자. 개인으로 영수증을 받아도 비용처리되지만, 연말정산에서 제외해야 하는 불편함이 있다.

매매사업자로 매도하면 부동산에 미리 말해야 하나요?

먼저, 거래 물건이 '부가세 면세 품목'이라면 특별히 추가할 것이 없다. 부동산에 미리 말할 필요도 없고, 매수자와 합의할 것도 없다. 부가세 면세 품목이란, 국민평형 이하 주택을 말한다. 매도까지는 매매사업자가 없었을 때처럼, 늘 하던 대로 하면 된다. 괜히 '매매사업자로 매도할 거예요'라고 해봤자 '그게 뭐예요? 위험한 건 아니죠?'라고 하니 불안감만 키우는 꼴이다. 개인과 똑같이 매도하고 이후 절차는 알아서 하자.

'부가세 과세 품목'은 주의해야 한다. 매매사업자로 대형 평수 주택이나, 비주택을 매도할 경우 부가세 과세 대상이다. 부가세는 매매가에 포함할 수도 있고, 별도로 받을 수도 있다. 매매가에 부가세를 포함하여 거래할 경우 상대방에게 알릴 필요가 없다. 상대로서는 면세 품목과 똑같다. 하지만 부가세를 매매가와 별도로 받는다면 미리 알려야 한다. 전혀 언급도 없다가 잔금을 치르며 그제야 부가세를 달라고 하면 순순히 응할 리가 없으니까.

고로 부가세 과세 대상 품목을 거래한다면, 합의한 사항에 따라 계약서가 달라져야 한다. 부가세를 매매가에 포함된 금액으로 할 것인지, 따로 주고받을 것인지, 포괄양수도로질문 34번 부가세를 없앨 것인지 등을 미리 정하자.

POINT
거래 시 '부가세 면세 품목'은 개인과 다를 게 없다. '부가세 과세 품목'은 상대방과 미리 협의가 필요하다.

CHAPTER 6

간주 매매사업자의 등장

'간주 매매사업자'는 매매사업자 사업자등록이 되어 있지 않은 사람이더라도 세무서 직권으로 매매사업자라고 '간주'하는 사업자다.

간주 매매사업자는 반드시 피해야 한다. 만약 일반 개인이 매매사업자로 간주되면, 개인 명의 비과세로 판 주택도, 소득세가 추징된다. 당연하지만, 비과세보다는 소득세가 훨씬 크다. 세금을 한 푼도 안 냈다가 가산세까지 따따블로 세금을 토해내야 한다. 몇천만 원도 당장 구하라면 구하기 쉽지 않은데, 간주 매매사업자로 찍히면 억 소리 나게 세금이 나간다. 힘들게 갈아타기 한 보금자리를 팔아야 할 수도 있다.

강제로 매매사업자를 적용한다니. 이토록 무서운 간주 매매사업자는 과연 합법일까? 간주 매매사업자가 등장하는 배경에는 세법의 기본 원칙이 있다. 세법은 실질 과세가 원칙이다. 어떤 과정을 통해서 세금을 적게 내더라도 '실제' 용도나 목적에 따라 세금을 다시 추징할 수 있다는 뜻이다. 즉, 특정인이 짧은 기간 반복해서 부동산을 매도해 수익을 올린다면, 사업자등록 여부와 관계없이 매매사업자로 볼 수 있다.

세무서는 어떤 기준으로 간주 매매사업자를 선정하나? 우리가 신고하며 어떤 명의를 썼는지보다, 거래 반복성과 일정 기간 내 거래 횟수를 보며 종합소득세와 양도세 중 어느 것을 부과할지 세무서에서 종합하여 판단한다. 즉, 반복성과 연속성이 핵심이다. 주택을 반복적으로 사고팔면 종합소득세를 부과하고, 비반복적으로 사고팔면 양도세를 부과한다.

그렇다면 과연 얼마나 '자주' '반복적'이어야 간주 매매사업자가 될까? 이는 정말 중요한 질문이다. 매매사업자로 인정받는 것이 중요한 만큼 반대로 어떻게 하면 간주 매매사업자로 처리되지 않는지가 중요하다. 이 문제에 해답이 있을까? 놀랍게도 있다. 어디에서도 찾아볼 수 없는 간주 매매사업자의 속 시원한 해답을 다음 페이지에서 공개한다.

Q16

간주 매매사업자
위험은 없나요?

"아니, 개인 매매사업자는 이미 매매사업자인데, 매매사업자로 '간주'되어 봤자 똑같은 것 아닌가요? 이미 매매사업자인 사람도 손해가 있나요?"

있다. 그것도 아주 큰 손해다. 세무서는 **거래마다** 간주 매매사업자 적용 여부를 판단하기 때문이다.

매매사업자와 개인 명의 매도는 별개다. 사업자등록 후에도 개인이 할 수 있는 것은 그대로 할 수 있다. 1세대 1주택 비과세, 일시적 1세대 2주택 비과세, 1세대 1주택 1입주권 비과세 특례, 장기보유특별공제 등 개인 명의로 받을 수 있는 혜택은 그대로 받을 수 있다. 매매사업자 적용은 선택이지, 의무가 아니다.

자, 그럼 이제 질문이다. 매매사업자를 등록했으니, 개인 비과세 혜택을 아예 안 받고 무조건 소득세로만 팔까? 그럴 자선사업가는 없다. 기존에 비과세 받을 주택은 보유한 채 매매사업자 등록을 한 사람, 매매사업자로 팔려고 했으나 단기 매도가 안 되어 2년 이상 주택을 보유하게 된 사람 등은 비과세를 받아야 한다. 어떤 경우이건 개인 명의로 비과세가 되면 비과세가 99% 이득이니까. 비과세가 소득세로 추징되면 내지 않아도 되는 세금을 내는 셈이다.

세무서는 갑작스러운 변화를 눈여겨볼 수밖에 없다. 매매사업자를 하는 사람이 1년에 3, 4채를 반기별로 사고파는 와중에, 갑자기 '개인 비과세 매도'가 추가되면? 해당 거래가 '간주 매매사업자' 처리가 되어 실제로 추징이 일어날지도 모른다. 그래서 매매사업자일지라도 간주 매매사업자를 주의해야 한다.

POINT

간주 매매사업자가 되면, 양도세 비과세 혜택이 소득세로 추징될 수 있다. 간주 매매사업자는 세무서에서 거래마다 판단한다.

Q17

왜 간주 매매사업자는 별로 없을까요?

반복성이 간주 매매사업자를 낳는다. 개인이 여러 번 부동산을 사고팔아 이득을 취하면, 양도세 비과세로 신고해도 종합소득세로 추징한다. 그런데 이상하게도, 간주 매매사업자로 선정(?)되어 종합소득세를 추징당하는 경우는 흔하지 않다. 정말 별로 없다. 왜일까? 현시점 양도세와 매매사업자가 가진 특성 때문이다.

양도세 특성을 먼저 보자. 단기 양도세는 60% 또는 70%로 종합소득세율보다 높다. 세무서에서 개인 명의로 단기 매도한 주택을 6~45%인 종합소득세로 추징할 필요가 있을까? 없다. 양도세가 더 높으니까. 세무서도 목표 세금보다 많이 받으면 땡큐다. 세금이 적게 걷히는 게 문제지, 많이 걷히는 건 문제가 안 된다.

따라서 개인이 단기로 매도한 주택은 간주 매매사업자를 걱정할 필요가 없다. 해당 없다. 남은 건? 단기 양도세를 벗어난, 2년 이상 보유한 주택이다. 양도세 비과세를 위해 '2년 이상 보유한 주택'만이 간주 매매사업자가 될 소지가 있는 것이다. 비과세보다는 종합소득세가 세금이 크니까. 세금은 적게 걷히면 문제다.

여기서 매매사업자 특성이 등장한다. 이 책 가장 앞에서 매매사업자는 '단기', '부동산', '직업' 키워드를 기억하라 했다. '단기'라는 정확한 기간은 법뿐 아니라 어디에도 나와 있지 않다. 매매사업자 인정 여부는 종합 판단 대상이기 때문이다. 하지만 특이한 점이 하나 있다.

이 종합 판단 기준에서, 어떤 주택을 2년 이상 임대했다면 그 주택은 '임대용 주택'으로 본다. 이 임대용 주택은 매매 목적 취득으로 보지 않는다. 그래서 매매사업자로 처리할 수 없다. 임대 기간이 길어졌기 때문에 '단기' 매매로 보지 않아 매매사업자 종합소득세율을 적용할 수 없다. 즉, 2년 이상 임대한 주택은 간주 매매사업자를 적용할 수가 없다. 매매사업용 주택이 될 수 없기 때문이다.

어떤 주택을 임대하지 않고, 거기서 실제로 거주하면 더욱 유리하다. 실제로 거주했다는 뜻은, 단기 매매 목적이 아니라는 것과 같다. 따라서 2년 이상 실거주를 한 경우에도 간주 매매사업자를 피할 수 있다.

한 가지 추가하면, 실거주 주택은 특이한 점이 있다. 매매사업자로 매도할 수도 있고, 개인으로 매도할 수도 있다. 보통 2년 미만은 매매사업자, 2년 이상은 개인이 유리하다. 다주택자이건 1주택자이건 관계없다. 양도차손(무언가를 팔아서 생기는 손해를 이르는 말. 매도가가 매수가보다 크면 양도차익, 작으면 양도차손이 생긴다.)이나 비용처리를 고려해서 가장 좋은 선택을 하자. 다만, 실거주한 경우 세무서 담당자에 따라 매매사업자 매도를 인정하지 않는 경우도 있으니 주의를 요한다.

결론적으로, 이러한 이유들로 임대 2년이든, 실거주 2년이든 보유기간이 2년이 넘은 주택은 모두 간주 매매사업자로 적용되기 어렵다. 그래서 간주 매매사업자 사례는 드물 수밖에 없다. 태생이 그렇다.

POINT
> 실거주 또는 임대 2년이면 간주 매매사업자를 피할 수 있다. 현 주택 양도세 제도가 2년에 맞춰져 있어서 생긴 현상이다.

Q18 간주 매매사업자를 피할 방법은 없나요?

간주 매매사업자를 완벽하게 피할 방법은 없다. 간주 매매사업자는 사실 코에 걸면 코걸이, 귀에 걸면 귀걸이다(국세 세무 상담 126 담당관 선생님이 직접 하신 말씀이다). 대법원 판례를 봐도 정확한 기준은 없고, '종합 판단한다'는 기준만 있다. 속된 말로 운 나쁘면 걸린다.

간주 매매사업자가 걱정되는 분들을 위해, 적용을 최대한 피하는 방법을 소개한다. 과세기간 안에 매수, 매도를 적절히 나눠서 하면 좋다. 1과세기간은 반기(1월 1일~6월 30일 또는 7월 1일~12월 31일)를 말한다. 1과세기간 안에 매수, 매도를 합쳐 2회까지만 하면 간주 매매사업자를 피할 가능성이 크다. 3회가 넘지 않으면 좋다.

즉 연 2회 매수, 2회 매도를 한다면, 1과세기간 안에 매수 2회를 몰아서 하거나 1매수, 1매도를 하는 것이 좋다. 1과세기간에 3회 이상 부동산 거래를 한다면 간주 매매사업자가 될 확률이 올라간다. 이를 피해서 매도, 매수 계획을 짜도록 하자.

예를 들어보자. 철수는 A아파트를 매도하고 싶다. 그리고 매매사업자를 활용해 주택B, C를 단기간에 사고팔 계획이다. 이때, 올해 상반기(1~6월)에 B, C를 모두 사고, 하반기(7~12월)에 A, B, C를 모두 판다. 이때 B, C는 매매사업자를 활용해 사업소득으로 신고하고, A는 개인 양도세 비과세로 신고한다. 세무서는 어떻게 받아들일까?

세무서는 한 과세기간에 3건 이상 거래를 한 철수를 간주 매매사업자로 봐서, A아파트 매매차익을 사업소득세로 추징할 가능성이 높다. 고로 우리는 매도, 매수 시기를 조절해서 간주 매매사업자의 위험성을 낮추는 게 좋다. 임대를 2년 주고, 실거주를 했더라도 세무서에서 간주 매매사업자로 통보가 오면 조세 불복, 심판청구 등 복잡한 절차로 소명해야 한다. 돌다리도 두들겨보고 가능한 한 조심히 건너야 한다.

이외에도 매매사업자 인정 요건을 빠삭하게 알아야 한다. 매매사업자는 취득, 보유, 매매 등 모든 현황을 종합적으로 판단하기 때문에 우리는 '인정 확률'을 높여야 한다. 매매사업자로, 개인으로 인정받기 위한 조건을 쌓아야 한다. 이 조건과 반대로 하면 간주 매매사업자가 될 확률을 높이는 것이다.

정리하면, 매매사업자는 사업자등록 후에도 개인 명의를 자유롭게 왕래할 수 있다. 이런 장점 때문에 간주 매매사업자라는 단점이 따라온다. 하지만 현시점 양도세와 사업용 주택 특성이 간주 매매사업자 위험을 방지해주고 있다. 실제 간주 매매사업자 적발 사례가 적은 이유이다. 가능한 한 매매사업자 인정 요건을 잘 파악하고, 과세기간 내 거래를 2건 이하로 하자.

POINT
간주 매매사업자를 피할 완벽한 방법은 없다. 가능한 한 1과세기간 내에 2회 이하로 매매하고, 매매사업자 인정 요건을 빠짐없이 챙기자.

PART

2

매매사업자라면
세금부터

양도세부터
제대로 알자

　양도 세금을 낸다는 양도세다. 재미없어도 어쩔 수 없다. 그만큼 양도세는 피할 수 없다는 사실을 잊지 않게 하고 싶었다.

　순수 개인은 양도세에서 벗어날 수 없다. 매매 신고가 들어오는 족족 세무서에서 양도세 납부 고지서를 발송하기 때문이다. 양도세는 단위가 워낙 크니 나라 입장에서는 놓치면 안 되는 세금이다. 통지서 한 장에 벌어들이는 세금이 얼마일까 생각해보라. 통지서 자동발송 시스템까지 구축해둔 이유가 다 있다.

　양도세에서 벗어나야 매매사업자가 얼마나 파격적인 혜택인지 알 수 있다. 파트 1에서 간략히 이야기했지만, 부동산은 2년을 기점으로 양도세율이 천지 차이다. 특히 주택은 1세대 1주택 비과세 혜택이 있기에 거래가액 12억 원까지는 세금이 한 푼도 없다.

　여러분은 양도세를 얼마나 알고 있나?

　🔘 다주택자가 2년 이상 보유한 주택을 매도할 때 세율은?
　🔘 양도세 비과세의 종류는?
　🔘 양도세 기본공제는 개인별? 가구별? 거래별?
　🔘 매매사업자도 양도세 기본공제 받을 수 있나?

위 질문에 모두 대답할 수 있다면 매매사업자가 알아야 할 양도세는 잘 알고 있다는 뜻이다. 그래도 의외로 모르는 부분이 등장할 수 있으니 간단하게라도 읽어보길 바란다. 하나도 답하지 못했다고 낙심하지 말자. 지금부터 양도세에 빠삭하게 될 테니.

} **Q19**

보유기간에 따른 양도세 세율은 얼마인가요?

주택 양도세는 보유기간에 따라 1년 미만은 70%, 2년 미만은 60%, 2년 이상은 기본 세율이다. 양도세 기본 세율은 6~45%로 종합소득세 세율과 똑같다.

주택 양도세는 2년 이상 보유 시 기본 세율 적용이 '기본'이다. 하지만 나라에서는 특별한 조건을 만족하면 세금을 아예 면제해주기로 했다. 서민의 자산 증식을 고려한 것이다. 1세대 1주택 비과세가 대표적이다. 비조정지역은 2년만 보유하면 12억 원까지는 세금을 한 푼도 내지 않는다. 이런 비과세 조건이 특이한 것이지, 일반적으로는 2년 이상 보유 시 기본 세율임을 잊지 말자.

2026년 현재, 다주택자도 2년 이상 보유한 주택 거래 시 양도세 기본 세율을 적용받는다. 원래는 다주택자가 조정지역 내 주택을 매도할 때 '양도세 중과'가 적용된다. 하지만 2026년 5월까지 양도세 중과 배제가 연장된 덕에, 다주택자도 주택을 2년 보유 후 매도하면 기본 세율을 적용받을 수 있다. 다주택자의 매물 출하를 기대했던 사람은 아쉬울 수밖에 없다.

양도세 중과 한시 배제라고는 하지만 기간이 또 늘어날 수 있다. 정부는 급격한 변화를 싫어하기 때문이다. 시장에서 급격한 변화가 생기면 이를 잠재우기 위해 노력과 시간이 또 들어간다. 지지율을 흔들어가며 이를 원하는 정부는 없다. 부동산과 정치는 밀접한 관련이 있을 수밖에 없다. 모든 원리는 욕심을 기반으로 굴러가니까.

POINT

주택 양도세는 1년 미만 70%, 2년 미만 60%, 2년 이상은 기본 세율 또는 비과세다.

양도세 비과세는 어떻게 받나요?

기본적인 양도세 비과세 혜택은 세 가지다.

첫째, 1세대 1주택 비과세다. 개인이 받을 수 있는 현존 최강 비과세 혜택이다. 2년 이상 보유, 양도가액 12억 원 이하일 때 양도세로 0원을 내는 제도다. 만약 양도가액이 13억 원이라면 초과분 1억 원만 과세 대상이다. 조정대상지역은 2년 보유에다 2년 거주 요건도 추가된다. 실제로 살 사람만 들어오라는 이야기다. 이 거주 요건은 상생임대인 제도로 파훼할 수 있다. 다음 페이지에서 자세히 다룬다.

참고로 가구와 세대는 다르다. 1가구 1주택으로 혼동하는 사람이 많은데, 정확한 용어는 1세대 1주택이다. 가구란, 혈연관계가 없어도 같이 사는 사람들이다. 세대는 주로 혈연관계가 있고, 주민등록상 함께 사는 사람들이다. 나랑 지금 이 책을 읽는 여러분이 같은 곳에 산다면 한 가구에 속하지만, 우리는 같은 세대원은 아니다.

고로 남남 동거인(주민등록상 같은 주소, 혈연관계가 아닌 사람)도 세대원이 아니라서 취득세, 양도세, 청약 등 주택 수 계산에 영향을 미치지 않는다. 친구 집에 의탁한 사람을 위해 짚어봤다. '친구 집에서 살고 있는데, 청약 무주택자 맞는 건가요?' 하는 의문에 해답이 되었길 바란다.

둘째, 일시적 1세대 2주택 비과세다. 종전주택 취득 1년 이상 지난 후 신규주택 취득＋신규주택 취득 3년 이내 종전주택 매도하는 경우다. 이 조건을 만족하면 2주택자라도 1세대 1주택으로 취급해서 종전주택 매도 시 양도세 비과세 혜택을 준다. 다른 주택으로 갈아타는 과정에서 발생하는 어쩔 수 없는 상황으로 인정해주는 것이다.

셋째, 장기보유특별공제(장특공)도 있다. 1세대 1주택의 경우 보유·거주기간이

3년 이상이라면 각각 연 4%, 10년 이상은 40%를 적용하여, 최대 80%까지 양도세를 절감할 수 있다. 장특공은 특히 조정대상지역에서, 매각 차익이 클수록 효과가 크다. 1세대 1주택 비과세는 거래가액 12억 원을 초과하면 세금이 붙어서 그 이상은 효과가 작다. 그에 비해 장특공은 보유·거주 기간에 따라 퍼센트 단위로 과세표준을 줄여 주니 비싼 아파트일수록 효과가 크다. 장특공은 비과세는 아니지만 양도세 혜택 중 중요한 항목이라 꼭 알고 있어야 한다.

이외에 상속주택, 농어촌주택 등 비과세 가능 요건이 있지만, 매매사업자가 알아야 할 양도세 비과세 기초는 이 정도면 된다. 특히, 매매사업자 사업소득세와 양도세를 비교할 수 있어야 한다. 양도세는 1주택자가 2년 이상 보유 시(조정지역은 거주 시) 비과세(12억 원 초과분은 기본 세율), 다주택자는 기본 세율[질문 19번]이라는 점을 꼭 기억하자.

> **POINT**
> 1세대 1주택 비과세, 일시적 1세대 2주택, 장기보유특별공제 등 양도세 비과세 혜택이 있다. 조정대상지역, 보유·거주 요건에 따라 적용 여부가 달라진다.

Q21

규제지역에서 거주 없이 비과세를 받는 방법은 없나요?

있다. 상생임대인 제도를 활용하면 된다. 상생임대인 제도는 규제지역에서 할 수 있는 현존 최고의 절세 방안이다.

규제지역에서 양도세를 줄이는 거의 유일한 방법은 1세대 1주택 비과세를 이용하는 것이다. 이때, 규제지역답게 비과세 요건 보유 2년에 거주 2년이 추가된다. 비규제지역은 보유 2년이면 비과세인 것과 다르게 말이다.

상생임대인 제도를 활용하면 규제지역도 거주 2년 없이 비과세를 받을 수 있다. 규제지역은 수요가 많다. 일자리, 학군, 교통, 인프라가 뛰어나니 투자 및 거주 수요가 몰린다. 이런 곳에서 좀 더 저렴한 가격에 거주할 수 있도록 해주는 상생임대인에게 나라에서 혜택을 주는 것이다.

상생임대인의 조건 중 가장 중요한 것은 임대료 인상 제한이다. 상가 임대료 인상이 갱신 시마다 5%가 최대인 것처럼, 주거 임대료 인상을 5% 이내로 해야 한다. 신규 임차인 계약, 갱신 계약 모두에 적용 가능하며, 직전 계약보다 임대료를 5% 이내로 인상하면 된다. 예를 들자면, 총 4년 임대 기간 중 2년을 10억 원, 다음 2년을 10억 5천만 원에 임대하는 식이다.

임차인은 저렴하게 좋은 지역에 거주할 수 있으니 좋고, 임대인은 임대료 인상 폭보다 더 크게 절세로 돈을 벌 수 있으니 윈윈이다. 거주 없이 규제지역 비과세 적용을 받고 싶다면 상생임대인 제도를 잘 활용하자.

단, 이를 이용한 갭투자는 불가능하다. 임차인이 바뀌는 신규 계약에는 적용 가능하지만, 임대인이 바뀌는 경우 이 제도가 적용되지 않는다.

POINT

상생임대인 제도는 규제지역에서 거주 없이 비과세를 받을 수 있는 현존 최강 혜택이다.

Q22

개인이 매매사업자보다 유리한 점은 없나요?

있다. 양도세는 인당 연간 250만 원까지 공제를 받을 수 있다. 개인 명의로 부동산을 매도한 경우 차익 250만 원까지는 세금을 부과하지 않는다. 해외주식을 해본 사람은 이 250만 원이 익숙할 것이다.

공동명의가 단독명의보다 유리하다고 하는 이유가 종합부동산세(종부세)와 바로 이 양도세 인적공제 때문이다. 양도세 기본공제는 개인별로 적용된다. 부부가 공동명의로 주택을 매도하면, 남편과 아내 각각 250만 원씩 공제가 적용된다. 공제가 2회 적용되니. 1회만 적용되는 단독명의보다 250만 원을 덜 낸다. 종부세 절세 원리도 같다. 종부세도 개인별 과세. 부부가 주택을 공동명의로 반반씩 가지고 있다면 종부세 총 납부액이 단독명의일 때보다 줄어든다.

매매사업자로 매도하면 이 양도세 기본공제를 적용받지 못한다. '양도세' 공제라서 '소득세'인 매매사업자는 해당 사항 없다.

또한, 앞에서 언급한 1세대 1주택 비과세 등 양도세 혜택도 개인으로 매도할 때만 적용 가능하다. 매매사업자는 이 혜택을 받을 수 없다. 비과세는 '양도세' 혜택이기 때문이다. 따라서 1세대 1주택 비과세가 가능한 주택이 있다면, 매매사업자보다 개인으로 매도하는 것을 고려해야 한다.

다주택자는 매매사업자의 재고자산을 활용하면 1세대 1주택자가 될 수 있다. 양도세 비과세 판단 시에는 매매사업자의 재고자산에 등록된 사업용 주택은 주택 수에서 제외되니 이를 잘 이용하자.

POINT

개인은 '양도세 기본공제, 비과세' 혜택을 받을 수 있다. 매매사업자 소득세는 비과세가 없다.

종합소득세 내는
세상이 궁금해요

여러분에게 가장 재밌는 드라마는 무엇이었는가? 나는 딱 하나 꼽으라면 김은숙 작가의 드라마 〈더 글로리〉를 꼽고 싶다. 전반부가 끝나고 후반부를 기다릴 수가 없어서 유튜브로 관련 비하인드 동영상을 주구장창(주야장천) 찾아봤던 기억이 난다.

드라마의 흥행에는 몰입감 있는 연기, 박진감 넘치는 스토리도 한몫했지만, 한마디 한마디 찰진 대사 덕이 가장 컸다고 생각한다. "멋지다 박연진!", "그런데 재준아 넌 모르잖아, 알록달록한 세상" 등. 지금도 대사를 들으면 장면이 떠오를 정도로 강렬한 맛. 수많은 패러디를 낳으며 온라인 세상을 호령했었다.

그중에서도 유독 기억에 남는 대사가 있다.

"혜정아, 근로소득세 내는 넌 모르는 종합소득세 내는 세상이 있단다."

이 대사를 들은 순간, 세상은 박연진이 사는 상류사회와 우리 같은 근로소득자로 나뉘었다. 괜스레 분한 마음이 들어서 그랬는지, 그때부터 최혜정이라는 캐릭터에 몰입하게 되었다. 종합소득세 좀 모르면 어떤가!

그렇다. 지금부터 여러분이 알아갈 것이 바로 이 종합소득세다. 종합소득세, 직장인은 평생 몰라도 된다. 하지만 매매사업자인 여러분은 종합소득세와 아주 친해져야 한다. 과장 좀 보태서 매매사업자를 잘 굴리면 박연진이 사는 세상으로 이어지는 것이다.

나는 이 대사 때문에 종합소득이 뭔지 참 궁금했는데, 여러분도 그랬는가? 도대체 어떤 세상인지 같이 알아보자.

Q23 종합소득세 세율 구간은 어떻게 결정되나요?

소득세는 크게 두 가지로 나뉜다. 종합소득금액에 들어가는 소득, 그렇지 않은 소득. 종합소득금액은 근로, 사업, 이자, 배당, 연금, 기타 소득이 포함된다. '배당 소득이 연간 2천만 원을 넘어가면 종합소득세 과세'를 들어 봤다면, 바로 그 종합 소득세다. 종합소득금액 내 소득은 모두 합산해서 세율 구간을 결정한다. 누군가 근로소득 5천만 원, 사업소득 5천만 원을 벌었다면 종합소득은 1억 원이다. 1억 원에 해당하는 종합소득세 세율 구간으로 세금을 계산한다.

종합소득금액에 들어가지 않는 소득은 양도소득, 퇴직소득이다. 직장인이 부 동산을 매도하고 양도세까지 낸 다음 종합소득세 신고하는 경우를 봤는가? 없 다. 양도세는 분리과세라서 그렇다. 양도소득은 다른 소득과 섞이지 않으며 혼자 계산되고 땡이다.

그렇다면 매매사업자에게 매매차익이 양도소득인지, 사업소득인지 어떻게 알 수 있을까? 아파트를 팔아서 1억 원이 생겼다고 치자. 이 1억 원이 양도소득이면 양도소득세, 사업소득이면 종합소득세를 내야 한다. 어떻게 결정될까? 사실 질문 이 틀렸다. 이들은 결정되지 않는다.

우리가 결정'하는' 것이다. 매매차익이 생겼을 때, 우리에게는 두 가지 선택지 가 생긴다. 양도세 신고 또는 매매차익 예정신고다. 양도세로 신고 및 납부하면 세무서에서는 1억 원을 양도소득으로 본다. 매매차익 예정신고로 신고 및 납부 하면 세무서에서는 사업소득으로 본다. 즉, 어떤 소득으로 분류될지는 우리의 '신 고'로 우리가 선택하는 것이다. 우리는 결정할 힘이 있다.

이처럼 매매사업자는 매매차익을 사업소득으로 처리할 수 있다. 사업소득은 종합소득금액에 합산되니, 매매사업자의 사업소득은 종합소득세율 6~45%를 따 른다. 단기 양도세 60~70%와 비교하면 어떻게 될까? 예를 들어 계산해보자. 참고로 매매사업자로 처리할 때 취득 방법은 경매든 매매든 상관없다. 필요한 경비는 계산의 편의를 위해 고려하지 않았다.

[예시]
- ⊙ 전용 84㎡ 아파트, 5억 원에 취득
- ⊙ 취득일로부터 6개월 뒤 5억 5천만 원에 매도
- ⊙ 양도세, 소득세는 각각 얼마일까?(근로소득은 없다고 가정)

- ⦿ 양도세: 5천만 원×70%=3,500만 원
- ⦿ 소득세: 5천만 원×15%=750만 원

대략 3천만 원 차이다. 똑같은 5천만 원 차익에 실제 내 손에 남는 돈은 이렇게 다르다. 양도세율과 소득세율 차이만큼 이익이 생긴다. 누구나 합법적으로 세금을 아낄 수 있다. 만약 근로소득이 있으면 어떻게 될까? 매매사업자로 사업소득이 발생해서 소득 구간이 올라가면 세율이 올라가서 손해 아닌가?

POINT
> 종합소득세 세율 구간은 분리과세 항목을 제외한 '모든 소득'을 합쳐서 산정한다.

Q24 기존 근로소득, 사업소득이 있으면 어떻게 되나요?

아주 좋은 질문이다. 종합소득세 과세 구간이 올라가면서 세율이 올라갈 수 있다. 답은 간단하다. 세금 증가분을 반영하면 된다. 매매사업자 이외에 기존 소득이 있는 사람은, 소득세 구간 점프에 따른 세금 증가분을 미리 고려해야 한다. 더 내야 하는 세금을 반영해서 매도가를 올리거나, 입찰 가격을 내리는 것이다. 그렇지 않으면 본인도 모르는 사이에 손해가 발생할 수 있다.

만약 기존 소득이 없거나, 구간이 올라가지 않는다면 세금도 그대로니 당연히 고려할 필요 없다. 매매사업자를 전업으로 하는 사람도 마찬가지다.

그렇다면, 세율이 올라가니 연말정산을 다시 해야 하는 건 아닐까? 연말정산에 적용된 세율이 24%인데, 사업소득이 생겨서 세율 구간이 35%로 올라갔다면? 걱정할 거 없다. 그대로 두고 종합소득세 신고에서 정산한다.

참고로, 근로소득 외 소득으로 세율 구간이 올라가더라도, 근로소득에 대한 세금이 늘어나지는 않는다. 예를 들어, 근로소득 1억 원, 사업소득 1억 원인 사람이 있다면, 근로소득에 대한 세금은 35%, 사업소득에 대한 세금 중 5천만 원에 대해서는 35%, 나머지 5천만 원은 38% 세율이 적용된다(소득세율 35% 구간이 1억 5천만 원 미만이다). 고로 근로소득에 대한 세금은 늘어나는 것이 아니니 걱정하지 말자. 지금은 알고만 넘어가고, 정확한 계산은 파트 6 '실전 계산'에서 해보자!

POINT

매매사업자의 사업소득으로 인해 종합소득세 세율 구간이 올라갈 수 있으니 이를 반영해서 입찰가 혹은 매매가를 산정해야 한다.

Q25

종합소득세는 언제 내나요?

종합소득세 산정 기간은 매년 1월 1일~12월 31일이고, 다음 해 5월 신고 및 납부한다. 예를 들어, 2024년 1월 1일~12월 31일 수입·지출은 2025년 5월에 신고 및 납부한다. 해외주식과 비슷하다. 똑같이 1년(1월 1일~12월 31일)간 이익·손해를 통산하여 다음 해 5월에 세금을 낸다. '다음 해' '5월'을 기억하자.

부동산 매매사업자에게 매출은 소유권이 넘어간 날, 즉 부동산 매도 잔금일이다. 따라서 2024년 10월에 매도 계약을 체결하고 2025년 1월에 매도 잔금을 받았다면, 2026년 5월에 종합소득세를 납부한다. 매도 계약일이 아니라, 잔금일에 따라 종합소득세 납부일이 달라진다.

종합소득세 신고를 하며 비용처리도 같이 진행한다. 사업자의 소득은 매출에서 비용을 뺀 값이다. 매출과 마찬가지로 2024년에 발생한 지출은 2025년 5월에 비용처리를 하면 된다. 다만, 특정 부동산 거래에 수반되는 비용은 해당 부동산 매도일에 맞춰 비용처리를 한다. 법무사비, 중개료 등이 이에 해당한다.

종합소득세 시즌에 세무사, 회계사가 무척 바빠진다. 이들에게 맡길 거라면 3, 4월에 미리 맡기길 추천한다. 늦을수록 고용 비용도 비싸지고, 신고 기한을 넘기면 가산세가 있다. 5월에 갑작스레 종합소득세 대상자임을 알게 되는 경우도 봤다. 발등에 불 떨어지기 전에 미리미리 확인하자.

참고로 성실신고 대상 산정 기간도 같다. 매매사업자는 1월 1일~12월 31일 매출 15억 원이 넘으면 성실신고 대상이 된다. 성실신고 대상 사업자는 종합소득세 신고 기한이 6월까지로 1개월 늘어난다.

POINT

> 올해 1월 1일~12월 31일에 발생한 소득과 지출은 내년 5월에 종합소득세 신고를 하며 정산한다. 단, 특정 부동산 거래 부수 비용은 해당 부동산 매도일에 맞춰 처리한다.

#종합소득세 #무실적 #신고

Q26 사업자등록 후 거래 없어도 종합소득세 신고해야 하나요?

해야 한다. 그리고 이득이다. 매매사업자를 하며 발생하는 여러 지출을 비용 처리 할 수 있기 때문이다. 매출이 없을 때 비용처리 한 금액은 고스란히 결손금 으로 처리한다. 결손금은 올해 바로 환급받거나, 내년으로 이월시킨다. 사업자 는 이월된 결손금을 추후 이익과 통산해서 세금을 줄인다. 작년 손해 300만 원 을 이월했고 올해 이익이 1,000만 원이면, 세금을 700만 원에 대해서만 내는 식 이다. 이를 이월공제라 한다.

종합소득세 신고가 고민되는 이유에는 신고 대리 비용도 있을 것이다. 하지만 걱정 말자. 매출이 아예 없는 매매사업자의 종합소득세 신고 및 소급기장료는 30만 원 선이다. 이 금액은 비용처리를 200만 원만 해도, 세율 15% 구간인 사 람이면 바로 만회가 되는 금액이다. 비용처리를 200만 원도 잡아주지 않는 세무 사는 세상에 없다. 심지어 신고 대리 비용도 비용처리가 된다. 비용처리 금액은 세율만큼 이득이라는 점을 다시 한번 기억하자.질문 68번

고로, 지금 당장 신고하는 것이 두려운 초보들이여, 걱정하지 말자. 종합소득세 신고는 사업자의 의무지만, 의무 여부를 떠나서 안 하는 게 손해다. 어차피 신고는 세무사한테 맡기면 되고, 신고 대리 비용을 고려해도 신고하는 편이 이득이다.

POINT

거래 실적이 없어도 종합소득세 신고는 하는 편이 이득이다. 아니, 해야 한다.

▶▶▶

Q27 사업자등록 후 거래 없다면 무실적 신고해야 하나요?

　무실적 신고는 매출이 없는 사업자의 특권이다. 허나 무실적 신고는 되도록 하지 않길 바란다. 이유는 간단하다. 비용처리를 할 수 없기 때문이다. 앞선 질문**질문 26번**에서도 말했듯, 매출이 없어도 비용처리는 가능하다. 대리 신고 비용보다 비용처리로 돌려받는 돈이 더 많은데 무실적 신고로 이를 버리는 것은 아깝지 않은가.

　이미 무실적 신고를 했다면 어떻게 해야 할까? 경정청구를 할 수 있다. 다만 경정청구는 주의할 점이 있다. 세무서 입장에서 보자. 종합소득세 신고 시즌인 5월에는 전국에서 신고가 쏟아진다. 매출 규모 대비 비용처리 금액이 적절한지 정도만 보고, 특별한 경우에만 자세히 들여다본다. 인력과 시간이 충분하지 않기 때문이다.

　하지만 경정청구를 한다면? 세금을 돌려받기 위한 신고인 만큼 세무서에서 꼼꼼하고 자세하게 비용 하나하나를 살필 것이다. 사업자의 비용처리는 해석에 따라 인정 여부가 달라질 소지가 있다. 최종 인정 기관인 세무서에서 부인당하면 그만큼 고스란히 세금으로 돌아온다.

　고로 남들 신고할 때 맞춰서 제대로 신고하고, 무실적 신고는 최대한 피하는 편이 낫다.

POINT

　무실적 신고는 추천하지 않는다. 경정청구는 명확한 증빙을 갖추지 않으면 오히려 돈을 더 낼 수 있다.

Q28

종합소득세 신고
셀프로 해도 되나요?

물론이다. 종합소득세 신고 대리 비용도 초기 사업자에겐 적지 않은 금액이니까. 충분히 공감한다. 다만 전년도에 일정 금액 이상의 매출이 발생했다면, 그때부터는 외부조정 대상자가 되어 세무사/회계사가 필요하다.

외부조정이란, 세무사/회계사가 사업자의 장부와 증빙을 검토한 후 소득금액을 검토, 적절히 조정하는 것이다. 한 마디로 외부 확인이 한 번 더 들어간다. 세무서는 당연하게도 외부조정이 들어간 신고를 더 신뢰한다.

이와 반대되는 개념이 바로 자기조정, 셀프 신고다. 사업주 본인이 장부도 작성하고 따로 세무사 없이 직접 신고까지 하는 것이다. 이는 비용 절감의 이점이 있지만, 책임은 전적으로 본인이 져야 한다.

매매사업자의 외부조정 대상자 기준은 작년 연매출 6억 원 이상이다. 매매사업자의 매출은 순수익이 아니라 매도금액 합산을 의미한다. 한 해(1/1~12/31)에 2억, 3억, 4억 아파트를 하나씩 팔았다면 외부조정 대상이다. 세무사/회계사의 조정계산서가 반드시 종합소득세 신고에 첨부되어야 한다. 만약 외부조정 대상자가 자기조정으로 종합 소득세를 신고하면 미신고로 간주된다. 기간을 놓치면 당연히 가산세도 붙는다.

외부조정처럼 세무사의 검토가 들어가는 성실신고^{질문 149번}와 다른 점은, 책임의 깊이다. 외부조정은 세무사가 장부를 믿고 일정 수준 이상만 검토해도 되지만, 성실신고는 세무조사 대신의 역할을 하기에 실수나 허위가 있으면 세무사 본인도 제재 대상이 된다.

POINT

> 외부조정 대상자가 아니라면 셀프 신고 얼마든지 가능하다.

#경비율
#장부
#비용처리
} **Q29** 종합소득세 신고 방식은
어떤 게 있나요?

종합소득세 신고는 비용처리 방법에 따라 크게 두 가지로 나뉜다. 경비율 신고와 장부 신고다. 미리 말하지만, 매매사업자는 복식부기만 알면 된다. 재고자산이라는 개념이 복식부기 장부에만 등장하기 때문이다. 여기서는 '아~ 이런 게 있구나' 정도만 알고 지나가자.

경비율 신고는 법에서 정한 비율만큼을 비용처리 하는 방법이다. 어떤 사업의 경비율이 40%라면, 매출이 100만 원 발생했을 때 비용으로 40만 원을 인정해서 60만 원에 대한 세금만 내게 해준다는 뜻이다. 경비율은 매출에 따라 단순경비율, 기준경비율 대상자로 나뉜다.

보통 단순경비율이 기준경비율보다 %가 높다. 부동산 매매사업자의 단순경비율은 90% 내외, 기준경비율은 10% 내외다. 경비율이 높을수록 사업자에게 유리하니, 모든 사업자는 단순경비율을 적용받고 싶을 것이다. 허나, 일정 매출이 넘어가면 기준경비율을 적용받게 되어 있다. 일종의 초보자 특혜가 끝난 셈이다. 단순경비율은 초보 사업자의 부담을 덜어주는 국세청의 배려다. 간이과세자처럼 말이다.

경비율 신고는 매출 대비 비율로 간단히 비용처리 금액을 계산하기 때문에, 장부가 필요 없다는 장점이 있다. 다만, 장부를 작성하지 않기에 항목별로 비용처리를 원하는 만큼 할 수가 없고, 이월결손금 공제도 받을 수 없다.

국세청은 작년 매출액을 기준으로 신고 방법을 규정해두고 있다. 매매사업자 기준 매출액 6천만 원 미만은 단순경비율, 이상은 기준경비율 대상자다. 매출액 3억 원 미만은 간편장부대상자, 이상은 복식부기의무자다. 간편장부대상자는 매출에 따라 단순경비율, 기준경비율을 선택할 수 있지만, 기준경비율로 신고하면 가산세(20%)를 내야 한다. 복식부기의무자는 절대로 단순경비율로 신고할 수 없

◀◀◀

고, 기준경비율로 신고 시 가산세(20%)를 내야 한다. 간혹 가산세를 부담해도 기준경비율 신고가 장부 신고보다 세금이 덜 나오는 경우 기준경비율로 신고해버리는 경우도 있다. 허나 길게 보면 세무서의 눈길을 끌 테니 시도하지 않는 편이 좋다.

장부 신고는 말 그대로 작성한 장부를 기반으로 신고하는 방법이다. 장부 신고의 장점은 세법에서 인정하는 항목별 비용처리가 가능하고, 이월결손금 공제도 받을 수 있다는 점이다. 장부는 간편장부와 복식부기 장부로 나뉜다.질문 58번

매매사업자는 인정 요건을 위해서라도 복식부기 장부를 작성하는 편이 유리하다. 위에서 언급한 경비율과 간편장부는 아예 잊어버려도 좋다. 오히려 알 것이 줄었으니 좋지 않은가. 때가 되면 자연스레 알게 될 것이다.

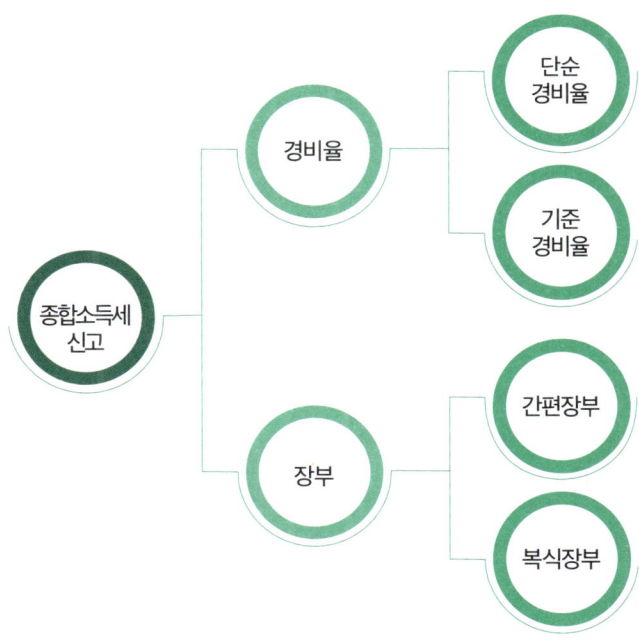

POINT

사업자의 종합소득세 신고 방법 중 매매사업자가 반드시 알아야 할 것은 복식부기 장부 하나뿐이다.

Q30

세율 구간 올라가면 근로소득에 대한 세금도 늘어나는 거 아닌가요?

직장인 나과장 씨는 올해 매매사업자로 사업을 열심히 해서 순소득이 5천만 원 생겼다. 직장 연봉에 맞먹는 금액이다. 자그마한 케이크와 맛있는 배달음식으로 셀프 축하를 하던 도중… 어라, 종합소득세율 표를 보니 소득 구간별로 세율이 다르다. 기존 근로소득 5천만 원에, 매매사업 소득을 더하니 총 종합소득이 1억 원이다. 헉, 그렇게 되면 세율이 35%라 기존의 15%보다 20%나 올랐다. 이렇게 세율 구간이 오르면 근로소득에 대한 세금도 20% 더 내야 하는 것 아닌가? 갑자기 케이크가 맛없어졌다. 하늘이 노랗다.

결론부터 말하자면, 걱정하지 않아도 된다. 세율 구간이 올라가도 근로소득 세금이 늘어나지 않는다. 종합소득세를 계산하는 방법부터 알아보자.

종합소득세는 '구간별로 쪼개서 계산'한다. 1억 원 종합소득의 세금은 '1억×35%'가 아니라, '1,400만×6%+(5,000만-1,400만)×15%+(8,800만-5,000만)×24%+(1억-8,800만)×35%'다. 종합소득이 2억 원이면 '1,400만×6%+(5,000만-1,400만)×15%+(8,800만-5,000만)×24%+(1.5억-8,800만)×35%+(2억-1.5억)×38%'가 세금이다.

매번 이렇게 나눠서 계산하기는 여간 복잡한 일이 아니다. 그래서 나온 것이 누진공제. 종합소득세 세율을 곱하고 누진공제를 빼주면 쪼개서 계산한 것과 같은 결과가 나온다.

'1,400만×6%+(5,000만-1,400만)×15%+(8,800만-5,000만)×24%+(1억-8,800만)×35%'와 '1억×35%-1,544만'이 같은 결과라는 뜻이다. 궁금하면 직접 계산해봐도 좋다.

자, 이제 나과장 씨 이야기로 돌아가보자. 나과장 씨의 근로소득 5천만 원에 대한 세금은 '1,400만×6%+(5,000만-1,400만)×15%'다. 근로소득세는 이 계산으로 끝이다. 세율 구간이 올라가도 그대로 두면 된다. 근로소득 외 추가로 생긴 사업소득은, 사업소득끼리만 따로 계산하면 된다.

사업소득 5천만 원에 대한 세금은 올라간 세율 구간을 고려해서 계산한다. 그렇게 산정된 세금은 '(8,800만-5,000만)x24%+1,200만x35%'다. 5천만 원 중 3,800만 원은 24% 구간, 나머지 1,200만 원은 35% 구간에 해당하는 것이다. 만약 여기서 추가 사업소득 5천만 원이 있다면? 35% 구간에 포함될 것이다.

이 부분이 어렵게 느껴져도 괜찮다. 지금은 종합소득세를 계산할 때는 쪼개서 계산한다는 것, 근로소득에 대한 세금은 늘어나지 않는다는 것만 기억하자.

종합소득세율

과표	세율	누진공제
1,400만 원 이하	6%	-
5,000만 원 이하	15%	126만 원
8,880만 원 이하	24%	576만 원
1.5억 원 이하	35%	1,544만 원
3억 원 이하	38%	1,994만 원
5억 원 이하	40%	2,594만 원
10억 원 이하	42%	3,594만 원
10억 원 초과	45%	6,594만 원

POINT

세율 구간이 올라가도 근로소득에 대한 세금은 그대로다. 걱정 말고 매매사업을 열심히 하자.

매매사업자도
부가세를 내야 하나요?

어느 날 기쁜 마음으로 퇴근을 했는데 우체통에 세무서에서 온 편지가 있다면 어떤 기분일까? 행운의 편지도 아니고…. 무슨 내용일지 종잡을 수가 없다. 내 경험담이다. 간담이 서늘했다. 이래서 죄짓고 살면 안 된다.

내가 세무서에서 받은 첫 편지는 '부가세 기한 후 신고 통지서'였다. 부가세? 기한 후 신고? 매매사업자로 양도세만 아끼면 되는 줄 알았는데 부가세라니. 새로운 산이 닥쳤다. 어쩌겠나. 또 공부해야지.

매매사업자도 부가세 신고 대상이다. 정확히는 매매사업자 중 과세사업자는 부가세 신고를, 면세사업자는 사업자현황신고를 한다. 매매사업자도 부가세가 붙는 부동산을 거래하면 매수자에게 부가세를 징수해서 세무서에 납부해야 한다. 지금이야 이 사실을 모두 알지만, 초보 매매사업자 시절에는 부가세가 그렇게 어려웠다.

종합소득세는 어찌어찌 공부하면 이해라도 됐는데, 부가세는 기장부터 원리까지 참 난해했다. 특히 경매로 낙찰받을 때는 부가세가 없는데 내가 팔 때는 부가세를 내는 경우가 있단다. 도대체 무슨 말인지 머리를 쳐가며 공부했다.

괜찮다. 지금부터 천천히 잘 읽어보자. 사업자의 세계에 발을 들였으니 부가세를 알아둬야 한다. 단, 지금이 1월이나 7월이라면 조금 나중에 읽어도 된다. 2~3개월쯤 지나고 읽어도 된다. 매매사업자를 아직 내지 않은 사람이라면, 신고 시즌 전에만 읽어도 되니까.

Q31

부가세는
우리가 이미 알고 있다

부가세는 이미 우리가 알고 있는 세금이다. 가장 최근 끊은 영수증을 한번 보자. 내 영수증은 '코레와카레'라는 식당에서 먹은 등심카레고, 단가가 9,900원이다.

영수증을 자세히 살펴보면, 아랫부분에 '부가세 과세 물품가액' 9,000원, '부가세' 900원이라고 쓰여 있다. 그렇다. 이게 부가세다. 우리가 다이소에서 1,100원 짜리 필통을 샀다면? 다이소는 1,000원을 가져가고 100원을 부가세로 납부한다. 오, 쉽다.

계산법도 간단하다. 부가세는 무조건 물품가액의 10%다. 개인 소비자인 우리가 구매하는 가격은 실제 물품가액의 1.1배인 것이다. 앞으로 어디서든 11의 배수인 가격을 만나면, '부가세 계산하기 편하겠네' 하자.

자, 그러면 매매사업자가 부담하는 부가세는 얼마일까? 위에서 부가세는 물품가액의 10%라 했다. 매매사업자의 물품은 부동산이다. 매매사업자는 부동산 건물 가격의 10%를 부가세로 낸다. 땅은 부가세가 붙지 않는 면세 품목이라 건물 가격에 대해서만 부가세가 붙는다.

정리하면, 부가세는 물품가액의 10%. 매매사업자는 부동산 건물 가격의 10%가 부가세다. 그렇다면 부가세는 누가 내고 어떻게 납부할까? 그리고 언제 발생할까? 꼬리에 꼬리를 무는 질문이 생겼을 것이다. 다음 페이지를 보자.

POINT

부가세는 물품가액의 10%다. 우리는 우리도 모르는 새 부가세를 납부하고 있다.

Q32

부가세는 언제 발생하나요?

부가세는 거래가 있으면 자동으로 생긴다. 우리가 다이소에서 필통을 사는 간단한 행위도 일종의 거래다. 일상에서 너무 자연스럽게 이뤄져서 눈치채지 못할 뿐. 부가세는 언제 어디서나 발생하고, 다이소는 우리한테 부가세를 징수한다.

어라, 우리한테 부가세를 받는다고? 그렇다. 물건을 판매하는 경우 부가세를 매수자한테 받아서 매도자가 세무서에 납부해야 한다. 이게 부가세의 원리다. 우리는 우리도 모르는 사이에 다이소 부가세를 납부해주고 있다. 부가세를 낸 만큼 고스란히 손해다. 개인은 무조건 손해만 본다.

손해 같다고? 맞다. 우리가 다이소에서 1,100원짜리 필통을 샀다면, 1,000원은 다이소 몫, 100원은 나라 몫이다. 다이소에서 부가세 매출세액이 100원 발생한 것이다. 매출세액이란, 무언가를 팔았을 때 상대편으로부터 받는 부가세다.

그런데 생각해보니, 다이소도 그 물건을 누군가한테 샀을 것이다. 유통업자한테 550원쯤에 사지 않았을까? 그러면 다이소가 구매자다. 550원을 유통업자한테 주고, 유통업자는 550원 중 50원을 부가세로 세무서에 납부할 것이다. 다이소는 50원을 부가세로 지출했다. 이 50원을 매입세액이라 한다. 무언가를 샀을 때 내가 판매자에게 낸 부가세다.

팔 때 받는 부가세=매출세액, 살 때 내는 부가세=매입세액이다. 외우기 어려우면 '샀으니 내 품에 물건이 들어왔다(入, 들 입)' 생각하자. 우리에게 물건이 들어오는 거래를 했을 때 내는 부가세가 매입세액이다. 이 매출세액과 매입세액을 가지고 부가세 납부액이 결정된다.

POINT

> 부가세는 거래 시 자동으로 발생한다. 매입세액은 우리가 물건을 살 때, 매출세액은 팔 때 발생하는 부가세다.

◀◀◀

부가세 납부·환급 시기는 언제인가요?

매입세액, 매출세액 둘을 합쳐보자. 사업자는 부가세 신고 시기마다 매출세액에서 매입세액을 제한 금액을 납부하고 환급받는다. 질문 32번 예시에서 다이소는 필통을 550원에 사서 1,100원에 팔았다. 따라서 100원(매출세액)에서 50원(매입세액)을 제한 50원이 다이소의 이번 부가세 납부액이다.

만약 여러 건이라면? 매입·매출세액을 모두 합쳐서 계산한다. 팔려고 산 물건이 아직 안 팔려서 재고로 남을 수도 있다. 필통을 5개 사서 3개 팔고 재고 2개 남았다면, 100원×3개-50원×5개=50원이 이번 기간 부가세 납부액이다. 이해가 됐는가? 4개 팔았다면? 맞다. 150원이 납부액이다.

잠깐, 제목을 다시 보자. 납부가 아니라 납부·환급이라고? 그렇다. 매출세액에서 매입세액을 뺐더니 마이너스(-)가 나올 수 있다. 마이너스가 나오면 사업자는 환급을 받을 수 있다. 개인은 이 환급을 받을 수 없어서 무조건 손해인 것이다. 이렇게 매입·매출세액을 비교해서 납부하고 환급받는 것이 바로 부가세다. 사업자의 특권이다.

부가세를 산정하는 기간은 사업자별로 다르다. 개인 과세사업자 중 일반과세자는 반기별(1월 1일~6월 30일, 7월 1일~12월 31일)로 부가세를 산정해 매년 1월, 7월에 신고한다. 종합소득세가 1년 치를 한꺼번에 모아서 신고했던 것처럼, 부가세는 6개월 치를 한꺼번에 모아서 신고한다.

간이과세자는 1월에 한 번 신고한다. 면세사업자는 부가세를 다루지 않으므로, 부가세 신고 대신 사업장현황신고질문 112번를 한다. 법인은 부가세를 분기별로 신고한다.

정리하면, 부가세란 '매도자가 매수자한테 징수해서 국세청에 납부하고 매수자는 국세청에서 환급받는 세금'이다. 사업자마다 부가세 산정 기간과 신고 방법이 다르다. 면세·과세·간이사업자는 부가세 설명을 위해 어쩔 수 없이 등장한 점 양해 바란다. 면세·과세·간이 등 사업자는 파트 4에서 자세히 다룬다. 누구보다 자세히 다뤘으니 기대해도 좋다.

POINT

일반과세자는 매년 1월, 7월, 간이과세자는 매년 1월에 부가세를 신고하고 납부한다. 면세사업자는 매년 1월 현황신고를 한다.

Q34

개인도 부가세를
환급받을 수 있나요?

유튜버 '신사임당'이 직장인 친구의 네이버 스마트스토어 개업을 도와주며, 자본주의를 설명한 영상이 화제가 된 적이 있다. 사업자등록을 마친 친구에게 '이제 우리는 뜯어 먹히는 풀에서 초식동물이 되었다'고. 그렇다. 개인은, 직장인은 자본주의사회에서 불합리한 조건 속에 살고 있다. 티가 나지 않도록 학교에서 알려주지 않을 뿐.

부가세 측면에서도 마찬가지다. 개인은 안타깝게도 부가세 환급이 불가능하다. 우리가 산 물건 전부는 사실 부가세가 포함된 금액이다. 우리도 모르는 사이에 10%의 추가 지출을 하는 셈이다. 선택권이 없다.

하지만 우리가 사업자라면? 사업용 거래에서 발생한 부가세는 환급을 받을 수 있다. 만약 다이소에게 사업자 자격으로 1,100원짜리 필통을 샀다면, 100원을 다이소에게 줬더라도 추후 부가세를 신고하며 100원을 환급받을 것이다.

즉, 사업자만 있어도, 개인보다 물건을 약 10% 할인받아서 살 수 있다. 앞서 질문 10번에서 명품 하울 유튜버를 예시로 들었는데, 이들이 사는 명품에도 엄연히 부가세가 들어 있다. 부가세를 환급받는다면? 사업자와 개인의 비용 차이는 더 벌어진다. 여기다 비용처리는 덤이다.

사업자의 혜택은 개인과 비교할 수가 없다. 연말정산을 어떻게 하면 더 받을지도 중요하지만, 초식동물로 진화하는 것이 더 중요하지 않을까 싶다. 이런 지식을 학교 경제 교과서에서 반드시 알려줬으면 하는 자그마한 바람이 있다.

POINT

개인은 부가세 환급을 받을 수 없다. 최종 소비자가 오롯이 부담하는 꼴이다.

매매사업자는
부가세를 얼마 내나요?

축하한다. 부가세 기본을 완성했다. 판매자가 구매자에게 거래가액 10%를 징수해서 세무서에 납부. 일정 기간 발생한 매입·매출세액을 비교해 납부·환급. 이 두 줄을 설명하는 데 오래도 걸렸다.

자, 본격적으로 매매사업자에 부가세를 적용해보자. 다이소 필통을 부동산이라고 해보자. 부동산 매매사업자가 바로 이 부동산을 필통처럼 파는 직업이다. 우리도 부동산을 사고팔며 부가세를 내야 한다. 부동산 매매도 거래니까.

부가세는 얼마일까? 부동산의 부가세는 건물가액의 10%다. 부가세 비율은 다른 품목과 똑같이 10%인데, 토지에는 부가세가 붙지 않는다. 건물가액이란 부동산 금액 중 토지가 차지하는 금액을 뺀 순수한 건물만의 가격이다.

아파트도 알고 보면 건물과 대지를 동시에 사는 것이다. 각각의 가격이 정해져 있다. 재건축 아파트는 대지 지분이 높을수록 좋잖나? 바로 그 대지 지분을 제하고 순수한 건물 가격에 대한 부가세만 내는 것이다.

9억 원 하는 구축 아파트 A가 있다. 부가세 금액은 매매가액을 토지분과 건물분 공시가 비율대로 나눈 후 건물가액의 10%다. 계산해 보니 9억 원 중 2억 원이 건물값, 7억 원이 땅값이다. 그러면 2억 원의 10%인 2천만 원이 매매사업자가 내야 할 부가세 금액이 된다.

사소한 팁, 경매 물건에서 감정가 중 땅값보다 건물가액 비율이 높다면? 신축 건물임을 쉽게 알 수 있다. 오래된 건물일수록 땅값만 남는다.

POINT

> 매매사업자가 내는 부가세는 매매가 중 건물가액의 10%다. 오래된 건물일수록 매매가 액에서 땅값이 차지하는 비율이 높아진다.

◀◀◀

부가세 계산하는 법을 알려주세요

부가세를 산정하는 기준은 크게 세 가지다. 실지거래가액을 기준으로 하거나, 감정평가 법인의 감정평가액을 따르거나, 혹은 나라에서 정한 기준시가로 안분한다. 실무상 실지거래가액을 명확히 알 수 있는 경우는 드물기에, 보통은 기준시가 안분이나 감정평가액 방식을 주로 사용한다.

가장 기본이 되는 방식은 '기준시가 안분'이다. 세무서에서 원칙으로 삼는 계산법이기도 하다. 예를 들어 매매가 10억 원인 부동산의 토지와 건물 기준시가 비율이 8:2라면, 건물분 2억 원에 대한 부가세 2,000만 원을 내는 식이다. 하지만 실제 현장에서 기준시가는 훨씬 복잡한 숫자로 나타난다. 토지는 국토부 공시가격알리미 공시지가에 대지면적을 곱해 산출하고, 건물은 홈택스의 '건물 기준시가 계산기'를 활용해야 한다. 건물 기준시가는 준공연도, 면적(연면적을 말하며, 집합건물은 전유면적과 공용면적을 포함한 면적), 공시지가를 알면 쉽게 계산할 수 있다. 만약 계산 결과 토지와 건물의 비율이 약 81.91:18.09로 나왔다면, 10억 원의 매매가를 이 비율대로 나누어 건물분 가액에 대한 10%를 부가세로 신고하면 된다.

여기서 실무적인 팁이 하나 있다. 세법에서는 기준시가 안분액 대비 납세자가 정한 실거래 안분액 차이가 30% 이내라면 이를 인정해 준다. 친족 간 증여에서 시가와의 차액을 일정 부분 허용해 주는 것과 비슷한 이치다. 부가세를 낮추려면 건물가액을 낮게 잡아야 하는데, 기준시가 비율보다 건물 비중을 약 20% 정도 낮게 설정해 신고해도 30% 룰 안쪽이라면 세무서에서 인정받을 확률이 높다. 만약 이 범위를 벗어나 세무서가 인정하지 않는다면 결국 나라에 가장 유리한 방식인 기준시가 안분액으로 세금이 부과된다. 이왕이면 안전하게 30%보다 확 낮출수록 좋다.

예를 들어보자. 매매가가 10억 원인 부동산의 토지 대 건물 기준시가 비율이 145,772,939원 대 33,462,344원으로 나왔다고 해보자. 실전에선 이처럼 복잡하게 나오는 것이 보통이다. 이 비율은 대략 81.33:18.67로, 10억 원을 안분하면 813,304,928원(A) 대 186,695,072원(B)이다. 따라서 부가세는 건물가액의 10%인 18,669,507원이 된다.

위에서 말했듯, 실거래 안분액과 기준시가 안분액의 차이가 30% 이내면 세무서에서 재량껏 인정받는다. 조정한 금액과 기준시가 안분액 차이를 기준시가 안분액으로 나누어 계산한다. 9억 원(C) 대 1억 원(D)으로 안분해 보면, 차이 비율이 토지는 10.66%[(C-A)/A로 계산], 건물은 46.44%[(D-B)/B로 계산, 절댓값]다. 건물가액 차이가 46.44%로 세법 허용 기준 30%을 넘어서 인정 불가다. 8.5억 원 대 1.5억 원으로 조정해 보면, 토지는 4.51%, 건물은 19.66%로 안정권이다. 이렇게 조정한 건물가액 1.5억 원의 10%인 1,500만 원을 부가세로 내면 된다.

부가세를 더 극적으로 줄이고 싶다면 전문 '감정평가'를 받는 것이 최선이다. 감정평가의 핵심은 건물가액을 법적 테두리 안에서 얼마나 합리적으로 낮게 잡느냐에 있다. 개인이 의뢰한 감정평가라도 그 결과가 기준시가보다 유리하다면 부가세를 크게 아낄 수 있다. 수수료가 발생하지만(10억 원 기준 약 150만 원 내외), 이를 통해 줄어드는 부가세가 훨씬 크다면 감정평가는 선택이 아닌 필수다. 세무서에 따라 두 개 이상의 감정평가를 요구하는 곳도 있다.

이렇게 부가세를 계산하는 방법을 알면 뭐가 좋을까? 부과세 과세 대상 부동산(대형 평형 주택, 비주택)을 매매사업자로 매도할 때 세후 수익이 얼마인지 계산할 수 있다. 이런 물건은 법인, 사업자가 아닌 개인 간 경쟁이기 때문에 경쟁률이 훨씬 낮다. 즉, 부가세를 입찰가/매수가에 미리 반영한다면 경쟁률은 낮추고, 수익은 올리는 지름길이 될 것이다.

하지만 매번 모든 물건을 공시가를 찾아서 안분, 계산하기는 쉽지 않다. 빠르게 계산하는 방법은 없을까? 가장 먼저 떠오르는 것은 감정평가서다.

경매 정보지에 이미 나와 있는 감정평가서를 활용하면 어떨까? 이미 토지와 건물가액이 안분되어 있으니, 그걸 바탕으로 부가세를 계산하면 안 될까? 아쉽게도 경매 감정평가서는 거래사례비교법 위주이기에 건물가액이 되려 높게 책정되는 경향이 있다. 매매사업자는 오히려 손해다. 매도 시점에 맞춰 별도로 감정평가를 진행하는 것이 낫다.

다만, 이 방법도 매수 시점에는 충분히 고려할 만하다. 빠르게 많은 물건을 검토할 수 있기 때문이다. 추후 매도 시 이 계산보다는 부가세가 낮아질 확률이 매우 높다. 보수적으로 부가세를 산정해서 입찰했는데, 낙찰에 성공한다면 추후 낮아질 부가세만큼 추가 이익이 생긴다. 낙찰을 위해서는 여러 물건을 검토할 수밖에 없다. 대형 평형 아파트 경쟁률을 찾아보면 어떤 의미인지 알 것이다.

대략적으로 부가세를 계산할 때 또 하나 참고할 점은, 서울 핵심지로 갈수록 공시지가가 가파르게 상승한다는 점이다. 건물가액은 지역에 따라 크게 차이나지 않는다. 공시지가가 안분액의 관건이다. 같은 연식의 2009년 준공 아파트를 비교했을 때, 서울 반포의 토지 대 건물가액 비율은 9:1, 경기도 용인은 6:4였다. 우리가 흔히 들어본 수도권의 공시지가도 생각보다 높지 않다. 즉, 지방으로 갈수록 건물가액의 비율이 높아질 수 있음에 유의해야 한다. 대략적 계산의 오차 범위가 커진다.

정리하면, 기준시가 안분액 계산이 기본이되, 실거래 안분액으로 부가세를 낮출 수 있다. 부가세를 더 낮추려면 감정평가를 받으면 된다. 미리 부가세를 알고 입찰가/매수가에 반영한다면, 남들보다 유리한 가격으로 소유권을 취득할 수 있을 것이다.

POINT

부가세 계산은 기준시가 안분이 기본이며, 실거래가 안분으로 부가세를 낮출 수 있다.

Q37 부가세를 내는 경우와 내지 않아도 되는 경우는 뭔가요?

다이소에서 산 필통과 다르게 부동산에는 부가세가 붙지 않는 대상이 있다. 바로 전용면적 85㎡ 미만 주택과 토지다. 85㎡ 미만 주택이 '국민평형'이라고 불리는 이유가 있다. 원칙적으로 부가세가 발생해야 함에도, 국민 다수가 필요로 하는 평형까지만 부가세를 면제해주기 때문이다. 개인의 모든 거래마다 부가세를 신고하고 납부할 수는 없으니까.

당신이 청약을 넣을 때 부가세 이야기가 없었다면 전용면적 85㎡ 미만 아파트이기 때문이다. 청약 모집 공고문에도 '전용면적 85㎡ 이상 주택은 부가세 10%'가 떡하니 나와 있다. 몰랐다면 다시 읽어보길 바란다. 청약으로 공급되는 대형 주택(전용면적 85㎡ 이상)은 부가세 과세 대상이다. 다이소의 필통처럼, 시행사가 분양자들에게 부가세를 걷어 납부하는 것이다.

질문 35번에서 본 9억 원짜리 구축 아파트 A가 알고 보니 전용면적 84㎡였다면, 이 아파트는 부가세 대상이 아니라서 2천만 원을 부담할 필요가 없다. 하지만, 99㎡였다면 2천만 원을 세무서에 내야 한다. 단, 개인이라면 걱정하지 않아도 된다. 갑자기?

"재편 님, 저희 집은 50평 아파트를 사고팔았는데 부가세를 안 냈는데요?" 잘했다. 안 내는 것이 맞다. 왜냐하면, 부동산 거래에서 부가세는 사업자가 내야 하는 세금이지, 개인은 해당 사항 없기 때문이다. 부동산 거래에서 부가세는 사업자에게만 부과되니 개인으로 매도하면 부가세를 신경 쓰지 않아도 된다.

부가세 대상이 되는 부동산은 뭐가 있을까? 전용면적 85㎡ 이상 주택, 상가, 오피스텔, 빌딩이다. 사실상 국민평형 이하 주택과 토지를 제외한 모든 부동산이라 생각하면 된다. 오피스텔은 기본적으로 부가세 대상이라 매매사업자로 매도하면 부가세를 내야 한다. 다만 주거용 오피스텔 중 전용면적 85㎡ 미만은 부가세 면세다. 부가세 대상 부동산을 매도하면 매수자에게 세금계산서도 발행해주어야 한다.

　좋다. 부가세가 부과되는 상황을 알았다. 그렇다면 매수자에게 받은 부가세는 어떻게 해야 할까? 매수자에게 부가세를 받을 수 있을까? 의문이 이어진다.

POINT

개인으로 매도하면 부가세가 없다. 사업자는 국민평형 이하 주택과 토지를 제외한 모든 부동산 매도 시 부가세를 내야 한다.

Q38 개인에게 매매사업자로 부동산을 매도하면 부가세는 누가, 어떻게 내나요?

자, 이제 문제의 상황이다. 매매사업자라면 이 상황을 꼭 알아둬야 한다.

전용면적 85㎡ 이상 주택을 개인에게 매매사업자로 매도한다면?

매매사업자로 매도한다는 뜻은, 매매차익을 매매사업자 사업소득세로 처리한다는 뜻이다. 우리는 사업상 매출세액이 발생했으니 건물가액의 10%를 내야할 의무가 생겼다.

그러나 구매자인 개인은? 부가세에 대해 전혀 생각하지 않을 것이다. 부가세없이도 잘 사고팔았으니까. 우리가 매매사업자임을 미리 알렸거나, 매매계약서특약에 부가세를 기재하지 않았다면 말이다.

만약 미리 이야기했다면? 부가세를 굳이 더 내가면서 해당 주택을 살 사람은 없을 것이다. 개인은 부가세를 매도자에게 내더라도, 사업자가 아니라서 환급받을 수 없기에 고스란히 손실이다.

즉, 이를 모르고 대형평형 주택을 개인에게 팔았다면, 개인은 부가세를 매도자에게 당연히 지급하지 않을 것이며, 매매사업자만 부가세 납부 의무가 생긴다. 이 부동산을 구매한 개인은 다이소에서 1,100원짜리 물건을 1,000원에 산 셈이다. 손해는 고스란히 다이소에게 간다.

매도자인 매매사업자만 부가세 10% 납부 의무가 있고, 아무도 환급을 못 받는 상황이다. 대형평형 청약에 당첨된 개인에게 시행사가 부가세를 받는 것처럼, 원칙대로라면 매매사업자도 부가세를 징수해야 한다. 그러나 개인사업자가 현실적으로 부동산을 매도하며 부가세를 받기는 쉽지 않다. 전 국민이 부가세를 공부한다면 모를까. 이 책을 읽는 여러분도 이제야 부가세를 알아가는 중인데, 일반인은 오죽할까.

경매로 대형평형 주택을 낙찰 후 개인에게 매매사업자로 매도할 때 주로 이런

◀◀◀

일이 생긴다. 경매는 부가세 면제다. 경매로 낙찰받을 때는 매수자인 낙찰자가 물건 종류에 관계 없이 부가세를 내지 않아도 된다. 그러나 낙찰 당시 부가세를 내지 않았다고 해서, 그 물건을 개인에게 팔 때도 면제인 것은 아니다. 대형평형 주택은 낙찰받을 때는 부가세가 발생하지 않지만, 개인에게 사업자로 매도하면 부가세를 내야 한다. 부가세는 거래별로 과세 혹은 면세가 정해진다.

그래서 대형평형 주택 경매는 매매사업자와 법인이 들어오지 않는 순수한 개인 간 경쟁이 일어난다. 먼저 나서서 부가세를 부담할 매매사업자와 법인은 없다. 입찰가를 부가세까지 고려해서 내리지 않는 이상은. 현실적으로 부가세를 고려한 입찰가는 낙찰가가 되기 어렵다.

만약 매수자가 사업자라면 편하다. 부가세를 매매계약서 특약에 따로 명시한다. 매도자가 매수자한테 부가세를 받아서 납부하고, 매수자는 조기환급을 받으면 된다. 만약 특약에 부가세를 별도 기재하지 않았다면, 보통 매매가에 포함된 것으로 본다. 그래서 개인에게 사업자로 대형평형 주택을 시세로 매도하면 무조건 사업자가 손해다. 매매차익 일부를 부가세로 내야 하니까.

정리하면, 사업자가 부가세 대상 물건 매도 시 건물가액 10% 부가세가 생긴다(토지는 면세다). 거래 상대방이 개인이든 사업자든, 사업자로 매도하면 건물가액 10%에 해당하는 부가세를 납부해야 한다.

POINT

개인에게 사업자로 부가세 과세 대상 부동산을 매도하면, 매도자인 우리만 부가세 부담이 생긴다. 반드시 유의하자.

Q39 매매사업자가 주거용 오피스텔을 매도해도 부가세를 내야 하나요?

오피스텔은 취득할 때 주거용, 비주거용을 구분할 수 없기에 무조건 4.6%의 취득세를 낸다. 취득세는 공적 장부(공부)를 기준으로 과세하는 것이 일반적이다.

하지만 매도할 때는 공부가 아니라 실사용 현황을 기준으로 본다. 오피스텔을 주거용으로 이용했다면 주택에 해당하는 양도세를, 비주거용으로 이용했다면 비주택에 해당하는 양도세를 낸다. 본인 소유 오피스텔에 전입신고가 된 것을 모르다가, 다른 아파트의 1세대 1주택 비과세가 취소되는 경우도 봤다.

이처럼 주거용 오피스텔을 매도할 때는 실사용 현황을 기준으로 보기 때문에, 전용 85㎡ 미만은 부가세가 없다고 보는 것이 일반적인 시각이다. 전용 85㎡ 미만 주택은 면세 품목에 해당하기 때문이다.

하지만 매매사업자의 매도가 개인의 매도와 같은지는 세무사끼리도 의견이 갈린다. 아직까지 명확한 기준이 없다. 매매사업자로 매도할 오피스텔을 취득할 계획이 있는 사람이라면, 해당 지역 세무서 담당자에게 물어보는 것이 가장 확실한 방법이다. 결국 부가세 과세 유무를 결정하는 것은 세무서니까.

결론적으로, 매매사업자로 주거용 오피스텔을 매도할 때 부가세 부담을 100% 피하는 방법은 아직 없으니, 담당 세무서에 사전 확인 후 진행하는 것이 현재로서 가장 합리적인 방법이라 할 수 있겠다.

POINT

전용 85㎡ 미만 주거용 오피스텔을 매도하더라도 세무서에서 부가세를 부과할 가능성은 있으니, 미리 확인하자.

Q40 부가세 포함해서 매도 시 매매차익은 얼마인가요?

부가세를 따로 매매계약서에 기재하지 않는 경우, 매매가액에 포함된 것으로 본다고 했다. 예를 들어보자.

우리가 4.5억 원에 낙찰받은 물건을 5억 원에 매도하기로 했다. 이때 부가세는 3천만(건물분 10%) 원이다. 만약 부가세를 매도가에 포함시켜서 매도한다면, 매매사업자의 매매차익은 5천만 원일까, 2천만 원일까?

정답은 2천만 원이다. 다이소 필통을 떠올리면 쉽다. 구매자는 다이소에서 필통을 살 때 1,100원을 지불하면서 부가세를 고려하지 않지만, 판매자인 다이소 입장에서는 필통의 물품가액 1,000원과 부가세 100원을 별개로 본다. 매매사업자인 우리는 판매자 입장이 되면 된다.

매매가액 5억 원에 부가세 3천만 원이 포함되어 있다면, 실제 물품가액은 4.7억 원, 부가세 3천만 원으로 보아 매매차익은 4.7억 원-4.5억 원=0.2억 원이 되는 것이다. 이 0.2억 원, 즉 2천만 원에 대해 소득세가 매겨진다.

위 상황에서 부가세를 매도가와 별개로 받는 것으로 계약서를 썼다면? 세법에서 매매가액은 5.3억 원, 매매차익은 0.5억 원, 부가세는 3천만 원으로 본다. 그러면 0.5억 원에 대한 소득세를 내면 되는 것이다.

POINT

과세 품목의 매매가액은 물품가액과 부가세가 합산된 금액이라는 점을 기억하자.

Q41 대형평형 주택을 팔면서 계약서에 부가세 10%를 명시해야 하나요?

그렇다. 부가세가 있는 품목을 사업자로 매도하면, 매매계약서 특약에 부가세를 별도로 기재하고 매매금액과 구분해서 받아야 한다. 그렇게 매수자에게 받은 부가세로 매도자가 세무서에 부가세를 납부한다. 매수자가 개인이라면 환급받을 수 없고, 사업자라면 환급을 받을 것이다.

하지만 매수자인 개인이 이런 구조를 모른다면? 부가세 기재 자체를 꺼릴 확률이 높다. 평소 해오던 방식과 다르니까. 큰 금액이 오가는 거래니 혹시 문제가 생길까 두려운 것이다. 당연하다.

이런 경우 부가세 기재 없이 거래해도 괜찮다. 매매가에 부가세가 포함된 것으로 처리하면 된다. 이때는 당연히 매매가에 부가세를 녹여서 팔아야 한다. 부가세를 고려하지 않고 팔면, 앞서 말한 대로 우리만 부가세 의무를 지는 불합리한 상황이 된다. 납부할 부가세까지 넣은 금액으로 매도해야 손해가 없다.

그러면 매매가액이 높아지니 세금이 커지는 것 아닌가? 다행히도 아니다. 매수대금에서 일부 금액을 부가세로 내고 싶다면, 총 매수대금에서 부가세를 제한 금액만 매출액으로 잡으면 된다. 매수대금에서 매출액과 부가세를 나누는 것이다. 이때 실거래가는 매매가에서 부가세를 제한 금액이 된다. 매출액과 같다.

정리하면, 부가세는 매매가와 별도로 특약에 명시하고 주고받아야 한다. 하지만 개인에게 매도하면 부가세 명시를 거부할 수 있으니, 이때는 매매가에 부가세를 포함시켜도 된다. 이때 실거래가(매출액)는 부가세를 제한 금액이다.

POINT

부가세는 특약에 명시하지 않으면, 매매가에 포함된 것으로 본다. 이때 실거래가는 매매가에서 부가세를 제한 금액이다.

Q42

부가세를 없애는 방법은 없나요?

부가세를 내지 않는 방법을 세 가지 소개한다.

① 개인 명의로 매도
② 임대용으로 사용 후 양도(2년 이상)
③ 포괄양수도로 양도

첫째, 비사업자의 지위(개인)에서 매도하면 부가세와 무관하다. 부가세는 매도자의 주체에 따라 부과 여부가 달라진다. 대형평형 주택이더라도 개인으로 매도하면 부가세를 내지 않아도 된다. 생각해보면 주변에서 대형평형 집을 팔며 부가세로 걱정하는 사람은 없을 것이다. 개인이 매도하면 부가세 면제다.

둘째, 2년 이상 임대 시 부가세 면제다. 임대 기간에 따른 부가세 면제 혜택이 주어지는 것이다. 다만, 이 경우 장기 임대에 속하기 때문에 매매사업자로 처리할 수 없다. 매매사업자는 단기 임대만 허용된다.

마지막, 포괄양수도를 하면 부가세가 면제된다. 포괄양수도란 개인사업자가 매수자에게 사업장을 양도하여, 사업의 동일성을 유지하면서 경영 주체만을 교체하는 경우다. 그래서 상가는 보통 포괄양수도로 거래한다.

아쉽지만, 이 세 가지 방법 중 매매사업자가 활용할 수 있는 건 사실상 없다. 그래서 더더욱 부가세가 어떤 경우에 붙는지, 면제되는지 잘 알고 있어야 한다.

POINT

> 개인 명의로 매도, 임대용으로 사용 후 매도, 포괄양수도로 매도할 경우 부가세가 없어진다. 하지만 매매사업자는 사실상 불가능하다.

부가세 10% 더 주고 현금영수증 꼭 발급해야 할까요?

정말 자주 받는 질문이다. 매매사업자를 하다 보면 도배, 장판 등 수리를 해야 할 때가 생긴다. 도배 비용은 당연히 비용처리를 해야 한다. 개인은 할 수 없는 매매사업자의 특권이고, 비용처리를 하면 소득세율만큼 할인받는 셈이니까.

비용처리를 위해서는 인테리어 업체로부터 세금계산서나 현금영수증을 받아야 한다. 그런데 열에 아홉은 영수증을 요구하면 그제야 10%를 더 내라고 한다. 이 10%가 바로 부가세. 적격증빙의 대가다. 세금계산서를 끊느냐, 마느냐 그것이 문제로다.

딱 정해주겠다. 10% 더 내도 세금계산서 끊어라. 부가세를 내더라도 10% 추가해서 비용처리를 하는 게 훨씬 이득이다. 어차피 부가세는 환급받을 수 있다. 100만 원 중 100만 원 비용처리(적격증빙 없음, 가산세 2% 발생) vs 110만 원 중 100만 원 비용처리, 10% 부가세 환급. 후자가 유리하다.

단, 주의할 점이 있다. 부가세 과세 품목이 없으면 부대비용 부가세도 환급받을 수 없다. 똑같은 도배를 했더라도 부가세 면세 품목 부동산에 했다면 부가세 환급이 불가능하다. 면세사업자와 같은 취급을 받는다. 즉, 매매사업자가 부가세를 납부하거나 환급받기 위해서는 취급하는 부동산 품목이 부가세 부과 대상이어야 한다. 만약 환급 불가한 부가세를 지출했다면 비용처리가 된다.

이 경우를 다시 계산해보자. 100만 원 중 100만 원 비용처리(가산세 2%) vs 110만 원 중 110만 원 비용처리. 소득세율은 25%로 가정하자. 전자는 25만 원, 후자는 27만 5,000원 비용처리다. 후자가 이득일까? 아니다. 전자는 100만 원을 냈고, 후자는 110만 원을 지출했으니 결과적으로 후자가 7만 5,000원 손해다. 즉, 적격증빙 미수취가 금액 면에서 유리하다.

하지만 적격증빙 미수취 거래는 되도록 적게 발생시키는 것이 좋다. 세무서에

◀◀◀

서 안 좋게 볼 소지가 있기 때문이다. 일종의 불법 거래가 늘어나는 셈이니, 적격 증빙이 없는 비용처리는 의심을 사기 쉽다. 돈 아끼는 것 이상으로 문제가 될 수 있다. 더군다나 매매사업자는 세무서의 인정을 받는 게 매우 중요하다. 나는 웬만하면 10% 더 주더라도 적격증빙을 받는다.

POINT

부가세 10%를 더 내더라도 적격증빙을 수취해서 비용처리를 하자. 세무서는 적격증빙 미수취 거래가 많아지면 불법을 의심한다.

Q44 과세사업자가 부가세 면세 항목만 거래했다면 무실적 신고를 해야 하나요?

만일 과세기간 내 부가세 대상 부동산 거래가 없었다면 무실적 신고를 해야 할까? 아니다. 매입한 모든 비용의 부가세 부분을 신고하며 매입세액 불공제 항목에 넣어야 한다. 도배, 장판, 교통비 등등 부가세를 납부하며 애써서 받은 세금계산서를 이때 쓰는 것이다. 매입세액 불공제 처리한 부가세는 추후 비용처리 가능하다. 불공제 처리했다고 자동으로 비용처리가 되는 것은 아니고, 종합소득세를 신고하며 비용처리를 한다.

참고로, 세금계산서 외 현금영수증, 카드매출전표에 나온 부가세 부분도 사실 신고하는 것이 맞지만, 실무상 이는 따로 신고하지 않기도 한다. 부가세 신고는 국세청에서 사업자 거래 규모를 파악하기 위한 수단일 뿐, 정확한 세금은 종합소득세로 징수하기 때문이다.

부가세 취급 부동산을 다루지 않았다면 부가세 환급은 당연히 불가하다. 사업 기간이 짧고, 비용처리를 생각하지 않는다면 무실적 신고를 해도 관계없다. 사실 부가세 신고 납부·환급 금액이 없다면 조금 틀려도 괜찮다. 어차피 종합소득세에서 다 정산하기 때문이다.

참고로 면세사업자는 부가세 자체를 다루지 않기 때문에 부가세 신고 대신 사업장현황신고를 한다. 과세사업자는 부가세 신고를 하니 사업장현황신고는 안 해도 되고, 부가세 신고만으로 종결이다. 각각 신고에 대해서는 파트 4에서 자세히 다룬다. 정말 고생 많았다. 부가세, 이 정도 알면 어디서 꿀리지 않을 수 있다.

POINT

무실적 신고는 매도 건이 아예 없을 때 하자. 과세사업자가 면세 품목만을 거래했다면 부가세 매입세액 불공제 신고해서 추후 종합소득세 비용처리에 넣어야 한다.

🎯 초보 매매사업자를 위한 부가세 key 핵심 정리!

① 부가세는 원래 모든 거래에서 발생한다.

② 판매자가 구매자에게 걷어서 세무서에 납부한다.

③ 우리가 다이소에서 1,100원짜리 필통을 산다고 가정해보자.

④ 다이소 판매가격 1,100원 중 100원은 부가세다. 구매자가 부가세 100원을 판매자에게 준 셈이다.

⑤ 구매자에게 받은 100원을 다이소가 세무서에 납부한다. 이게 부가세의 기초 원리다.

⑥ 다이소＝판매자, 우리＝구매자임을 생각하며 다시 읽어보자.

⑦ 부동산도 똑같이 부가세가 발생한다. 매도자, 매수자가 있는 거래니까.

⑧ 거래 시 부가세 면제가 되는 몇몇 경우가 있다. 개인 간 거래, 경매 낙찰, 전용 85m² 미만 주택 사업자 매도 등이다.

⑨ 대형평형(전용 85m² 이상) 주택 경매 낙찰 시점에는 부가세를 내지 않아도 된다.

⑩ 이와 다르게 청약은 대형평형 당첨자가 시행사에게 부가세를 낸다.

⑪ 사업자로 국민평형 이상 주택을 매도하면 부가세 대상이다.

⑫ 매도자인 우리(=매매사업자)는 매수자에게 부가세를 다이소처럼 걷어서 납부해야 한다.

⑬ 부가세 금액은 매매가액을 토지분/건물분으로 안분해서 나온 건물가액 중 10%이다.

⑭ 낙찰가는 경매에서 발생한 가격이라 이후 발생하는 부가세와 전혀 무관하다.

⑮ 매수자가 개인이라면 부가세 특약 기재를 꺼릴 수 있다.

⑯ 매매가에 부가세를 포함하여 매도할 수 있다.

⑰ 실거래가는 부가세를 제한 금액으로 계산한다.

매매사업자는 취득세,
보유세도 할인받나요?

와, 드디어 아는 게 나왔다! 우리나라 세금 제도는 다주택자에 무척 민감하다. 취득세, 보유세가 주택 수에 따라 늘어난다. 과연 매매사업자는 취득세, 보유세도 할인받을 수 있을까?

자, 앞선 파트 1을 읽은 사람은 정답을 바로 말할 수 있어야 한다. 정답은? 3초 준다. 3… 2… 1…

그렇다. 여러분은 이미 답을 알고 있다. 정답은 '아니다'다.

하지만 내가 질문을 1,000개 받아 보니 의외로 많은 사람이 궁금해했다. 매매사업자 질문 통계를 냈을 때에도 취득세가 꽤 큰 비중을 차지했고, 네이버 검색 순위에도 매매사업자 취득세는 매매사업자 관련 검색어 중 상위권을 차지한다.

이런 질문이 나오는 이유는 간단하다. 매매사업자가 '주택 수를 줄일 수 있다'라고만 알기 때문이다. 어떨 때 주택 수가 줄어드는지를 알아야 하는데, 모든 경우에서 주택 수가 줄어든다고 오해하는 것이다.

매매사업자를 다른 말로 하면 '매도'사업자다. 앞에서 수차례 언급했듯, 개인 매매사업자는 매도 이후부터만 혜택이 있다. 매도까지는 그냥 개인이다. 따라서 취득할 때, 보유할 때는 매매사업자라도 혜택이 없다. 그냥 개인으로 적용된다. 세무서에 가서 '매매사업자로 취득세 줄이려고요~' 하면 아주 친절하게(?) 맞이해줄 것이다.

Q45

매매사업자는 취득세 얼마나 내야 하나요?

누누이 강조한다. 부동산 매매사업자는 부동산을 사고파는 직업이지만, 살 때는 똑같고 팔 때만 혜택이 있다. 이쯤 되니 이름을 부동산 매매사업자가 아니라 매도사업자로 바꿔야 하지 않나 싶다.

많이들 취득세는 개인과 동일하다고 한다. 앞에서 말했듯, 개인 매매사업자인데 개인과 동일하다는 표현은 조금 이상하다. '개인 매매매사업자가 취득할 때 받는 혜택은 따로 없다'가 정확한 표현이다. 혜택이 없으니 당연히 개인 취득세로 납부한다. 매매사업자는 매도할 때 소득세로 대신 신고할 '권리'가 '추가'되는 것뿐이다.

따라서 매매사업자 취득세는 1주택 1~3%, 2주택 1~3%, 3주택 8%, 4주택 이상 12%다. '취득하는 주택'이 조정지역이라면 2주택 8%, 3주택 12%다. 국민주택 이상 규모면 0.2%가 추가된다.

공시가 1억 원 이하(미만 아니고 이하가 맞는 표현) 주택은 취득세 중과 주택 수에 들어가지 않아서 1%다. 정비구역에 지정되지 않아야 한다는 조건이 있지만. 지방은 공시가 2억 원 이하 주택까지 중과되지 않는 제도가 곧 시행된다. 이 책이 나올 때쯤에는 이미 적용되었을지도 모르겠다.

참고로 공시가 1억 원 이하 주택만 여러 채 있는 사람이 1억 원 초과 주택을 추가로 사도 똑같다. 1억 원 이하 주택은 이번에도 취득세 중과 대상에서 제외된다. 따라서 1주택자에 해당하는 취득세만 내면 된다.

정리하면, 취득세를 모르고 여러 주택을 매수하면 중과를 적용받아 세금을 왕창 내야 한다. 매매사업자는 취득세 혜택이 없다. 고로 3주택 이상을 취득한다면 취득세를 미리 매매가와 입찰가에 녹여서 책정해야 손해를 보지 않는다.

취득세 얘기가 나온 김에 많이 헷갈리는 점 하나만 추가. 경매에서 선순위 임

▶▶▶

차인이 있으면 낙찰가와 임대차 보증금을 합친 금액으로 취득세를 계산한다. 1억 원 아파트에 5천만 원 전세가 들어와 있다면 취득세는 1억 5천만 원에 대한 금액으로 낸다.

그런데 문제가 있다. 나는 1주택자일까, 2주택자일까? 취득세 세율은 알겠는데 취득세 주택 수는 어떻게 세는 건지 헷갈린다. 지금 보유 중인 주택만 보는 건지, 취득할 주택까지 세는 건지?

POINT
> 매매사업자는 취득세와 관련이 없다. 개인이면 개인, 법인이면 법인 취득세를 그대로 적용받는다.

Q46

취득세 주택 수는
어떻게 계산하나요?

'이번에 취득하는 주택'까지 포함한 주택 수로 취득세를 계산한다. 주택이 없는 상태에서 아파트를 낙찰받는다면? 1주택자에 해당하는 취득세를 낸다. 2주택자가 새로 주택을 낙찰받으면? 3주택자에 해당하는 8% 세금을 낸다. 그래서 취득세 표를 보게 되면 무주택자 취득세는 없다.

그래서 나온 말이 '사팔사팔'이다. 나는 초보 시절 '4개월마다 팔고 4개월마다 팔고'의 줄임말인 줄 알았다. 4개월이라는 고수들의 비책(?)이 있는 줄 알았던 것. 훗날 그저 '사고팔고 사고팔고의 줄임말'이었을 뿐이라 허탈했던 기억이 있다.

매매사업자는 보통 1~2주택을 유지하며 사팔사팔 전략이 유효하다. 3주택부터는 취득세 8%가 부담되고, 2주택 조정지역은 다주택자 양도세 비교과세에 걸릴 수 있기 때문이다. 공시가 1억 원 이하 주택은 취득세 산정 시 주택 수에서 제외되니 이를 이용하는 것도 좋다.

더불어, 취득세도 비용처리가 되니 8%, 12% 부담해도 된다는 말은 틀렸다. 취득세가 비용처리는 되지만, 매매사업자는 비용을 소득세율만큼만 할인받는다. 15% 과세 구간인 사람은 취득세 15%만 할인받으니, 85%는 내 주머니에서 나간다. 절대 이득이 아니다.

POINT

> 취득세 주택 수는 취득할 주택까지 포함해서 센다. 취득세도 비용처리 가능하지만, 중과는 피하는 것이 상책이다.

Q47 개인이 받는 취득세 혜택을 매매사업자가 그대로 받을 수 있나요?

물론이다. 취득세 중과가 그대로 적용되니, 이미 답을 눈치챈 사람도 많을 것이다.

개인이 받는 취득세 혜택을 매매사업자를 낸 후에도 그대로 받을 수 있다. 애초에 취득 시점에서 매매사업자라고 달라지는 것은 없으니까. 개인이 받을 수 있는 취득세 혜택과 매매사업자 사업자등록은 전혀 관계가 없다.

취득은 개인으로 한다. 매매계약서에서 개인 이름이 들어가지, 매매사업자 상호명이 들어가지 않는다. 매매사업자는 직업이지, 명의가 아니다. 소유권은 '명의'자만이 가질 수 있다. 취득세 중과도 그대로고, 취득세 감면되는 공시가 1억 원 이하 주택 혜택도 그대로다.

경매로 낙찰받은 주택도 똑같다. 생애 최초 취득세 감면, 혼인 및 출산 취득세 감면 등 혜택을 받을 수 있다. 다만 일반 매매와 마찬가지로 실거주, 전입 요건 등 모든 조건을 동일하게 갖춰야 한다.

참고로 '생애 최초 취득세 감면'은 주택이면 대부분 된다. 아파트, 빌라, 연립, 단독주택, 다가구 모두 가능하다. 물론 소득, 취득가, 면적, 세대주 등 요건을 모두 갖춰야 한다. 오피스텔과 분양권은 불가능하다.

POINT

매매사업자는 취득세 부분에서 개인과 달라지는 것이 없다. 개인 취득세 혜택(생애 최초 취득세 감면 등)은 모두 똑같이 받을 수 있다.

매매사업자는
보유세도 할인받나요?

매수와 매도 사이에서 받는 혜택은 전혀 없다. 사실상 매매사업자가 아니라 매도사업자다.

보유세도 취득세와 마찬가지다. 매매사업자를 내고 달라지는 것이 없으니, 그냥 개인이다. 보유세도 매매사업자 사업자등록과 전혀 무관하다. 재산세, 종합부동산세 모두 그대로다. 과도한 보유세를 줄이기 위해 부동산을 단기 매도한다면 양도세 대신 소득세를 적용할 수 있다는 점만 다르다.

매매사업자는 양도세를 제외한 세금 부분에서 혜택이 없다. 보유세(재산세, 종합부동산세), 등기비, 주택채권매입 등등 모두 개인 명의로 진행하는 것과 절차와 비용이 동일하다. 여러 번 말했지만, 사실상 개인 매매사업자는 개인 명의로 산 부동산을 장부를 활용해 양도세를 아끼는 '매도'사업자다.

재고자산에 들어간 주택도 양도세 주택 수에서 제외될 뿐, 취득세, 보유세에서 제외되지는 않는다. 우리 세법에서는 세목별로 주택 수를 다르게 산정한다. 예를 들어 공시가 1억 원 이하 주택은 취득세 주택 수에선 제외되지만 보유세, 양도세에는 들어간다. 내가 가진 부동산이 어떤 경우에 주택 수에서 제외되는지 정확하게 알아야 한다.

정리하면, 취득세도, 보유세도 그냥 개인이다. 매매사업자로 달라지는 것은 없다.

POINT

> 매매사업자가 내는 보유세도 취득세와 마찬가지로 개인과 동일하다. 주택 수 제외도 양도세 계산 시에만 적용된다.

Q49

공시가 1억 원 이하 주택은 어떤가요?

앞서 취득세는 주택 수가 많아질수록 높아진다는 걸 배웠다. 그런데 이를 거스르는 특별한 경우가 있다. 바로 공시가 1억 원 이하 주택이다. 가끔 1억 원 미만으로 잘못 사용하는 경우가 있다. 정확한 용어는 1억 원 이하가 맞다.

공시가 1억 원 이하 주택은 취득세 중과 대상에서 제외된다. 중과 대상에서 제외된다는 말은, 이 주택을 살 때는 1주택 취득세를 내고, 이 주택을 가진 사람이 다른 주택을 살 때도 취득세 주택 수에서 제외한다는 뜻이다. 개인이 가장 쉽게 활용할 수 있고, 취득세를 줄일 수 있는 강력한 방법이다. 따라서 취득세는 적게 내고, 매매사업자로 빠르게 매도하는 식으로 궁합이 좋다.

공시가 1억 원 이하 주택은 법인으로 개인과 동일하게 투자할 수 있다. 법인도 원래라면 주택 구매 시 취득세 중과가 되지만, 공시가 1억 원 이하 주택은 법인이더라도 1.1%를 낸다. 단, 과밀억제권역에 설립된 일정 기간 이하 법인은 예외다. 공시가 1억 원 이하 주택 단기 투자는 매매사업자와 법인 모두 장단점이 있기 때문에 유리한 것으로 선택하면 된다. 투자 경험이 없다면 매매사업자로 먼저 시작하길 추천한다.

공시가 1억 원 이하 주택의 주의점은 없을까? 취득세 중과 대상에서는 제외되지만, 다른 주택 수에는 모두 포함된다는 점이 흠이다. 보유세(재산세, 종합부동산세), 양도세가 그렇다. 또한 매번 사고팔 때마다 복비를 내야 하고, 주택 보유 상황에 따라 임대소득세도 발생할 수 있다. 임대 기간이 길어지면 매매사업자로 매도할 수 없음은 물론이다.

추가로, 지방 부동산 시장 활성화를 위해 정부에서 여러 정책을 내놓고 있다. 특히 취득세 중과 대상 면제 기준을 지방 주택에 한정해 공시가 2억 원 이하로 한도를 상향하는 안건을 상정했다. 거기다 청약에서 빌라 소유자도 무주택 요건

◀◀◀

이 될 수 있도록 했다. 다주택자 양도세 중과도 2026년 5월까지 연장 되었으니, 공시가 2억 원 이하 지방 투자가 앞으로 수요가 있을 것으로 보인다. 공시가는 실제 시세의 70% 가량이기 때문에, 2억 원 후반 지방 신축 아파트도 노려 볼 수 있을 것이다. 이렇게 해도 지방 경기가 살아나지 않는다면 혹시 모른다. 2억 원에서 3억 원, 3억 원에서 4억 원이 될지도. 정부는 지지율이 필요하고, 지방도 소홀히 할 수는 없는 노릇이다. 정권별 부동산 정책에 따라 시야를 넓혀보자.

POINT

공시가 1억 원 이하 주택은 취득세 중과에서 제외된다. 법인과 개인 공통이다. 지방은 2억 원 이하로 범위가 늘어난다.

비과세 주택 보유기간 산정은 언제부터인가요?

주택 보유기간에 관한 문의를 종종 받았다. 서로 다른 시점에 주택을 취득하는 경우, 비과세 주택 보유기간 산정과 매매사업자 적용은 어떻게 될까? 예를 들어 보자.

[예시]

◉ A주택 취득 → 매매사업자 등록 → B주택 취득 → B주택 재고자산 등록
◉ A주택을 개인 명의로 매도 시, 양도세 계산을 위한 A주택 보유기간은?

　① A주택 최초 취득 시점부터 산출

　② B주택 재고자산 등록 시점부터 산출

정답은 '① A주택 최초 취득 시점부터 산출'이다. B주택 재고자산 등록과 A주택 보유기간은 관계가 없다.

양도세 1세대 1주택 특례를 적용할 때 2주택자였던 기간이 얼마였는지 중요하던가?^{질문 20번} '매도하려는 주택'을 얼마나 가지고 있었는지만 중요하다.

B주택을 재고자산에 등록한 순간부터, 우리가 2주택자였던 과거는 사라지고 1주택자로서 A주택을 매도하면 된다. 일시적 1세대 2주택을 고려할 필요도 없다. 일시적 1세대 2주택은 개인 명의 2주택을 상정한 것이기 때문이다. 주택 2개 중 하나를 사업용 주택에 넣은 순간 양도세에선 2주택자가 아니다.

예전에는 2021년 1월 1일부터 적용되는 '최종 1주택에 대한 2년 보유기간 및 거주기간의 재계산' 제도에 따라 다주택자는 다주택 보유기간을 제외하고, 최종적으로 1주택만 보유하게 된 날로부터 2년 보유기간 등을 산정했었다. 다주택

자가 비과세를 쉽게 받지 못하도록 하는 정책이었다. 하지만 이 제도는 폐지되어 2022년 5월 10일 이후 양도분부터는 적용되지 않는다. 이 책을 지금 읽는 우리는 걱정하지 않아도 된다.

따라서, 가능한 한 저렴한 주택 먼저 매매사업자로 처분 후, 고가 주택을 개인 명의로 처분해서 최대한 비과세를 활용하자.

POINT
기존 주택 보유기간 산정은 새로운 주택 취득과 무관하게 기존 주택 취득 시점부터 계산한다.

PART

3

여러분이 놓쳤던
매매사업자의 비밀

매매사업자는
신고가 끝이 아니다

　드디어 미묘하고 복잡한 순간이 왔다. 파트 1에서 간주 매매사업자를 다루며 '인정'이 중요하다고 이야기했다. 매매사업자는 과연 어떤 존재이고 얼마나 사고 팔아야 사업자로서 인정받을 수 있을까? 앞서 세무서에서 인정받는 것은 대단히 중요하다고 강조한 바 있다.

　'인정'이라는 말을 왜 썼을까? 세무서에서 매매사업자 명의 매도를 인정하지 않으면 양도세로 추징될 수 있기 때문이다.

　세무서에서 인정받지 못하는 매매사업자는 도태된다. 개인 명의 양도세를 피하기 위한 수단으로 매매사업자를 '악용'했다고 보기 때문에, 세무서는 양도세를 추징할 수밖에 없다. 정당한 사업이 아닌, 양도세를 회피하기 위한 수단으로 매매사업자를 활용했다고 세무서에서 태클을 건 것이다.

　이 태클은 바로바로 걸리지 않고, 시간차 공격으로 날아온다. 대비가 되어 있지 않을 때를 노린(?)다. 일이 다 끝난 줄 알았는데 갑자기 '그때 팔았던 주택 사업용 아니지? 소명해!' 명령이 날아오니 허둥지둥할 수밖에. 큰 정신적, 금전적 고통을 받을 수밖에 없다. 그러니 세무서에 인정받을 수 있도록 미리 준비해야 한다.

　세무서는 '어떻게 신고했는지'를 본다. 매매사업자는 매매차익을 소득세와 양도세 중 어느 것으로 신고할지 선택할 수 있다. 양도세로 신고하면 개인 명의 매도, 소득세로 신고하면 매매사업자 명의 매도라는 뜻이다. 이 신고가 적합한지 세무서에서 판단을 거쳐, 문제가 있다면 세금을 추징한다. 세금 납부 절차는 세무서에서 5월 종합소득세 신고를 용인해야 비로소 끝이 난다.

　어떻게 하면 인정 확률을 높일 수 있을까?

Q51 '종합 판단' 기준을 더 자세히 알려주세요

세무서에서 인정받으려면 어떻게 해야 할까? 매매사업자 여부는 '종합 판단'이기 때문에, 하지 말라는 건 하지 말고, 하라는 것은 해야 한다. 매매사업자는 인정 확률을 높이는 게임이다. 그렇다고 너무 겁먹지 말자. 기초적인 네 가지만 지켜도 인정받을 수 있다.

매매사업자가 지켜야 할 기초적 네 가지 조건은 다음과 같다.

① 사업자등록
② 기장(복식부기, 재고자산 등록)
③ 세금(매매차익 예정신고, 종합소득세 신고)
④ 사업성[매매 목적 취득, 매매업 지속, 반복(연 1회 이상)]

매매사업자를 판가름하는 정확한 매수, 매도 횟수는 정해지지 않았다. 대법원에서도 사업자로서의 지속성, 성실성을 고려해 종합 판단해야 한다고 판결한 바 있다. 따라서 우리는 사업자로서 할 수 있는 사업자등록, 기장, 예정신고, 종합소득세 신고, 사업 지속 등을 꾸준히 관리하면 세무서에서 인정받을 수 있다.

반대로 이야기하면, 위 조건을 지키지 않은 사람은 매매사업자로 인정받기 어려울 수 있다. 인정받지 못하면? 양도세 추징 통지서가 친절하게(?) 날아올 것이다.

POINT
> 사업자등록, 기장, 세금 신고, 사업성 입증을 갖춰야 매매사업자로 세무서에서 인정받을 수 있다.

#세무서
#인정
#종합판단

Q52 1년에 1~2채를 필수로 사고팔아야 하나요?

일반적으로 알려진 매매사업자의 정의는 다음과 같다. '1과세기간(1~6월 또는 7~12월)에 부동산 2건 이상 매수, 1건 이상 매도.' 이를 만족하지 못하면 세무서에서 인정받지 못하는 걸까?

아니다. 숱하게 알려진 이 정의는 무의미하다. 매매사업자를 설명하기 위한 예규例規일 뿐이다. 인정 요건과 아무런 관련이 없다. 고로 겁먹지 말고 시작해도 된다.

사실 따지고 보면 매 과세기간 이 기준을 맞출 수 있는 매매사업자도 별로 없다. 사업자등록만 해두고 실제로는 1년에 1채도 사고팔지 못하는 매매사업자가 절반 이상일 것이다. 내게 질문하시는 분들을 보면 아직 1채도 사고팔지 못해 폐업을 고민하는 분들이 꽤 된다.

그렇다면 얼마나 사고팔아야 수월하게 인정받을 수 있을까? 나는 연 1회 매매면 충분하다고 생각한다. 사업자등록 후 매매를 못 했더라도, 추후 매매 계획이 확실히 있다면 세무서에서 충분히 인정할 만하다. 탈세 목적의, 갑작스러운 사업자등록이 아니라면 인정 폭이 넓으니 너무 겁내지 말고 매매사업자 등록에 뛰어들길 바란다.

또 모른다. 여러분도 1년에 1채만 사려고 했는데 여러 채를 사고팔게 될지. 원래 처음이 어렵지 한 번 사이클을 돌리고 나면 두 번 세 번은 쉽다. 나도 1년 만에 4채를 사고, 3채를 팔 줄 모르고 시작했다. 첫 낙찰부터 이후 여러 채를 사고팔 거라 계획하는 사람이 있을까? 한 걸음부터 시작이다.

POINT

> 1년에 1~2채 매매는 예규일 뿐이다. 매매사업자 인정은 세무서에서 여러 요건을 종합 판단한다.

Q53

매매사업자로
인정 안 될 수도 있나요?

그렇다. 절대적인 인정 방법은 존재하지 않는다. 인정받지 못할 가능성은 언제든 있다. 허나, 이미 많은 사람이 매매사업자를 성공적으로 활용하고 있고, 덕분에 통상적으로 '이렇게 하면 안전하더라' 하는 기준 정도는 있다.

우선 가장 중요한 것은 횟수다. 적어도 연 1회 이상 매수, 매도하면 90% 이상의 확률로 안전하다. 금액보다 횟수가 중요하다. 10억 원 하는 주택을 한 번 매도한 사람과 4천만 원짜리 지분을 세 번 매도한 사람이 있다면 세 번 매도한 사람이 더 인정받기 쉽다. 자주 사고팔아야 한다. 경매로 지분을 저렴하게 낙찰받아, 공유자에게 저렴하게 빠르게 매도하는 방법을 쓰면 좋다.

다음으로 중요한 것은 올바른 신고와 기장이다. 사업자등록 후 기장을 성실히 하고, 매매차익 예정신고와 종합소득세 신고를 꾸준히 했다면 매매사업자로 볼 수밖에 없다. 이외에도 사업의 반복성, 지속성, 그리고 서로 다른 제3자에게 계속해서 매도했는지 등 여러 요건을 종합해서 세무서에서 인정 여부를 판단한다.

누차 말하지만, 가장 중요한 것은 거래 횟수고, 올바른 절차로 신고와 기장을 꾸준히 하면 된다. 매매사업자 대부분은 인정받고 있다는 점을 기억하자. 또 실적이 없더라도 매매사업자를 최대한 오래 유지하면 좋다. 사업을 오래 영위할수록 세무서에서도 매매사업자로 인정할 확률이 높아지기 때문이다. '갑자기' 만든 사업자일수록 의심을 쉽게 받는다.

정리하면,
① 사업자등록
② 복식부기 기장 - 재고자산 등록
③ 매매차익 예정신고, 종합소득세 신고

④ 매매업 지속, 반복 - 매매 목적 취득

을 하면 매매사업자로 인정받을 수 있다.

복식부기, 장부, 기장, 재고자산… 어려운 용어가 쏟아진다. 걱정하지 말자. 매매사업자가 되는 중이란 뜻이다. 다음 페이지부터 바로 이해시켜주겠다.

POINT

가장 중요한 요건은 역시 사업의 지속성, 반복성이다. 실적이 없어도 다른 요건을 잘 챙기면 괜찮다.

Q54

매매 목적 취득이
아닌 경우도 있나요?

매매사업자 인정 요건 중 매매 목적 취득에 대해 조금 더 자세히 다뤄보자. 매매 목적 취득이라고 인정되지 않는 경우(임대 등), 양도세가 추징될 수 있기 때문이다. 어떤 종류의 부동산을, 어떻게 취득해야 매매 목적 취득에 합당할까?

우선 매매 목적 취득은 실거주와 상충될 수 있다. 사업주 본인이 전입한 경우 매매사업자 매도가 세무서 담당자에 의해 부인될 수 있다. 대출 규제로 인한 부득이한 전입이더라도, 세무서에서 종합 판단하여 매매사업자 매도를 부인한다면 양도세 추징 가능성이 있다.

또한 임대를 오래 주면 매매 목적이 아니라 임대 목적으로 볼 소지가 생겨 문제가 된다. 얼마나 오래 임대를 주면 문제가 될까? 아쉽게도 정확한 기간은 어디에도 명시되지 않았다. 매매사업자를 공부할 때 이 부분을 정확히 알 수 없어서 참 답답했다. 다만 2년 이상은 99% 임대 목적으로 본다. 재고자산/유형자산 차이로 봐서도, 취득 목적으로 봐서도, 임대용 주택은 매매사업자라면 무조건 피해야 한다. 매매사업자는 '단기'다.

부동산 종류에 따른 차이는 없을까? 취득 방법에 따른 차이는? 대표적 질문이 증여, 재개발·재건축, 일반 매매, 분양권이다. 결론부터 빠르게 말하면 증여, 재개발·재건축은 어렵고, 일반 매매, 분양권은 가능하다.

POINT

실거주는 OK, 임대는 2년 이상은 무조건 NO. 증여, 재개발·재건축은 매매 목적 취득으로 인정받기 어렵다.

Q55

증여받은 부동산을 매매사업자로 매도해도 되나요?

아무래도 매매사업자를 활용하는 가장 큰 목적이 양도세 절감이다 보니, 증여 후 매도나 재개발·재건축 주택 취득 후 매도 등에도 매매사업자 활용이 가능한지 질문을 종종 받는다. 하지만 아쉽게도, 이들에서 매매사업자 활용은 말리고 싶다. 매매 목적으로 취득했다고 보기 어렵기 때문이다.

증여는 심지어 이월과세가 있다. 증여받은 부동산을 증여 10년 이내 매도하면 증여자 최초 취득가 기준으로 수증자에게 양도세가 부과된다. 예를 들어, 여러분이 2015년에 5억 원에 산 집을 아들에게 8억 원에 증여하고, 아들이 내년에 10억 원에 팔면? 아들이 매매차익 5억 원에 대한 세금을 내야 한다. 즉, 증여로 인한 절세가 사라지고, 오히려 증여세만 중복으로 더 낸 셈이다.

이때 양도세를 아끼기 위해 매매사업자를 활용하고 싶지만, 증여받은 주택을 매매 목적 취득이라 세무서에서 인정하지 않을 가능성이 크다. 매매사업자로 매도하며 소득세로 신고해도, 양도세로 추징될 수 있으니 웬만하면 피하도록 하자.

증여받은 부동산을 매매사업자로 매도한 선례는 아직 찾아보기 힘들다. 만약 여러 증례가 쌓이고, 법령 해석, 판례가 쌓인다면 달라질 수 있겠다. 하지만 누가 나서서 위험을 감수하고 선례를 쌓아줄지는 미지수다. 아마 없지 않을까?

POINT

> 증여받은 부동산은 이월과세 제도 때문에 매매사업자로 매도할 수 없다. 매매 목적 취득으로 보기도 어렵다.

Q56 재개발·재건축 후 준공된 주택은 안 되나요?

아쉽지만 재개발·재건축 사업 완료로 원시취득한 부동산도 증여와 마찬가지로 매매사업자로 처리하기 어렵다고 본다. 매매 목적 취득이 아니라 사업 완료 취득으로 판단될 가능성이 크니 피하는 것이 좋다. 즉, 세무서에서 사업용 주택으로 인정해주지 않을 가능성이 크다.

물론 증여처럼 가능성이 아예 없는 건 아니다. 증여는 이월과세라는 강력한 브레이크가 있지만, 정비 사업은 그 정도는 아니다. 하지만 여러 케이스에서 재개발·재건축 물건은 대부분 장기 보유하다 보니 세무서는 양도세를 부과한 경우가 많은 것으로 보인다.

같은 원리로, 청약 당첨된 주택도 마찬가지로 매매사업자를 활용하기 어렵다. 주택을 분양받은 경우 실거주 목적이나 임대용 목적으로 보는 경우가 많다. 매매용으로 취득했다고 인정받지 못할 가능성이 크다.

정리하면, 증여든 정비사업 원시취득이든 매매 목적 취득으로 인정받기 어렵다. 선례가 쌓이면 세무서 판단 기준이 달라질 수 있겠지만, 지금은 이르다고 본다. 나서서 선례를 굳이 쌓겠다면 말리고 싶다.

그러나 분양권은 약간 경우가 다르다. 분양권은 비교과세 대상이라 이를 고려해서 판단해야 한다.

POINT
부동산을 재개발·재건축으로 원시취득한 경우, 매매 목적 취득에 부합하지 않아 매매사업자로 매도하기 어렵다.

분양권은 매매사업자로 매도할 수 있나요?

일반 매매, 경매는 매매 목적 취득에 전혀 문제가 없다. 하지만 물건이 분양권이라면 조금 문제가 된다. 분양권을 사서 분양권 상태로 팔면 단기 양도세율이 높기에 매매사업자를 접목하면 어떨까 생각하는 사람이 있다.

일단 분양권은 비교과세 대상이라 매매사업자가 소득세로 납부해도 양도세로 다시 추징된다. 매매사업자로 매도할 수는 있지만, 어차피 세무서에서 추징하니 의미가 없다(비교과세에 해당하는 부동산 품목은 파트 4의 챕터 7 '비교과세를 왜 매매사업자가 주의해야 하나요?'에서 자세히 다룬다).

즉, 매매 목적으로 분양권을 취득하고 매도할 수는 있지만, 어차피 비교과세가 적용되어 매매사업자를 활용하는 의미가 없다.

그런데 분양권을 취득해 주택이 준공된 다음 매도하면, 매매사업자로 처리할 수 있다. 이 시점에서는 주택이 되었기 때문에 더 이상 비교과세 대상이 아니다. 분양권은 매매 목적 취득이 가능한 자산이니, 준공 이후에 매도하면 매매사업자 처리가 가능하다. 이 틈새를 잘 이용해보길 바란다.

이렇게 매매사업자를 활용하기 애매한 부동산 품목을 정리해봤다. 누군가 나에게 품목별 매매사업자 인정 확률을 묻는다면 이렇게 답하고 싶다.

100% = 매매, 경매   5% = 재개발, 재건축

50% = 분양권   0% = 증여, 상속

POINT
> 분양권을 사서 분양권 상태로 매매사업자 매도하면 양도세가 추징된다. 허나, 준공 후 매도하면 가능하다.

장부를 알아야
사업자다

초보 매매사업자의 가장 흔한 딜레마가 뭘까? 바로 '기장 꼭 맡겨야 하나요?'다. 왜냐, 돈 아까워서. 그 마음 너무 잘 안다.

기장은 혼자서는 할 수 없고, 세무사에게 돈을 주고 맡겨야 한다. 기장료가 다달이 나가니 부담되는데, 안 맡기면 사업용 주택으로 인정을 못 받으니 걱정되고. 딜레마다. 아, 참고로 1,000건 질문을 받는 동안 딱 한 분이 혼자서 복식부기 장부를 쓴다고 하셨다. 대단하다고 생각한다. 나는 일주일 공부하고 포기했다.

이번 장에서는 기장이 무엇인지, 꼭 해야 하는지, 언제부터 해야 하는지 배운다. 더불어 장부를 꼭 매달 작성해야 하는지, 월기장을 맡기는 게 어떤 의미인지 알려주겠다. 이를 알면 꼭 매달 기장을 맡길 필요는 없다는 사실을 깨달을 것이다.

더불어 장부를 소개할 때가 되어 무척 기쁘다. 장부를 알면 드디어 '재고자산 등록'을 설명할 수 있기 때문이다. 재고자산 등록은 사업용 주택과 일맥상통한다. 매매사업자로 인정받기 위해서는 재고자산을 반드시 알아야 한다. 재고자산도 매매사업자 질문 중 꽤 많은 비중을 차지했더랬다.

이외에도 재고자산 등록은 어떻게 하는지, 유형자산에 왜 들어가면 안 되는지, 양도세 비과세를 받고 나서 사업용 주택을 개인 명의로 다시 매도해도 되는지도 알려줄 것이다.

한마디로, 매매사업자가 알아야 할 장부 지식은 모두 알려주겠다. 믿고 따라오라!

기장이 무엇인지 알려주세요

비행기를 모는 그 기장機長이 아니다. 파일럿과 장부는 전혀 다른 존재다. 아니다. 어찌 보면 커다란 비행기를 조종하는 점과 복잡한 사업자를 운영하는 점이 서로 닮았다고 볼 수도 있겠다. 다루는 대상이 다를 뿐.

'기장'이란 사업자가 매출·비용을 장부에 기록하는 행위다. 기장을 맡긴다는 건 장부를 작성하는 일을 세무사와 회계사에게 맡긴다는 뜻이고, 기장료는 장부를 작성하는 데 드는 비용이다.

장부는 뭘까? 쉽게 말하면 용돈기입장이다. 수입·지출을 날짜와 함께 기록하는 것. 사업자가 쓰는 용돈기입장이 바로 장부라 생각하면 된다. 장부를 통해 돈이 나가고 들어오는 흐름을 파악한다. 장부로 이 사업이 흑자인지, 적자인지 파악할 수 있다. 장부의 종류는 두 가지다. 간편장부와 복식부기장부. 간편장부는 흔한 가계부 형식의 장부로, 개인도 조금만 익숙해지면 쓸 수 있다. 복식부기장부는 실무 편의상 '복식부기'라고 부르며, 차변과 대변을 이용하는 정식 회계 기록이다. 전문 지식이 필요해 개인이 직접 하기는 어렵다.

보통 매매사업자는 간편장부를 쓰지 않고 복식부기 장부를 쓴다. 매매사업자로서 인정받기 위한 요건 중 하나인 재고자산을 다뤄야 하기 때문이다. '사업용 주택' 여부를 판가름하는 데 아주 중요한 '재고자산'이 복식부기에만 등장한다.

오케이, 기장이 뭔지는 얼추 알았다. 그런데 기장을 꼭 해야 할까? 아직 돈이 아깝다.

POINT —
> 장부를 작성하는 행위를 기장이라 한다. 매매사업자는 재고자산 등록을 위해 복식부기 기장이 필수다.

◀◀◀

그렇다. 기장을 하는 목적은 돈의 출납을 알기 위함도 있지만, 두 가지 이유가 메인이라고 생각한다. 비용처리와 사업자 인정이다.

매매사업자는 종합소득세를 신고하며 비용처리를 한다. 이때 장부를 제출하지는 않지만, 해당 기간 정리된 매출·비용 자료를 기반으로 신고할 수밖에 없다. 즉, 장부가 필요하다. 신고 기간에 맞춰 영수증을 그때 일일이 체크할 수는 없지 않은가.

비용처리는 간편장부, 복식부기 둘 모두로 가능하다. 물론, 사업 초반에는 장부 없이 기준경비율로 처리할 수 있지만, 오래 가지 못한다. 매매사업자는 부동산으로 매출이 발생해서 기준을 쉽게 넘기 때문이다.

다음, 사업자 인정은 간단하다. 재고자산이다. 복식부기 장부에만 등장하는 이 재고자산은, 매매사업자가 복식부기를 어쩔 수 없이 하게 만든다. 간편장부 기장료가 복식부기 기장료보다 저렴하지만, 어쩔 수 없다. 매매사업자로 매도하며 세무서 인정을 받기 위해서는 재고자산에 해당 부동산이 꼭 등록되어 있어야 한다.

나는 특정 지출을 매우 아까워한다. 아이스크림에는 돈을 팍팍 쓰지만 강의료에는 돈을 절대 안 쓴다. 강의 내용은 어떻게든 공부하면 알 수 있지만, 붕어싸만코는 내가 못 만드니까. 기장료도 왠지 아끼고 싶었다. 할 수 있을 것 같았다. 여기저기 자료를 뒤졌다. 일주일쯤 됐나, 포기했다. 어려워서 이해할 수 없었다. 계정별원장, 재무상태표, 손익계산서…. 물건 찾고 분석하기도 바쁜데, 기장까지 혼자 하려니 너무 복잡했다.

고로 기장은 전문가에게 맡기는 것을 추천한다. 기장료보다 훨씬 많은 시간과 비용을 아낄 수 있다. 기장료가 아깝다면 '세무통' 어플을 설치하고 세무사 선생님께 전화를 해보자. 한두 개 정도는 기장 계약 없이도 알려주시니, 궁금한 걸 물어보고 기프티콘이라도 보내 드리자. 그러다 뜻이 통하면 월기장까지 가는 것이다.

정리하면, 매매사업자에게 기장이란, 매출·비용 기록과 사업용 주택 등록을 위한 필수 과정이다. 복식부기 장부를 쓸 수밖에 없다. 재고자산 때문이다. 혼자 할 수 있으면 좋지만, 웬만하면 기장을 맡기고 본업에 충실하자.

POINT

> 매매사업자는 재고자산 등록과 비용처리를 위해 기장이 필수다. 셀프로 가능하면 좋지만, 세무사에게 맡기기를 추천한다.

Q60

장부는 꼭 매달 작성해야 하나요?

매매사업자는 장부 작성이 필수라는 건 알겠다. 그것도 복식부기가 필수라는 것도 알았다. 복식부기로 해야 재고자산 등록을 할 수 있으니까. 그런데 이 장부, 꼭 다달이 작성해야 할까?

정답은 '매달 안 해도 괜찮다'이다. 장부는 세금 신고할 때만 기초 자료로 활용된다. 별일이 없는 한 세무서에서 장부를 따로 확인하지는 않는다. 장부는 그저 홈택스 신고서 작성을 위한 자료일 뿐, 숙제처럼 매달 제출해야 하는 것이 아니다. 이미 눈치챘나? 매달 장부를 작성할 필요가 없다는 것을.

세무서는 장부를 필요로 하지 않는다. 장부를 기반으로 작성한 '신고서'가 필요할 뿐. 신고서를 토대로 사업장을 파악하고, 문제가 있을 때나 장부 제출을 요청한다. 따라서 종합소득세 신고 시즌에 맞춰서 기장을 1년 치 몰아서 해도 상관없다. 부가세 품목을 다뤘다면 6개월마다 기장해도 된다.

기장 횟수를 물어보는 질문에, 이렇게 답하고 싶다.

연 1회 이하 매매이고, 기장료가 아깝다면 굳이 월기장을 하지 않아도 된다. 종합소득세 시즌에 맞춰 3, 4월에 세무사를 일회성 고용해도 된다.

연 2회 이상 매매는 월기장을 추천한다. 어차피 예정신고도 모든 거래 건을 합쳐서 진행해야 한다.질문 62번 또한 종합소득세 시즌에 몰아서 하는 기장을 한다면, 매매 횟수에 비례해 기장료가 올라갈 것은 각오해야 한다. 매매 건이 여러 개 있다는 말을 들은 세무사 선생님이 손사래를 칠 수도 있다.

POINT

장부는 매달 작성해야 하지만, 몰아서 작성해도 무관하다. 다만, 연 2회 이상 매매를 했을 시 월기장을 추천한다.

Q61 장부는 언제부터 써야 하나요?

장부 작성은 사업자를 시작한 날부터 해야 옳다. 월기장도 해야 하는 게 맞다. 하지만 매매사업자를 이제 막 시작하는 사람에게는 한 푼 한 푼이 중요하다. 월기장료도 아까운 사람들이 있다. 나처럼.

장부 작성 개시를 권하는 시점은 3개다.

① 사업자등록 후
② 매출 발생 후
③ 각종 신고 때

①, ②는 월기장을 말하는 것이고, ③은 1회성 기장이다. 사실 기장을 바로 할 필요는 없다. 질문 60번에서 이야기했듯, 세무서는 장부를 확인하지 않는다. 그럴 인력도 없다. '사업자 냈어? 그러면 일 열심히 하고 신고해~ 대신 성실하게~'가 세무서 기본 자세다. 세금 신고만 잘 하면 세무서에서 터치가 들어오지 않는다.

따라서 돈을 아끼고 싶다면 종합소득세 신고, 부가세 신고 등을 신고일에 맞춰서 기장하고, 이전에 있었던 사업 행위를 남기면 충분하다. 매출이 없었거나 부가세 품목을 다루지 않았다면 무실적 신고를 할 테니 사실 부가세 신고 때도 장부가 필요 없다.

종합소득세 신고 때는 꼭 필요하다. 이 종합소득세 신고가 장부 작성의 마지노선이다. 장부를 기반으로 1년간 있었던 매출과 비용을 입력해야 하기 때문이다. 종합소득세 시즌 세무사 1회 고용료는 30~50만 원 정도다. 신고 대리를 맡기며 이전에 있었던 거래 내역을 같이 기장해달라고 하면 아실 것이다. 특별히 요청하지 않아도 세무사님이 장부를 써야 종합소득세 항목을 기입할 수 있으니,

알아서 해주실 것이다. 간편장부로 쓰면 할인해주신다는 분이 있는데, 장부는 복식부기로 써야 한다. 매매사업자는 재고자산을 등록해야 하기 때문이다.

연 1회 매매면 종합소득세 시즌에 맞춰 한 번만 기장을 맡겨도 충분하다. 하지만 연 2회 이상 매매부터는 예정신고 등 계산이 복잡해지기 마련이다. 그러니 월기장으로 세무 노력을 아웃소싱하고, 그 시간을 좋은 매물과 거래를 찾는 데 써보는 건 어떤가? 전문가는 들인 비용 이상을 준다. 내가 연 2회 이상 매매부터는 월기장을 추천하는 이유다. 생각보다 이것저것 물어볼 일이 많다.

POINT

초기 비용이 부담되는 초보 매매사업자는 종합소득세 신고에 맞춰 연 1회 기장해도 충분하다. 이외에는 월기장을 하자.

월기장을 맡기면 매달 장부를 작성하는 건가요?

월기장에 대한 흔한 오해다. 매매사업자는 월기장이라고 해서 정말 매달 장부를 작성하지는 않는다. 매매가 발생한 시기나, 세금 신고 시기에 맞춰 장부 작성이 이뤄진다. 매매사업자는 다른 사업자와 다르게 주기적으로 매출이 발생하지 않는다. 특정 거래를 기점으로 정리할 비용이 생긴다. 그때 맞춰서 비용 정리를 하면 충분하다.

다달이 발생하는 자잘한 교통비, 자재비, 업무추진비 등은 사실 여러 달 치몰아서 하든 매달 하든 차이가 없다. 그래서 매매사업자 월기장은 다달이 장부를 작성할 필요가 없다. 분기별, 반기별로 장부를 받아 보고 싶다면 계약 시 세무사 선생님과 잘 협의해보자.

하나만 더 알려주자면, 세무사님 중에는 소급기장료를 추가로 부담해달라는 분들이 있다. 소급기장이란 기장 계약일 이전에 있었던 비용과 매출을 전부 모아서 한 번에 기록하는 것이다. 비용을 최대한 아끼고 싶다면, 세무사 선생님께 소급기장료를 면제해주는 대신 사업이 커지면 나중에 꼭 월기장을 맡기겠다고 해보자. 이렇게 등가교환하면 세무사도 이득 아닐까?

정리하면, 연 2회 이상 매매 시 챙겨야 할 부분이 많으니 월기장을 추천한다. 월기장이라고 해서 매달 장부가 나오는 건 아니다. 월기장료가 아깝다면, 종합소득세 신고 시즌에 1년 치를 모아서 한 번만 하자. 월기장 계약을 한 세무사, 회계사 선생님은 무척 든든한 우군이다.

POINT
> 월기장 계약을 하더라도 장부를 매달 받아 보는 것이 아니다. 장부를 언제 받아 볼지는 세무사와 기장을 계약하며 미리 협의하자.

Q63 재고자산 등록은 어떻게 하나요?

드디어 '재고자산 등록', '사업용 주택'을 설명할 차례가 되어 기쁘다. 매매사업자로 혜택을 받으려면 반드시 재고자산 등록을 해야 한다. 신기하게도 이 방법을 알려주는 곳이 없다. 나도 방법을 찾아 많은 곳을 헤맸고, 그렇게 알아낸 진리는 헛웃음이 나올 정도로 간단했다. 재고자산 설명을 위해 먼저 복식부기를 간단히 짚어보자.

복식부기는 자산을 유동·비유동자산으로 나눈다. 각 자산이 무엇인지 자세히 몰라도 괜찮다. 매매사업자는 이렇게 나뉘는 것만 알면 충분하다.

○ 유동자산: 재고자산(판매 목적 자산)＋당좌자산
○ 비유동자산: 유형자산(임대 목적 자산)＋투자자산

이중 우리가 꼭 알아야 하는 자산은 바로 재고자산이다. 매매사업자는 재고자산을 판매해서 수익을 올린다. 매매사업자는 부동산을 사고파는 직업이다. 따라서 '부동산＝재고'다. 장부 재고자산에 어떤 부동산을 기입했다면, 사업자로 그 부동산을 판매해 수익을 만들겠다는 뜻이 된다.

바로 이 재고자산에 부동산을 기입하는 행위를 '재고자산 등록'이라고 한다. 끝이다. 정말 간단하지 않은가? 이렇게 등록된 부동산은 '사업용 부동산'이 된다. 질문 51번 '종합 판단' 기준을 더 자세히 알려주세요'에서 소개한 매매사업자 인정 4요소 중 하나다.

재고자산에 부동산을 넣는 것. 이게 전부다. 홈택스에 따로 재고자산을 등록하지 않아도 된다. 등록 방법도 딱히 없다. 특별히 제출해야 하는 서류도 없다. 그저 장부 재고자산에 주택을 넣으면 그것이 바로 재고자산 등록이자 사업용 주택이 된 것이다.

법인이 제출하는 '재고자산평가 조정명세서'도 개인 매매사업자는 제출할 필요가 없다. 개인 명의로 매도하고 싶은 부동산은 재고자산에 넣지 않으면 된다. 본인 선택이다.

어떤가, 재고자산 등록을 이해했는가? 이제 '재고자산 등록은 어떻게 하나요'라는 질문에 답할 수 있으리라 믿는다.

POINT

재고자산 등록은 복식부기 장부에 해당 부동산을 기입하는 것이다. 다른 절차는 필요 없다.

Q64 유형자산에 들어간 주택은 매매사업용 주택으로 인정받을 수 없나요?

한 발만 더 나가 볼까? 질문 63번으로 돌아가서 유형자산 뒤 괄호에 뭐라고 쓰여 있는지 보자. 임대 목적 자산. 그렇다. 내가 산 아파트가, 빌라가 유형자산으로 분류되면? 매매 목적이 아닌 임대 목적이란 뜻이다.

사업자가 원하는 대로 장부에 자산 구분을 하더라도, 세법에서 '이럴 때는 안 돼' 하는 규정이 있다. 대표적 규정이 임대용 주택이다.

즉, 임대사업자를 내거나, 2년 이상 임대를 해서 임대용 주택이 되는 순간 매매사업자의 사업용 주택이 될 수 없다. 한 주택이 한 장부에서 재고자산과 유형자산에 동시에 들어갈 수는 없지 않은가. 매매사업자를 이용해 부동산을 매도할 생각이라면 2년 이상 임대는 꼭 피해야 한다.

우리는 사업용 주택을 판매하며 매매사업자로 권리를 획득하면 된다. 책에서 편의상 '사업용 주택'이라고 통칭했지만, 엄밀히 말하면 (매매)사업용 주택이다. 사실 사업용 주택에 (임대)사업용 주택도 포함되지만, 매매사업자를 설명할 때 대중적으로 쓰이는 '사업용 주택'이라는 용어를 썼다.

사실 이런 질문을 한 사람은 없었다. 유형자산을 물어볼 정도면 이미 복식부기 장부를 아는 사람일 테니까. 다만 임대사업자와 매매사업자를 같이 해도 되는지 묻는 분들은 많았다. 이에 대한 답을 하려면 유형자산을 알아야 해서, 부득이 한 페이지를 할애했다. 임대사업자에 관한 질문은 챕터 7 '매매사업자 주택에 임대를 줘도 되나요?'에서 자세히 다룬다.

POINT

장부에서 유형자산으로 분류된 자산은 매매사업자로 매도할 수 없다. 매매사업자의 사업용 주택은 재고자산이어야 한다.

Q65

주택 수 제외는
어떻게 시키나요?

매매사업자가 주택 수 제외를 위해 특별히 더 해야 할 일은 없다. 제외할 주택을 재고자산으로 넣으면 끝이다. 주택 수 제외의 목적은 양도세 비과세다. 비과세 받을 주택을 제외한 모든 주택을 재고자산으로 등록하면 된다. 앞에서도 여러 번 설명했지만, 지금까지 배웠던 내용을 한번 정리한다 생각하고 쭉 읽어보자. 반복해야 익숙해진다.

양도세는 주택 수가 중요하다. 가장 좋은 세금 혜택은 역시 1주택. 1세대 1주택, 일시적 1세대 2주택, 1세대 1주택 1입주권 등. 이런 혜택을 다주택자는 쳐다만 봐야 한다.

하지만 매매사업자를 이용한다면? 다주택자도 무주택자가 된다. 가진 주택을 모조리 재고자산에 넣으면 양도세 계산 시 무주택자다. 매매사업자가 재고자산 등록한 부동산은 양도세 주택 수에서 제외되기 때문이다. 재고자산에 넣지 않은 주택은 개인 명의 매도 혜택을 모두 받을 수 있다.

예를 들어보자. 3주택자라면, 비과세 받을 주택 1개를 제외한 나머지 주택 2개를 재고자산에 넣는다. 그 후 개인 명의로 비과세를 받으며 1주택을 판다. 끝이다.

2주택자가 보유 중인 비조정지역 주택의 임대 기간이 하나는 3년, 하나는 1년이라면? 3년 된 주택을 비과세 받고 싶을 것이다. 1년 된 주택을 재고자산에 넣고, 3년 된 주택을 개인 명의로 비과세 받고 팔면 된다.

2주택 모두 임대 기간 3년인 비조정지역 주택이라면? 이때는 두 주택 중 하나를 개인 명의로 팔면 된다. 양도세 중과 대상이 아니기에 굳이 매매사업자로 처리할 필요가 없다. 근로소득과 합산했을 때 과세 구간이 올라가지 않고, 비용처리 혜택을 크게 받을 수 있다면 매매사업자 매도도 고려할 만하다.

개인 매매사업자는 부동산을 매도하고 개인으로 처리할지, 매매사업자로 처리할지 선택할 수 있다. 어떤 주택을 어떤 명의로 처리해야 유리한지 전략을 잘 짜면 세금을 크게 아낄 수 있다.

POINT

재고자산에 등록된 주택은 양도세 주택 수 산정에서 자동 제외된다. 다주택자가 활용하면 유용하다.

} # Q66 매매사업자의 주택수 제외는 양도세만 되나요?

그렇다. 매매사업자 주택수 제외는 오로지 양도세만 해당된다. 취득세, 보유세, 청약, 임대소득, 생애최초 등등…. 양도세를 제외한 모든 주택수에는 다 포함된다.

그럼에도 양도세 주택수 제외가 워낙 파격적인 이유는, 현시점 1세대 1주택 비과세라는 세제 혜택이 대한민국에서 가장 강력한 혜택이기 때문이다.

참고로 양도세 비과세 요건을 판정할 때에는 세대원의 주택수도 포함해서 본다는 사실을 꼭 인지하기 바란다. 이때 세대원의 주택 중에서 재고자산에 들어간 주택은 타 세대원의 양도세 주택수 산정 시에도 제외된다. 같은 세대의 부모님이 거주 중인 주택을 비과세 받고 싶다면, 내 주택을 재고자산으로 넣으면 된다.

또한, 양도세 중과 대상 주택을 판정할 때는 매매사업자의 재고자산이더라도 주택수에 포함된다는 것을 더불어 알아두면 좋겠다. 이 내용은 뒤에 비과세를 _{질문 137번} 다룰 때 조금 더 자세히 말해보겠다.

POINT

매매사업자 재고자산의 주택수 제외 혜택은 오직 양도세만 가능하다.

Q67

양도세 비과세 받고 사업용 주택을 개인 명의로 매도해도 되나요?

안 된다. 사실 나도 생각해봤던 편법이다.

예를 들어보자. 철수는 4주택자다. 모두 비조정지역 주택이다. 보유기간은 A주택은 3년, B주택은 1.5년, C주택은 1년, D주택은 1년 미만이다. 급한 돈이 필요해 1세대 1주택 비과세로 A주택을 팔고 싶다. 매매사업자를 내고, B, C, D주택을 재고자산에 넣는다. A주택을 양도세 비과세로 매도하는 데 성공했다.

그렇게 6개월이 지났다. 생각을 해보니, 이제 남은 B주택도 1세대 1주택 비과세로 팔 수 있을 것 같다. C, D주택은 재고자산에 들어가 있고, B주택만 재고자산에서 꺼내어 팔면 되는 것 아닌가! 그렇게 B주택도 양도세 비과세로 신고한다. C주택도 6개월이 또 지나면 또 비과세를… D주택도 시간이 지나면 또….

게다가 그 사이에 E, F주택을 취득해도 취득세는 중과될지언정 양도세에는 영향이 없다. 재고자산으로 넣으면 되니까. 매번 재고자산에 넣어 뒀다 2년이 지나면 재고자산에서 꺼내 양도세 비과세로 매도한다니, 최강의 절세다.

자, 어떻게 될까? 답은, A주택을 제외한 나머지 B, C, D주택은 모조리 소득세가 추징된다. 가산세와 함께.

양도세 비과세 주택을 매도하기 위해 사업용 주택으로 등록한 주택은, 당연히 추후 사업용으로 매도해야 한다. 사업용으로 판다는 걸 가정하고 기존 주택 양도세 비과세를 받았기 때문이다. 세무서에서도 다 알고 있다.

사업자를 폐업하면 재고자산이 사라지니 어쩔 수 없을까? 천만의 말씀. 그러면 A주택 양도세 비과세 대신 중과세로 추징이 들어올 수 있다. 고로 다주택자가 1주택만 남기고 팔고 또 1주택만 꺼내서 팔고 하는 행위는 생각하지도 말자.

양도세와 사업소득세는 세무서 인정을 받아야 비로소 끝이 난다. 매매사업 실적도 없는데, 어느 다주택자가 갑자기 매매사업자를 내더니 재고자산 등록만

하고 양도세 비과세를 받아 갔다면, 세무서에서는 양도세 비과세에 브레이크를 걸 수 있다. 인정을 받아야 한다.

당장 사업성 인정을 받기 어렵다면, 차라리 매매사업자 등록 후 비과세 받을 주택을 제외하고 모두 바로 팔아버리자. 그다음 마지막으로 비과세 받을 주택을 팔면 안전하다. 비과세 받을 주택이면 실거주 또는 보유 2년을 했을 테니까.

고생했다. 이 정도면 장부와 재고자산, 사업용 주택 마스터다.

POINT
재고자산에 넣은 주택으로 양도세 혜택(주택 수 제외)을 받았다면 해당 재고자산은 매매 사업자로 매도해야 한다.

CHAPTER
3

비용처리 항목과
주의할 점을 알려주세요

세금과 장부의 산을 넘어 비용처리에 온 여러분, 환영한다. 여러분이 아는 세금을 가장 잘 줄이는 사람은 누구인가? 세무사? 탈세 연예인? 나는 미국 대통령 도널드 트럼프Donald Trump가 떠오른다.

트럼프 대통령의 본질은 부동산 개발업자다. 30년간 받은 세금 혜택이 총 1조 원에 달한다고 한다. 2016년 뉴욕타임즈에 보도된 내용이니, 2025년인 지금은 어떨지 상상이 안 간다. 부동산 사업은 세금을 아끼는 것이 얼마나 중요한지 보여주는 예다. 트럼프 대통령이 어떻게 세금을 아꼈는지 궁금하다면, 넷플릭스 다큐멘터리 〈트럼프: 미국인의 꿈Trump: An American Dream〉을 보길 바란다. 장난 아니다.

이처럼 사업자는 절세가 무척 중요하다. 절세의 꽃은 비용처리다. 똑같은 한 끼 식사라도 부동산 사장님과 먹은 밥은 업무추진비로 처리할 수 있다. 비용으로 처리하면 세금을 적게 내니, 결국 돈을 버는 것과 같다.

이번 파트에서는 매매사업자가 비용처리 가능한 항목, 비용처리의 필요성, 방법, 시기를 다룬다. 더 나아가 사업자등록 이전에 썼던 지출도 비용처리가 되는지, 영수증은 어떻게 끊어야 하는지도 알려줄 것이다.

결국, 비용처리를 잘 이해하는 사업자가 주머니에 돈을 많이 남길 수 있다.

▶▶▶

비용처리는
왜 해야 하나요?

파트 1에서 '비용처리=소득세율만큼 할인'이라 했다. 비용처리가 왜 이득인지 계산할 줄 알게 되면, 비용처리를 하려 애쓰는 여러분을 만나게 될 것이다.

모든 사업에는 매출과 비용이 있다. 매출에서 비용을 뺀 금액이 이익(소득)이다. 세금은 이 이익을 기준으로 소득세율만큼 일정 금액을 걷는다.

간단히 수식으로 표현하면 이렇다.

- 이익=매출-비용
- 이익×소득세율=세금

식을 정리하면 다음과 같다.

- (매출-비용)×소득세율=세금
- 매출×소득세율-비용×소득세율=세금

소득세율 35%라 가정하면, 비용 1만 원마다 세금 3,500원이 줄어든다. 비용처리를 상시 할인 혜택이라고 하는 이유가 여기에 있다. 사업 목적으로 한 식사는 같은 2만 원을 지출해도 소득세율만큼 돌려받으니 비용처리를 안 할 이유가 없다. 이 금액이 쌓이고 쌓여 10만 원, 100만 원, 1,000만 원이 되면 아끼는 금액은 기하급수적으로 커진다. 만약 비용처리를 싹 했더니 매출이 없다면? 매출이 아무리 많아도 이익이 없으면 세금도 0원이고, 결손이 났다면 심지어 환급도 받을 수 있다. 그래서 사업자들이 비용처리에 그렇게 신경을 쓰는 것이다. 비용처리를 한 만큼 주머니에 남기 때문이다.

'소득세율만큼 할인'이라는 원리를 깨달았다면, 세율 구간이 높을 때 환급이 유리하다는 것도 눈치챘을 것이다. 이직을 앞두고 있거나, 사업소득이 크게 달라진다면? 올해 소득과 내년 옮길 직장의 소득을 비교해서 더 높은 세율일 때 환급받거나 결손 처리를 하는 게 유리하다.

반대로, 비용처리가 되니 마음대로 써도 된다는 말은 틀린 말이다. 비용처리는 필수적인 지출 중 일부를 돌려받을 뿐이지, 지출 자체를 없애는 것은 아니다.

예를 들어보자, 취득세는 매매사업자 비용처리가 가능한 항목이다. 취득세 중과를 맞더라도 비용처리 가능하니, 중과를 맞아도 상관없는 걸까? 그렇지 않다. 취득세 중과로 1천만 원을 더 내면, 소득세율 35%일 때 350만 원만 돌려받을 뿐이다. 나머지 65%인 650만 원은 순전히 내 주머니에서 나간 돈이다. 최종 지출액이 줄어들 뿐, 지출 자체가 없어지는 건 아니라는 걸 알자. 요는 꼭 필요한 지출 중 일부를 할인받는다는 것이다. 헷갈리면 안 된다.

즉, 세금 신고 시 '비용'으로 처리한 금액은 결국 소득세율만큼 할인되는 효과가 있다. 재밌는 점은, 고소득자일수록 소득세율이 높아서 비용처리의 효율도 높다는 점이다. 이를 잘 아는 고소득 급여소득자들은 이미 사업자 비용처리, 법인 비용처리로 많은 돈을 아끼고 있다. 사업자의 세계에 어서 발을 담가보자.

POINT

비용처리를 하면 세금이 줄어든다. 따라서 같은 지출이라도 어떻게 비용처리 항목으로 넣느냐가 핵심이다.

Q69

매매사업자가 비용처리 가능한 항목은 뭐가 있나요?

대표적으로 알려진 비용처리 가능 항목은 다음과 같다.

- 출장비(기차표 등)
- 업무추진비(식사 등)
- 자본적 지출, 수익적 지출
- 소모품비(사무실에서 사용)
- 미납관리비(3년 치 공용부분)
- 부동산 담보 대출 이자(신용대출은 불가)
- 공과금, 세금(취득세, 보유세, 환급 불가 부가세 포함)
- 전기세, 가스비, 수도비(자택 불가, 외부 사업장 가능)
- 차량(주유비, 보험료, 수리비, 리스비 등, 1인 사업자도 가능)

이외에 책에서 짚어주고 싶은 부분은 다음과 같다.

- 직원
- 경조사비
- 교육비, 자문료
- 건보료, 국민연금
- 부동산 감가상각비

매매사업자도 직원을 고용할 수 있다. 직원이 생기면 비용처리에 유리하다. 복리후생비로 많은 부분을 비용처리할 수 있기 때문이다. 주로 가족을 직원으로 넣는 경우가 많은데, 이때 주의가 필요하다. 실제로 사업장에 출근하는지, 사업 관련 업무를 수행하는지 세무서에서 확인할 소지가 있다. 또한, 직원이 생기면 대표의 4대보험 납부액도 변하기 때문에 미리 확인하는 것이 좋다.

경조사비는 1건당 20만 원 내외로 비용처리 가능하다. 축의금, 부조금 모두 해당한다. 증빙도 청첩장, 부고장으로 가능하며, 모바일 청첩장을 캡쳐해도 된다. 단, 너무 많은 경조사비 비용처리는 세무서의 눈길을 끌 수 있으니 적당히 해야 한다.

교육비, 자문료, 도서 구입비, 강의료 또한 사업 관련 내용이면 비용처리 가능하다. 이때 꼭 부동산, 경매, 매매사업자 분야가 아니더라도 사업주 본인이 사업과 관련된 비용이라고 생각하면 비용처리할 수는 있다. 다만, 세무서에서 문제삼을 수는 있다.

사업으로 인해 발생하는 건강보험료, 국민연금 납부액도 비용처리가 가능하다. 근로소득으로 발생하는 납부액은 불가하다.

차량처럼 부동산도 감가상각비로 비용처리가 가능하다. 하지만 부동산 매매사업자는 재고자산을 감가상각 처리해서는 안 된다. 부동산을 감가상각하는 순간, 재고자산으로 인정받을 수 없기 때문이다. 재고자산으로 인정받지 못하면? 매매사업자로 매도해도 양도세 추징이 들어올 것이다.

> ◉ 직원: 비용처리에 유리. 주로 가족. 사업 관련 업무를 하는지, 사업장에 출근하는지 확인할 소지 있음. 단, 4대보험 변동 주의.
> ◉ 부동산 감각상각비: 감가상각을 하는 순간 재고자산으로 인정 불가. 하지 말 것.
> ◉ 경조사비: 1건당 20만 원 내외. 축의금, 부조금 등. 청첩장 등으로 증빙. 모바일 청첩장 캡쳐 가능.
> ◉ 교육비, 자문료, 도서구입비, 강의료: 사업 관련 내용이면 비용처리 가능.
> ◉ 건보료, 국민연금: 사업주 본인, 사업으로 발생한 부분만. 직장에서 낸 금액은 안 됨.

명도비, 강제집행비용 등은 논란이 있다. 특정 항목으로 넣어서 비용처리 하는 경우도 종종 있다. 사업자마다 비용처리 상황이 다르니 각자 담당 세무사님과 논의하길 바란다.

미납관리비는 계좌이체했더라도 관리사무소에서 관리비 납부내역서를 받아서 증빙하면 되며, 낙찰 전까지 패찰에 들어간 대리입찰 비용도 모두 비용처리 가능하다.

여기서 언급한 부분 말고도 사업자로서 쓸 수 있는 항목은 사업과 관련된 지출이라면 대부분 인정된다.

어느 비용처리든 과하면 덜미가 잡힌다. 대기업 직원이 인트라넷에 올라오는 직원 청첩장을 긁어 모아 연 100건이 넘는 경조사비 비용처리를 했다가 추징된 적도 있었다. 사업에 관련된, 적격증빙으로 최대한 비용처리를 하길 바란다.

그렇다면 적격증빙은 어떤 게 있을까? 적격증빙에는 세금계산서(전자, 수기), 현금영수증, 카드내역이 해당한다. 반대로 적격증빙이 아닌 것에는 이체내역, 간이영수증, 거래내역이 있다.

비적격증빙 서류로도 비용처리는 가능하다. 하지만 비적격증빙 수취가 많아지면 세무서에서는 사업자의 투명성을 의심할 수밖에 없다. 또한 적격증빙 미수취로 인한 가산세(2%)가 붙는다. 만일 거래 상대가 간이사업자라 세금계산서를 발행할 수 없는 경우, 현금영수증 발행을 요청하면 된다.

POINT

> 매매사업자의 사업자 비용처리 가능 항목은 생각보다 넓다. 비용처리는 언제나 적법한 선에서 하자.

◀◀◀

Q70

매매사업자도 업무용 차량을 구매하고 비용처리 할 수 있나요?

매매사업자도 엄연한 사업자이기 때문에 업무용(영업용 아님) 차량 구매에 따른 비용을 경비처리 할 수 있다.

취득가액(취득가+취득에 들어가는 세금)은 5년 정액법(연간 800만 원 한도)으로 감가상각한다. 세금 포함 총 3천만 원이 들었다면 앞으로 5년간 매년 6백만 원씩 비용처리를 하는 것이다. 유지비(유류비, 주차비, 자동차세, 보험료, 소모품 등)는 사용할 때마다 장부에 반영하면 된다. 간단하다.

차량 관련 비용은 운행일지 없이도 연간 1,500만 원까지는(감가상각 포함) 비용으로 인정된다. 연간 1,500만 원 이상을 비용처리 하고 싶다면, 운행일지를 작성하면 된다. 운행일지가 있으면 업무사용비율(업무용 주행거리/총 주행거리)만큼 한도 없이 전액 비용처리 가능하다. 사업에 들어가는 차량 관련 비용은 나라에서 정말 큰 폭으로 인정해 주고 있다.

막상 해보면 연간 1,500만 원을 채우기도 힘들다. 꽤 넉넉한 금액이니 이왕 시작한 매매사업자, 한번 차량을 구매해서 열심히 해보는 것은 어떤가. 차량을 구매할 생각이 있는 사람이라면 더더욱 매매사업자를 내야 한다. 사업자, 하지 않으면 손해다.

또, 차량 부가세에 관해 얘기해 보면, 매매사업자 과세사업자는 차량을 영업용(택시, 화물운전수, 운전연수 등)으로 이용하는 사업자가 아니기에 8인승 이하의 일반 승용차는 부가세 공제가 불가능하다. 화물차, 밴, 경차, 9인승 이상의 승합차 등 법에서 정한 차량만 부가세를 공제받을 수 있다. 이런 차량은 취득, 유지에 들어가는 부가세를 일부 공제받을 수 있다. 우리가 보통 고려하는 8인승 이하 승용차 관련 부가세 매입세액 공제는 불가하여, 매입한 부가세는 모두 종합소득세에서 비용처리만 가능하다. 매매사업자 면세사업자는 당연히 차량 종류에 관계없이 부가세 매입세액은 모두 종소세 비용처리 한다.

앞에서 이미 부가세 공부를 했으니 잘 알 테지만, 매입세액과 매출세액에 대해 한 번만 짚어보자. 사업자는 일정 기간마다 부가세 신고를 하며 '매출세액-매입세액'의 차이만큼을 납부한다. 과세사업자의 반년간 매출로 발생한(다른 사업자에게 받은) 부가세가 1,000만 원, 매입으로 발생한(다른 사업자에게 낸) 부가세가 500만 원이면 이번 신고에는 500만 원을 납부하는 것이다.

부가세 매입세액 공제란, 바로 이 500만 원을 말한다. 차량을 매입하며 500만 원의 부가세를 지출했다면, 우리가 내야 할 1,000만 원의 매출세액에서 500만 원을 줄여주는 것이다. 연말정산의 세액공제와 같다. 만약 위 사업자의 매입세액이 1,500만 원이면 500만 원을 환급받을 것이다.

다만, 이번 질문을 정말 정말 꼼꼼히 읽은 분이라면 한 가지 사실을 눈치챘을 것이다. '일부'라는 단어가 신경쓰인 분은 없는가? 있다면 대단하다고 말하고 싶다. 과세사업자더라도 부가세 과세 대상 물건과 면세 대상 물건을 모두 다룬 경우, 둘의 매출액을 안분해서 부가세 매입세액 공제/불공제 금액을 나눈다. 매매사업자는 사업자 특성상 과세 대상 부동산(대형 평형 주택, 비주택)을 매도해도 토지라는 면세 대상 부동산을 같이 매도하는 경우가 대부분이다. 따라서 매매사업자가 부가세 매입세액 전액을 공제받는 경우는 거의 없다. 건물만 매도한 것이 아니라면.

음… 페이지에 여유가 있어보여 적어본 내용이니, 차량 관련 부가세 궁금한 사람은 앞 페이지 내용 정도만 숙지해도 무방하다. 개정판이라 그런가 더 많이 알려주고 싶어서 욕심이 난 듯하다.

POINT
> 매매사업자도 차량 관련 비용을 마음껏 비용처리 할 수 있다. 사업자 없이 차량을 구매하는 것이 큰 손해다.

◀◀◀

Q71

인테리어 비용은
모두 비용처리 가능한가요?

가능하다. 인테리어는 자본적 지출과 수익적 지출로 나뉜다. 개인과 달리 매매사업자는 둘 모두를 비용처리 할 수 있다.

다만, 주의할 점이 있다. 두 지출의 비용처리 반영 시점이 다르다.

수익적 지출은 모두 종합소득세 신고할 때 비용처리가 된다. 우리가 올해 도배를 하고, 장판을 새로 깔았다면, 내년 종합소득세 신고할 때 비용에 반영하면 된다. 해당 부동산의 매도 시점과는 관계없다.

자본적 지출은 이와 다르게 취득가액에 합산된다. 취득세, 중개수수료, 법무사비와 같이 해당 부동산이 매도될 때에 맞춰 비용처리가 된다.[질문 145번] 우리가 올해 보일러를 교체하고, 이 부동산을 내년에 매도했다면, 내후년에 비용처리에 반영된다는 뜻이다.

즉, 인테리어에 사용한 금액은 시기는 다를지언정 모두 비용처리 가능하다. 비용처리는 다시 말하면 세율만큼 할인이다. 인테리어에 2천만 원을 들인 사람의 세율 구간이 35%면 대략 7백만 원을 바로 할인받는 셈이다. 세율 구간이 높을수록 세금 할인폭도 커진다는 점을 적극 활용하자. 참고로 임대사업자도 수익적, 자본적 지출 모두 비용처리 가능하다.

POINT

매매사업자는 수익적 지출, 자본적 지출 모두 비용처리가 가능하다. 두 지출의 비용처리 반영 시기는 다르다.

Q72 　사업자등록 이전에 썼던 비용도 처리할 수 있을까요?

사업자등록 전 발생한 지출도 비용처리 가능하다. 사업 관련성만 있다면. 앞에서 언급한 매매사업자 비용처리 가능 항목은 모두 해당한다고 보면 된다. 질문 62번에서 언급한 소급기장료를 기억하는가? 비용처리도 소급 적용이 된다.

다만 원칙적으로는 사업자등록 후 비용처리가 맞으니, 가능하면 사업용 지출이 생기기 전에 사업자등록을 하도록 하자.

이쯤에서 드는 한 가지 의문. 사업자 이름으로 영수증을 끊지 않으면 비용처리를 할 수 없는 걸까? 사업자등록 전이라면 개인 주민등록번호로 현금영수증을 발급받았을 것이다.

정답은 '아니다'다. 개인사업자는 개인 명의로 받은 영수증이라도 사업자 비용처리에 이용할 수 있다. 개인 카드로 주유소에서 기름을 넣고 받은 카드 매출전표도 비용처리 할 수 있다.

다만 이런 개인 명의 영수증은 연말정산 공제에 자동 반영될 수 있다. 개인 연말정산과 사업자 비용처리는 중복될 수 없으니, 가능하면 사업자 명의로 세금계산서를 발행하고, 영수증을 끊도록 하자.

연말정산용으로 끊은 영수증은 소득공제용, 사업자 비용처리용으로 끊은 영수증은 지출증빙용이라 한다. 어떤 것이 유리할까?

POINT
> 사업자등록 이전에 지출한 비용이더라도, 사업 관련된 비용이라면 비용처리 문제없다.

Q73 소득공제용과 지출증빙용 중 어떤 것이 나을까요?

애써 낙찰받은 아파트의 집 상태가 엉망이다. 이대로는 세입자든 매수자든 아무도 이 집을 원하지 않겠다 싶어 입주청소도 싹 하고, 떨어진 타일도 바꾸고, 도배도 깔끔하게 새로 했다. 이제 좀 집 느낌이 난다. 기분 좋게 업체에 영수증 발행을 요청한다. 그런데 부가세 10%를 더 달라 한다. 아니, 그럴 거면 처음부터 말을 해야지.

자주 접하는 상황이다. 이미 서비스는 받았고. 고민은 두 가지다.

'현금영수증은 주민등록번호와 사업자번호 중 뭘로 받지?'
'10%를 더 내고 영수증 끊는 게 낫나?'

두 질문은 결국 같은 질문이다. 결론은, 가능하면 사업자번호로 받는 것이 좋고, 10%를 더 부담하는 것이 낫다.

⊙ 주민등록번호＝소득공제용＝연말정산
⊙ 사업자번호＝지출증빙용＝비용처리
이렇게 기억하자.

영수증은 소득공제용보다 지출증빙용이 좋다. 비용처리의 효율이 연말정산 소득공제보다 압도적으로 높기 때문이다. 참고로 주민등록번호로 받아도 비용처리 가능하지만, 연말정산과 중복될 수 있어 일일이 빼줘야 하는 불편함이 있다.

또한 10% 더 내더라도 영수증을 끊는 것이 좋다. 영수증 없이도 비용처리는 가능하지만, 세무서에서는 적격증빙 미수취 건이 많으면 좋지 않게 본다. 나는 그래서 계약 전에 미리 10% 추가 없이 세금계산서 발행이 가능한지 확인하는 편이다. 다 끝나고 10%를 더 내자니 기분이 영 좋지 않다.

　매출이 없는 사업자라면 어떻게 해야 할까? 그래도 사업자번호로 비용처리를 하라고 말하고 싶다. 일단 사업자로 받아두고, 결손이 나더라도 다음 해에 통산하거나 환급받으면 된다. 여러 번 말하지만, 소득공제보다 사업자 비용처리가 무조건 이득이다.

　단, 비용처리 항목 중 처리 시기를 조심해야 하는 것들이 있다. 매도 잔금일을 따라가는 항목과 그렇지 않은 항목이 있다.

POINT

개인 주민등록번호로 발급받은 영수증도 비용처리 가능하다. 하지만 되도록 사업자번호로 영수증을 받자.

#종합소득세
#정정신고
#비용처리

Q74 매도가 어려워 양도세로 전환 시, 이미 매매사업자 비용처리한 것은 어쩌죠?

여기 초보 매매사업자 나매매 씨의 사례를 보자. 나매매 씨는 열심히 임장을 다닌 끝에 마음에 드는 물건을 매수했다. 매매사업자로 매도할 계획을 세우고, 인테리어까지 깔끔하게 했다. 배운 대로 임장에 사용한 교통비, 대리입찰비 등도 모두 장부에 성실히 기록했다. 이 장부를 기반으로 올해 5월 종합소득세 신고까지 깔끔하게 완료했다. 돌려받은 환급액만 200만 원! 열심히 비용처리를 한 덕이다. 이제 매도만 남았다.

그러나 매도는 예상과 달리 잘 되지 않는다. 부동산 사장님께 물어보니 요즘 시장이 안 좋다고 한다. 빨라야 내년 말에나 매도가 가능할 것 같다니. 한숨이 나온다. 그렇게 된다면 차라리 2년 뒤에 양도세 비과세를 노리는 것이 이득이다. 그런데 이미 종합소득세에서 비용처리 해버린 항목들은 어찌한단 말인가. 개인으로 매도 시 비용처리 불가할 항목이 너무 많다.

참으로 곤란한 상황이다. 매도가 마음대로 되는 것도 아닌데. 아쉽지만 세법은 이런 상황을 봐주지 않는다. 이 경우 종합소득세 정정신고를 통해 추가로 세금을 납부해야 한다. 정정신고는 늦게 할수록 가산세가 늘어나니, 인지한 시점에서 최대한 서둘러야 한다. 세무서가 아무리 지나간 신고는 다시 들춰보지 않는 경우가 많다지만, 만에 하나라도 세무조사가 들어오면 손실이 훨씬 커진다. 경정청구는 나라에서 돈을 돌려받고 싶을 때, 정정신고는 나라에 추가로 돈을 낼 때 하는 신고다.

POINT

> 이미 종합소득세 신고를 했어도 비용처리 불가 항목에 대해서는 정정신고로 추가 세금을 납부해야 한다.

▶▶▶

Q75 비용처리 시기에 주의해야 할 부분은 없나요?

비용처리 시기는 종합소득세 시기와 일맥상통한다. 즉, 기본적으로 지출일이 속한 연도 다음 해 5월에 한다. 예를 들어, 어제 쓴 주유비는 내년 5월에 종합소득세 신고하며 비용처리를 한다.

그러나 모든 비용처리가 무조건 내년 5월에 이뤄지는 건 아니다. 특정 부동산 거래에 따른 부수거래 비용은 주의해야 한다. 예를 들어보자.

2024년 10월에 매수한 부동산을 2025년 2월에 매도했다고 가정하자. 그렇다면 2024년 10월에 지출한 취득세, 중개료, 법무사비 등은 2025년 5월과 2026년 5월 중 언제 비용처리가 될까?

정답은 2026년 5월이다. 특정 부동산 거래 비용이라고 특정될 수 있는 비용은, 해당 부동산 매도에 맞춰서 비용처리를 해야 한다. 이런 비용들을 '양도가액 비용처리 가능 항목'이라 한다. 양도가액 비용처리 가능 항목은 매도 2개월 내 예정신고를 하며 비용처리를 하고, 다음 해 5월에 종합소득세에 반영된다.

이외 교통비, 소모품비 등 특정 부동산 비용이라 볼 수 없는 지출은 원칙대로 다음 해 5월 종합소득세 신고에서 비용처리를 한다. 2024년 11월에 소모했다면 2025년 5월에 비용처리를 하면 된다.

'양도가액 비용처리 가능 항목'은 부동산 매도일을 따라간다는 것만은 꼭 기억하자.

POINT

특정 부동산 거래 부수비용은 해당 부동산 잔금일에 맞춰 비용처리한다. 이외 비용은 지출 다음 해 5월에 비용처리한다.

Q76 매도할 때 비용처리 특약을 작성해야 하나요?

아니다. 매매사업자로 매도 시 특약 명시는 따로 필요 없다. 매매사업자가 매매계약서를 작성할 때는, 개인으로 할 때와 똑같이 하면 된다. 매매사업자는 사실상 '매도'사업자라서 매도까지는 그냥 똑같다. 달라지는 것이 없다.

고로 특별한 특약 없이도 매매사업자 처리가 가능하다. 매매사업자가 굳이 넣어야 하는 특약이 있다면 부가세 특약이 있겠다. 부가세 관련 특약은 부가세 파트에서 설명했으니 여기서는 넘어가자.

비용처리도 특별한 특약 없이 그대로 가능하다. 우리가 중개수수료를 매매계약서에 '비용처리 하겠습니다' 하며 따로 특약으로 기재할 필요는 없다. 다른 모든 항목도 마찬가지다.

이번 챕터에서 말한 내용을 모두 정리해보자.

비용처리는 소득세율만큼 할인받는 혜택이다. 매매사업자도 엄연한 사업자이기에 사업 관련 비용은 비용처리가 된다. 부가세 10%를 더 부담하더라도 사업자번호로 적격증빙을 수취하는 편이 좋다. 양도가액 비용처리 항목은 부동산 매도 시점을 따라간다. 비용처리를 위한 특별한 특약은 없어도 된다.

POINT

비용처리 특약은 없어도 된다. 매수인에게 전혀 영향이 없으므로 계약서에 적지 않아도 된다.

} **Q77**   **비용처리를 하려면 반드시 장부를 작성해야 하나요?**

'종합소득세 신고 방식은 어떤 게 있나요?'^{질문 29번} 에서 짚은 것처럼, 종합소득세 신고 방법은 경비율 신고와 장부 신고가 있다. 경비율 신고는 항목별 비용처리, 결손금 이월공제가 불가능하다.

비용처리와 결손금 이월공제를 하고 싶다면 장부를 작성해야 한다. 간편장부든 복식장부든 상관없지만, 매매사업자는 복식장부에만 재고자산이 등장하니 복식장부가 유리하다.

또한, 매매사업자는 작년 연매출이 3억 원 이상인 경우 복식장부 의무자에 해당한다. 의무자가 복식장부로 신고를 하지 않으면 가산세가 발생하니, 차라리 처음부터 복식장부를 작성하길 바란다. 의무자가 된 것을 놓치고 가산세를 부담하는 것보다는 낫다.

POINT
> 비용처리와 이월결손은 반드시 장부를 작성해야 가능하다.

Q78

종합소득세 환급금도
소득으로 봐야 하나요?

이상하다고 생각해본 적 없는가. 취득세는 비용처리가 되는데, 종합소득세는 왜 비용처리가 안 될까? 똑같이 우리 주머니에서 나간 세금인데 왜 어떤 것은 되고, 어떤 것은 안 될까? 반대로 종합소득세 환급금을 받았다면 주머니에 돈이 들어왔으니 또 소득세를 내야 하는 게 아닐까?

이런 문제를 방지하기 위해, 세법은 다른 비용처리 항목처럼 세금 또한 비용처리 가능한 것과 가능하지 않은 것으로 나누고 있다.

매매사업자가 비용처리 가능한 세금은 취득세, 재산세, 등록면허세, 인지세, 교육세, 농어촌특별세, 인허가 관련 등록세, 자동차세, 수수료, 부가세 불공제 매입세액, 주민세 등이 해당한다. 이들 세금을 지출했다면 사업 목적에 맞는 지출로 인정되어 과세표준을 줄일 수 있다. 요컨대 사업용 부동산, 자산 거래에 따른 세금은 대부분 비용처리되는 것이다.

이와 달리 비용처리 불가 세금은 종합소득세, 법인세, 양도세, 부가세 납부세액, 상속세, 증여세 등으로, 이들은 납부/환급을 받아도 종합소득세 과세표준에 영향을 미치지 않는다. 그래서 종소세 환급금이 발생했더라도 아무 일이 일어나지 않는 것이다.

POINT

종합소득세 환급액은 소득으로 보지 않는다. 추가 납부 걱정을 덜자.

사업자는 손실을
두려워하지 않아도 된다고요?

   손실이 두렵지 않은 사업자가 어디 있나. 애플도 삼성전자도 손실은 두렵다. 돈을 못 버는 사업자는 안 하는 것이 낫다. 그럼에도 이번 파트의 제목은 틀린 말이 아니다. 사업자는 '개인보다는' 손실을 덜 두려워해도 되기 때문이다.

   매매사업자로 손해를 보는 경우는 다양하다. 시세보다 높게 낙찰을 받은 경우, 건강보험료와 국민연금 상승분을 생각하지 못한 경우, 매도가 어려워 임대로 돌리는 경우 등. 예상치 못한 상황은 늘 생기기 마련이다. 물건을 잘 골라도 시장 상황이 도와주지 않을 때도 있다. 모든 투자는 이익과 손실이 동시에 존재한다. 사업자도 마찬가지다.

   그렇다면 손해를 그냥 손해로만 받아들여야 할까? 아니다. 사업자는 특별한 혜택이 있다.

   우선, 올해 발생한 손해를 내년으로 넘길 수 있다. 내년으로 넘긴 손해는 내년의 소득과 합쳐진다. 순소득이 자연스레 줄어들고, 세금도 그에 따라 줄어든다.

   이렇게 손해를 다음 회계연도로 넘기는 행위를 '이월공제'라고 한다. '이월'은 다음 달月로 옮기는 게 아니라, 뛰어넘을 월越을 써서 다음 과세기간으로 뛰어넘긴다는 뜻이다.

   이월과세 말고 '환급'도 있다. 올해는 매수만 있고, 매도는 내년이라면, 자연스레 올 한 해 순이익은 마이너스(-)일 것이다. 한 해 순이익이 마이너스면, 사업자는 종합소득세를 신고하며 환급을 받을 수 있다.

   개인은 이런 시스템이 없어서, 올해 손해는 올해로 끝이다. 잔인하다. 개미도 주식으로 날려먹은 돈을 내년, 내후년에 손해로 보전해준다면 얼마나 좋을까. 내가 주식으로 날려먹은 돈 수천만 원이 갑자기 생각나서 마음이 아프다.

고로, 사업자는 개인보다 손실을 덜 두려워해도 된다. 이왕 하는 투자, 개인보다 사업자로 하는 게 어떤가? 손실이 두려워 시작하지 못하는 사람이라면, 지금부터는 용기를 내라. 이월공제와 환급 시스템이 있다. 손해가 마냥 손해로 끝나지는 않는다.

개인의 손해와 사업자의 손해는 뭐가 다른가요?

개인은 손해를 보고 그 해가 끝났다면 그걸로 끝이다. 다음 연도 거래에 영향을 전혀 미치지 않는다. 개인의 양도차손 통산은 같은 회계연도에만 가능하기 때문이다. 어려운 말을 썼다. 쉽게 풀어 쓰면, 올해 본 손해는 올해로 퉁. 내년은 별개라는 뜻이다.

해외주식이 좋은 예다. 테슬라로 1천만 원 벌어도 같은 연도에 엔비디아로 500만 원 손실이면 서로 손익을 통산한다. 그럼 올해 순소득은 500만 원이다. 내년 5월에는 500만 원에 대한 세금만 내는 것이다.

하지만 엔비디아 매도가 올해, 테슬라 매도가 내년이었다면? 해당 사항 없다. 올해는 손실 그대로 마감이다. 내년에도 추가 거래가 없다면 내후년 5월에는 1천만 원에 대한 세금을 내야 한다. 통산의 힘이다.

사업자는 다르다. 앞서 말했듯 사업자는 손실을 이월시킬 수 있다. 무려 15년간 이월공제 가능하다. 2020년부터 기존 10년에서 15년으로 늘어났다. 사업 열심히 해보란 뜻이다.

손실을 다음 해로 떠넘긴다. 떠넘긴 손실은 그해 이득과 통산되어 세금을 줄인다. 올해 1천만 원 손실이면, 내년 1천만 원을 벌어도 우리 사업소득 과세표준은 0원이다. 내년에도 손해면? 또 넘겨서 내후년 이득이랑 통산할 수 있다. 마법 같지 않은가.

만약 손실을 이월시키고 싶지 않다면, 종합소득세를 신고하며 환급 신청도 할 수 있다. 종합소득세 환급은 비용처리처럼 세율만큼 돌려받는 효과가 있다.

이처럼 사업자는 손해를 봐도 나중에 이득이랑 통산해 세금을 줄이거나, 환급금을 받는다. 마이너스를 너무 두려워하지 말자. 파산만 하지 않으면 된다. 야구도 9회 말 2아웃부터다.

'오호, 그렇다면 이익도 이월이 된다면 세금을 계속 0원으로 만들 수 있지 않을까?' 하는 달콤한 상상은 접어두자. 나만 그런 상상한 건 아니려나? 크흠. 잔머리는 평소에 굴릴수록 적재적소에 굴러간다고 핑계를 대본다. 아쉽게도 이익은 이월되지 않는다.

종합소득세 환급을 받는 방법은 간단하다. 그냥 신고만 하면 된다. 신고서에 순이익 마이너스면 세무서에서 이상 없음을 확인하고 다음 달에 세금을 돌려준다. 이렇게 세금을 돌려받아 손실 처리를 마쳤다면, 당연히 이월공제를 할 수 없다. 이월공제와 환급 중 하나만 선택해야 한다. 연말정산과 사업자 비용처리 중 하나만 선택해야 했던 것처럼.

환급과 이월공제 중에는 특별히 유리한 쪽이 없다. 굳이 고려하자면, 소득 구간이 올라갈 때 손실처리를 하는 것이 유리하긴 하겠다. 사업이 잘된 해 소득 구간이 올라가니까. 소득 구간이 올라가면 세율이 올라가고, 결국 세율만큼 돌려받는 셈이니 세율이 높을 때 과세표준을 낮추면 좋겠다.

환급 신청할 때 주의점이 있다. 사업 규모 대비 과도한 비용은 세무서의 눈길을 끈다. 정당한 사업 행위로 비용이 발생했다고 하지만, 우리 생각과 세무서 생각은 다를 수 있다. 예를 들어보자.

올해 낙찰받은 외곽 빌라를 3천만 원에 매도, 내년 1월에 잔금을 받기로 했다. 올해는 손실이 날 수밖에 없다. 교통비, 수선비, 업무추진비 등 돈을 쓰기만 했기 때문이다. 여기까진 괜찮다. 그런데 비용처리 금액이 3천만 원이 나왔다면? 매출 규모에 비해 비용처리 금액이 과하다. 이런 사례는 세무서에서 자세히 들여다볼 수밖에 없다.

세무서 요청이 오면 우리는 소명하는 데 시간과 비용이 들어가고, 사업에 쓸 시간이 사라진다. 시간을 들이지 않으니 사업이 잘 풀릴 리가 없다. 그렇게 사업을 접고 싶어진다. 세무서와 틀어지지 않는 것은 생각보다 훨씬 중요하다. 환급과 비용처리는 매출 규모를 고려해서 해야 한다.

우리는 이제 올해 손해가 났더라도, 이월공제와 환급을 이용해 손해를 만회

할 수 있다는 걸 알았다. 대한민국 1등 외식 사업가 백종원 선생님도 '더본코리아'가 잘되기 전 말아먹은 돈이 수십억이었다고 한다. 실패는 잠깐이다. 올해 손실이 났어도 이익을 보는 눈을 얻었다면 된 것이다. 기왕 시작한 매매사업자 우리 같이 오래오래 해 먹자.

아, 한 가지만 더. 만약 종합소득세 신고를 잘못해서 세금을 더 냈으면 어떻게 해야 할까? 경정청구를 하면 되지만, 하지 않는 것을 추천한다. 세무서는 더 낸 세금에 대해서는 관대하지만, 덜 낸 세금은 '정확히' 추징하기 때문이다. 여기서 '정확히'라는 말이 100% 칼 같다는 말이기도 하고, 엄격하다는 말이기도 하다.

최근 연예인들의 1인 법인 기획사가 연달아 추징되고 있다. 세법은 늘 실질을 따지기 때문에, 세무서의 해석에 따라서 세금이 늘기도, 줄기도 한다. 세무서의 자율권이 어느 정도 인정된다는 말이다. 따라서 우리는 정확한 기준으로 비용처리를 했다고 해도, 세무서가 들여다보면 털어서 먼지가 안 나기는 힘들다. 세금을 많이 내서 돌려받으려다가 되려 정정신고에서 세금을 더 추징당하는 경우가 있다. 고로 환급은 정확하게, 이번 신고에서 잘못했다면 다음번 신고에서 교훈 삼아 제대로 해보자.

반대로 세금을 실수로 덜 냈는데 세무서에서 넘어갔다면? 정말 운이 좋았다고 생각하고, 다음번 신고부터는 바르게 신고하자. 운이 쌓이다 쌓여 액운이 될지도 모를 일이니까. 비용처리와 신고는 늘 정직하게 해야 오래간다. 우직한 게 우둔해 보여도 길게 가는 법이다.

POINT

> 종합소득세 신고 시 납부액이 마이너스면 다음 달에 우리 계좌로 환급액이 입금된다. 매출 대비 과한 환급은 삼가자.

Q81

매출이 없어도
결손금 처리가 가능한가요?

사업자가 장부를 작성한다면 결손금 처리는 얼마든지 가능하다. 매출이 없어도 된다. 아무리 열심히 뛰어도 하나도 팔지 못한 사업자도 있을 테니까. 사업자가 결손금을 처리하는 방법은 두 가지다. 환급과 이월공제.

우선 환급은 기납부세액이 있을 때 가능하다. 연말정산 근로소득세, 종소세 예납금, 매매차익 예정신고 납부액 등이 이에 해당한다. 흔히들 비용처리만 하면 환급이 가능하다고 생각할 수 있는데, 환급금의 한도는 기납부세액이다. 기납부세액이 없다면 환급도 받을 수 없다.

반면 이월공제는 매출, 기납부세액 모두와 관계없다. 장부만 작성한다면 15년간 이월시킬 수 있다. 올해의 적자가 이후의 사업에서 세금을 막아주는 든든한 방패가 되는 셈이다.

여기서 기억해야 할 중요한 원칙은, 결손금은 우리 마음대로 일부만 떼어서 환급받거나 이월시킬 수 없다는 점이다. 세법에서는 결손금이 처리되는 순서를 정해뒀다. 만약 올해 근로소득으로 100만 원을 벌고 사업에서 300만 원 적자가 났다면, 사업 적자가 근로소득을 우선적으로 상계한다. 그 후 남은 200만 원에 대해서는 환급/이월결손 중 하나를 선택해서 처리할 수 있다.

정리하면, 매출이 없어도 결손금 환급/이월공제는 얼마든지 가능하며, 사업자만이 가진 강력한 혜택이기 때문에 십분 활용해야 한다.

POINT

장부만 작성한다면 문제없이 결손금 처리 가능하다.

사업자통장(카드)
꼭 만들어야 하나요?

　부가세 다음으로 자주 받는 질문이 사업자통장(카드)다. 결론부터 말하면 무조건 필수는 아니지만, 새로 만들어 쓰기를 적극적으로 추천한다. 개인사업자는 사업자등록 전에 쓰던 걸 그대로 써도 된다.

　사업용으로 쓰기만 했다면, 본인 소유의 어떤 통장(카드)이든 상관없다. 요즘은 개인 신용카드 혜택이 워낙 좋아져서 사업용 카드라고 해서 특별히 혜택이 다르지는 않다. 나는 신한은행이 주거래은행이라 'SOHO SOLution 카드'를 발급받아 쓰고 있다.

　사업자통장을 추천하는 이유는 일단 관리 편의성 때문이다. 개인용 소비와 섞이면 사업용으로 얼마나 많은 돈이 들어오고 나갔는지 확인하기 어렵다. 개인용 소비와 섞이지 않게 관리하는 편이 좋다. 추후 기장을 맡길 때도 세무사 혹은 회계사에게 카드내역을 보내는데, 개인용 소비와 사업용 소비를 일일이 발라내는 작업을 꺼리는 사람도 많다. 되도록 따로 쓰자.

　단, 명의가 섞이면 비용처리가 불가능하다. 원칙적으로 개인사업자 본인 카드만 인정받을 수 있다. 다만, 배우자 명의 카드라도 사업에 꼭 필요한 지출이면 인정될 수 있다. 물론 원칙에서 벗어난 경우가 많아지면 세무서에서 좋지 않게 볼 수 있으니 적당한 선을 지키자.

Q82

사업자통장
신고 의무가 있나요?

앞서 사업자통장이 무조건 필수는 아니라고 한 이유가 뭘까? 일정 수준 이상의 매출이 발생하면, 사업용 계좌(사업자통장)을 신고해야 하기 때문이다.

사업자는 업종별로 복식부기 의무자 기준이 정해져 있다. 부동산 매매업, 즉 매매사업자는 직전년도 수입금액이 3억 원 이상이면 복식부기 의무자에 해당한다. 바로 이 복식부기 의무자가 사업용 계좌 신고 대상이다.

세무상 매매사업자에게 수입이란, 매출을 말한다. 매매사업자의 매출은 곧 매도다. 따라서 전년도 매도액 총합 3억 원이 넘어가면 사업용 계좌 신고 대상이라고 생각하면 된다.

신고 기간과 방법은 어떻게 될까? 해당 과세기간 6개월 이내에 사업용 계좌를 신고해야 한다. 기한 내 미신고 시 가산세가 붙는다. 그래서 세무사들은 복식부기 의무자가 아니어도 사업용 계좌를 쓰자고 하는 경우가 많다. 의무자든 아니든 사업용 계좌를 쓰면 혹시나 모를 의무자가 됐을 때를 대비할 수 있기 때문이다.

신고 방법은 간단하다. 홈택스에 사업용 계좌를 등록하기만 하면 된다. 등록된 계좌는 세무 대리인이 자유롭게 내역을 열람, 장부에 반영할 수 있다.

사업용 카드는 왜 언급하지 않을까? 계좌는 의무지만, 카드는 상관없기 때문이다. 카드는 가산세 규정이 없다. 다만, 사업용 카드는 가사용 카드와 따로 만드는 것을 추천한다. 추후 세무서로부터 해명자료 제출 요구를 받으면, 사업용/가사용 소명에서 불리하게 작용할 수 있다.

POINT

매출액 3억 원 이상 매매사업자는 사업용 계좌가 의무다. 이외에는 필수는 아니지만, 편의성 측면에서 사용을 추천한다.

Q83

사업자카드, 사업자통장 기존 것 사용해도 되나요?

가능하다. 사업자카드, 사업자통장(=사업용계좌) 모두 기존의 것을 사용해도 된다.

많은 사람이 기존 것을 사용하고 싶어 하는 이유는 간단하다. 새로 발급받을 경우 일일 출금 한도가 있어서 거래 시 불편하기 때문이다. 이런 이유에서 기존 카드와 통장을 이용할 경우, 사업주 본인 명의의 카드와 계좌라면 전혀 문제가 없다.

다만 주의할 점이 있다. 기존의 것을 사용하더라도 사업자카드, 통장으로 사용하기로 결정한 이후에는 가계 이용이 없어야 한다.

세무서는 종합소득세를 신고한 사업자의 지출 내역을 들여다보는데, 뜬금없이 최신 TV와 마트 장보기, 강아지 식재료가 결제되어 있다면? 비용처리 불인정 가능성이 높아짐과 동시에 세무조사로 기존 세금까지 모조리 추징될 수 있다.

고로 사업 목적으로만 이용할 통장과 카드를 정했다면, 이후로는 사업 목적으로만 이용하길 바란다.

POINT

기존에 가계 목적으로 사용하던 카드, 계좌더라도 사업용으로 이용할 수 있다.

Q84 사업용계좌, 복식장부 의무자, 외부조정, 성실신고 대상 기준을 알려주세요

작년도 매출 기준에 따른 의무는 다음과 같다.

- 사업용계좌 의무자: 3억 원 이상
- 복식장부 의무자: 3억 원 이상
- 외부조정 대상자: 6억 원 이상
- 성실신고 대상자: 15억 원 이상

고로 매매사업자는 작년 매출을 잘 알고 있어야 한다. 매출은 비용처리 금액과는 관계없고 오로지 '매도가액의 합'이라는 것을 다시 한번 기억하자.

의무자임에도 이행하지 않는다면 당연히 불이익이 있다. 주로 매출 대비 일정 비율 가산세가 붙는다. 특히 사업용계좌는 개설 의무가 아니라 홈택스 등록이 의무이니 유의하자. 잊어버리기 쉬우니 개설하자마자 바로 등록하길 권한다.

재밌는 점은 사업용계좌는 의무 기준이 있지만, 사업자카드는 의무가 아니라는 것이다. 하지만 사업성을 인정받기 위해 사업용계좌와 사업자카드는 한 몸처럼 사용된다. 의무 여부를 떠나서, 계좌를 만들러 은행을 방문했을 때 카드도 같이 발급받도록 하자.

POINT

> 매출 기준에 따른 의무자 기준을 잘 기억하고, 누락하지 않도록 하자.

세무기장료와 법무사비
얼마면 적당한가요?

매매사업자가 흔하게 겪는 고민은 뭘까. 여러 가지가 있지만 '기장 꼭 해야 하나요?'가 생각난다. 기장료는 왜 이리 비싼 건지. 기장, 하기는 싫은데 해야만 하는 우리를 위한 해답을 명쾌하게 제시한다.

매매사업자 월 기장료는 7만 7,000~12만 1,000원이다. 이 조건 이하면 정말 잘 만난 것이오, 이상이면 프리미엄 혜택이 있어야 한다. 1년간 기장을 맡기면 100만 원 정도 드는 셈이다. 매매사업자를 시작한 이상 기장을 피할 수는 없다. 재고자산을 등록해야 매매사업자 처리가 수월하니까.

여기서 중요한 사실은, 세무서는 다달이 장부를 확인하지 않는다는 점이다. 장부는 필요하지만, 다달이 확인은 안 한다? 그럼 확인하는 시점에만 장부가 있으면 된다. 바로 이 지점에서 월기장을 맡기지 않아도 되는 이유가 생긴다. 1년에 1채 정도만 사고판다면? 월기장 굳이 안 해도 된다.

종합소득세 신고 대리를 맡기며 1년 치 기장을 한 번에 맡겨도 충분하다. 세무사도 1년에 1건 매매면 복잡하지 않다는 걸 안다. 종합소득세 신고 대리 비용은 2024년 '세무통' 어플 기준 30~50만 원 선이다. 본인이 거래가 적다면 세무사 분과 적당히 협의해보자. 사업 잘 풀리면 월기장 맡기겠다는 약속과 함께면 더더욱 좋다.

연 2회 이상 매매하는 경우 월 기장료를 내고 전문가에게 기장을 맡기는 것이 좋다. 재고자산 관리 및 매매차익 예정신고 동기화가 필요하기 때문이다. 거기다 수시로 생기는 의문을 해결할 든든한 전문가를 고용하는 비용이라 생각하면 쓸 만하다. 복잡한 세금 문제는 결국 판례와 법까지 들어가야 하기에, 전문가의 도움을 받고 시간을 아끼자.

매매차익 예정신고와 부가세/현황신고는 무료로 해주는 세무사가 많으니 이런 신고에 추가 비용을 요구한다면 과감히 다른 사람을 찾아도 좋다.

법무사 비용은 얼마가 적절할까? 보통 우리는 '비용이 높으면 과감하게 깎아달라고 해야지!' 하고 마음먹고 견적서를 받는다. 매매차익 예정신고와 부가세/현황신고는 무료로 해주는 세무사가 많으니 이런 신고에 추가 비용을 요구한다면 과감히 다른 사람을 찾아도 좋다.

그런데 한 가지 문제가 있다. 견적서를 봐도 알아먹을 수가 없다. 그렇다. 정상이다. 도통 무슨 비용 종류가 이렇게 많은 건지. 싼 건지 비싼 건지, 뭐가 등기 필수 비용이고 뭐가 법무사한테 돌아가는 돈인지 알 수가 없다. 하나씩 찬찬히 뜯어보자.

친절한(?) 견적서를 보면, 크게 공과금과 보수액으로 나뉜다. 공과금과 보수액 부분이 나뉘어 있지 않은 견적서를 받으면, 일단 이것부터 나눠달라 해야 한다. 공과금은 실제 등기에 필요한 비용, 보수액은 법무사가 가져가는 비용이다.

공과금에는 어떤 항목이 있을까? 취득세, 등록세, 교육세, 농어촌특별세는 보통 '취등록세'라고 우리가 아는 비용이다. 인지대는 실거래 금액에 따라 결정된다. 1억 원 초과 10억 원 이하는 15만 원이다. 증지대는 등기 신청 수수료로 전자 신고 건당 1만 3,000원이다. 말소비는 등기 말소에 들어가는 비용이다. 국민주택채권은 보통 바로 팔아서 차액을 납부한다. 채권할인료라고도 한다. 취득, 대출 시에 각각 발생한다. 가끔 이 채권 금액으로 장난을 치는 법무사도 있으니 직접 확인해보길 권한다. 여기서 언급한 항목은 어느 법무사를 찾아가든 동일하다. 동일해야만 한다.

보수액은 보수료와 그 외 항목으로 구성된다. 여기 들어가는 모든 항목은 법무사의 재량이다. 솔직히 말해 보수료 빼고 전부 없어도 되는 비용이다. 교통비, 대행비, 제증명, 출장비, 작성료, 서류발급, 일당 등등 어떤 이름이 붙든 법무사에게 돌아가는 보너스라고 생각하면 된다. 초보를 딱 알아보고 공과금 부분에 이를 넣는 법무사도 있다. 나쁜 수법이다. 이 보수액을 줄이는 게 관건이다.

비용 내역서					
잔금일: 2023			진행일: 2023	출력일자 2023-11-08	
사건명	사건 번호		낙 찰 가	385,000,000	
	낙 찰 지	님	10% 입찰 보증금	31,480,000	
물건지	0		지 연 이 자	-	
			잔 금	353,570,000	
			선순위 대출금액	308,000,000	
	현 주택수 0 채 취득세율 1 %		후순위 대출금액	-	
내용	사건명	소유권 이전	근저당권 설정	밀 소 4 건	
공과금	취득세 / 등록세	3,850,000	-	24,000	
	교 육 세	385,000	-	4,800	
	농 특 세	-	-	-	
	증지 대 / 협회지	18,000	-	12,000	
	인 지 대	-	75,000		
	주 택 채 권	미정	미정		
	송달료 / 촉탁료	188,400	-		
	임 대 차 조 사	-	-		
	서 류 대	40,000	-		
	공과금납부밀신고	40,000	-		
	낙찰대금 환납증명	-	-		
	제 출 명	30,000	-		
보수액	보 수 액	374,000	-	119,200	
	누 진 액	187,600	-		
	제 출 료	-	-		
	출 장	90,000	-		
	V. A. T	56,160	-		
	계	5,259,160	-	160,000	

비용		고객님께 부탁드립니다.	
등 기 비	5,419,160		
잔 금	45,570,000		
은행 부수 거래	-		
설정 인지 .채권	75,000		
합 계	51,064,160		

법무사비 나쁜 예시(화질은 양해 부탁한다.)

보수료 외 10% 부가세가 따로 기재되어 있지 않다면 세금계산서 발급을 해주지 않겠다는 뜻일 수 있다. 미리 말해서 세금계산서를 받아야 한다. 적격증빙을 수취하고 비용처리 하는 것이 유리하다.

만일 견적서를 미리 주지 않으려는 법무사가 있다면, 대출 조건이 웬만큼 좋지 않은 한 과감히 패스해도 좋다. 우리가 만만히 보인 것이다. 먼저 가격을 알아야 할지 말지 결정을 하지, 대출을 여기서 받아야만 견적서를 줄 수 있다는 건 말이 안 된다. 과장 좀 보태면 갑질이다.

견적서를 미리 주지 않으려는 건 다 이유가 있다. 법무사비에 중간 마진이 껴 있기 때문이다. 그쪽에서 대출을 꼭 바라는 사람일수록 연결비를 더 많이 받을 수 있지 않겠나? 다 영업 방법이다. 법원에서 명함을 돌리는 사람들은 무료로 명함을 돌리는 것이 아니다. 그래서 나중에 견적서를 주며 비용을 전가하는 것이다.

나도 이 사실을 몰라서 처음에는 법무사비를 비싸게 냈다. 다음 건도 같은 법무사에서 했는데, 훨씬 저렴하게 했다. 대출을 관장하는 법무사와 바로 연결할수록 좋은 조건의 대출과 견적서가 나온다는 걸 그때 알았다.

법무사 등기비를 아끼기 위해 셀프등기를 하는 사람도 늘고 있다. 회당 50만 원에 달하는 비용을 절약한다면, 낙찰을 많이 받을수록 더 아낄 수 있다. 내가 존경하는 작가인 유근용(초인 용쌤)은 셀프등기로만 총 8천만 원을 아꼈다고 한다.

자, 그래서 적절한 법무사비는 그래서 얼마인가? 30~50만 원 선이면 적절하다고 본다. 보수액 부분에서 언급한 모든 비용을 합쳐서 이 정도면 된다. 구구절절 뭐가 어떻다 전화하지 말고 '다 해서 얼마에 합시다!' 하고 깎아버리자. 뭐라 뭐라 하면 그쪽 사정을 잘 아는 티를 내자. 법무사도 첫 견적에서 20~30만 원 정도는 깎을 생각으로 견적서를 준다.

18억 원 아파트를 사면서도 28만 원에 법무사비를 끝낸 견적서를 공개하며
이번 장을 마친다.

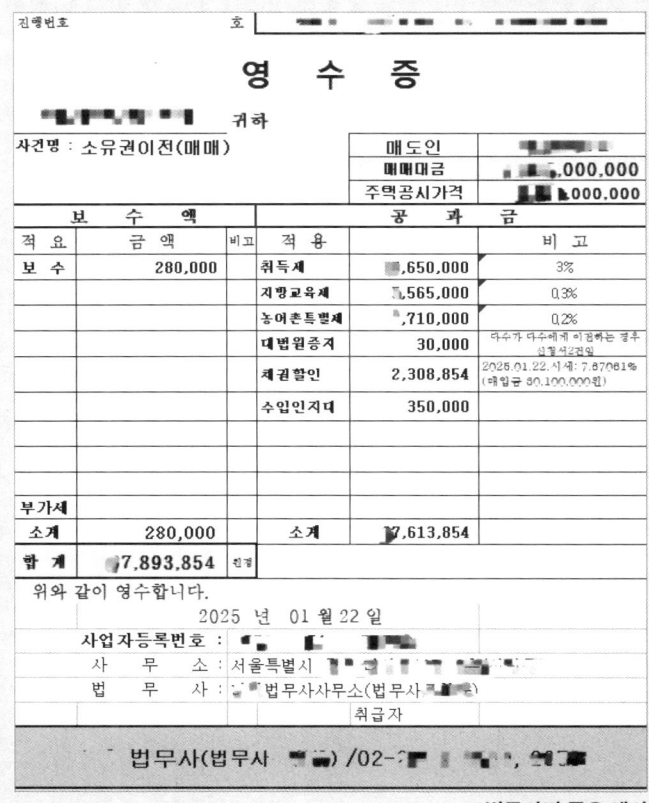

법무사비 좋은 예시

#기장료
#법무사
#세무사

Q85

좋은 법무사, 세무사 고르는 팁이 있나요?

나는 '법무통', '세무통' 어플에서 견적을 받고 후기를 참고해서 5명 정도를 추렸다. 법조타운을 가지 않아도 전문가를 만날 수 있는 세상이다. 후기도 보고 전화도 하며 어떤 전문가가 나와 맞는지 찾아보자.

사람마다 선호하는 성향이 다를 수 있다. 나는 전화 잘 되고 친절한 분을 골랐다. 첫 전화에 1시간 동안 내내 '극 초보' 사업자 질문에도 웃으며 상세히 답변해주셨다. 이렇게 시간을 할애해주셔도 되냐 하니, 이렇게 친절하게 대하면 돌고 돌아 본인한테도 좋다고 웃으며 말씀하시는 마음이 나와 잘 맞았다. 첫 전화 후 감사한 마음에 기프티콘을 쏴드렸고, 지금은 이분께 월기장을 맡겼다.

전문가가 바쁘다면 능력이 있다는 뜻이기도 하다. 하지만 초보 사업자라면 너무 바쁜 사람은 피하라 말하고 싶다. 모두를 위한 사람은 그 누구의 사람도 아니다. 종합소득세 시즌에 일회성으로 고용한 분이 생각난다. 처음 계약 때 전화한 뒤로, 바쁘다는 이유로 전화를 거의 받지 않았다. 카카오톡으로만 문의하고, 다음 날 답을 받았다. 어디까지 진행되고 있는지 알 수 없는 상황에서 마냥 기다리기만 하니 정말 답답했다. 결국 종합소득세 신고는 무탈히 마쳤지만, 이분께 다시 연락드릴 일은 없었다.

세무사 월기장료는 앞서 말한 대로 7만 7,000~12만 1,000원 선이다. 법무사비는 원래대로라면 매매가에 비례해야 하지만, 좋은 법무사는 30만 원 내외로 끊어준다. 자주 거래할수록 더 싸지는 건 덤이다.

POINT
가능한 한 많은 전문가와 연락해보고, 가장 잘 맞는 사람을 고르자. 특히 연락이 잘 되는 것이 생각보다 매우 중요하다.

Q86 세무사에게 기장을 맡기면 어떤 서류를 주어야 하나요?

가장 먼저 해야 할 일은 홈택스에 사업용 카드를 등록하는 것이다. 기장 계약을 맺고 세무 위임을 하면, 세무사가 등록된 카드 사용내역을 자유롭게 조회할 수 있다. 이 내역에서 비용처리 가능한 항목을 쏙쏙 골라 장부에 반영해준다.

그렇다고 사업주인 우리가 마음 놓고 있으면 안 된다. 우리도 어떤 항목이 비용처리가 되는지 알고 있어야 장부에 반영시킬 수 있다. 사업용 카드 외 추가로 비용처리할 종이계산서, 현금내역, 납세증명서, 홈택스 미등록 개인카드 사용내역 등은 세무사에게 직접 보내야 한다. 이 자료들은 홈택스에 자동 등록되지 않아서 세무사 혼자서는 확인할 수 없다.

자료는 언제 전달하면 될까? 필요한 자료가 있다면 그때그때 보내도 되고, 보통은 부가세 신고, 종합소득세 신고 등 정기 신고가 돌아올 때마다 세무사에게 전달한다. 능력 있는 세무사라면 기한마다 필요 자료를 요청할 것이다.

특히 경매는 소유권을 이전하며 전달할 서류가 많다. 등기권리증부터 매각대금완납증명원, 낙찰영수증, 공과금내역서, 취득세납부확인서, 명도확인서, 매매계약서, 등기촉탁서 등등. 이런 서류는 모두 사진으로 찍어서 세무사에게 전달하면 된다.

POINT
> 홈택스에 사업자카드 등록은 필수. 이외에 계좌 거래내역, 증명서를 세무사에게 보내자. 무엇보다도 사업주 본인이 잘 알아야 한다.

매매사업자 주택에
임대를 줘도 되나요?

'매매사업자는 부동산 사고파는 직업이라며, 갑자기 무슨 임대야?' 하는 사람은, 매매사업자 투자를 해보지 않은 사람일 가능성이 높다.

실제로 매매사업자를 운영하다 보면 어쩔 수 없는 상황을 맞이한다. 팔리는 건 우리 의지가 아니다. 다른 사람 마음에 들어야 한다. 바로 팔린다는 보장도 없다. 그렇다고 언제까지고 이자만 내면서 공실로 둘 수는 없다. 어쩔 수 없이 전세든 월세든, 임대를 줘서 손해를 최소화해야 할 때가 있다. 아직 이런 상황을 만나지 못했다면, 투자의 귀재거나 운이 좋은 것이다.

그렇다면 여기서 질문이 꼬리에 꼬리를 문다.

○ 임대를 줘도 될까?
○ 전세랑 월세는 다른가?
○ 임대를 주면 임대사업자가 아닌가?
○ 임대를 주면 불이익이 있지 않을까?
○ 임대를 주면 얼마나 길게 줘도 되는가?

결론부터 말하면, 임대를 줘도 된다. 전세랑 월세는 꽤 다르다. 임대를 줬다고 무조건 임대사업자는 아니다. 불이익은 있을 수 있다. 보통 6개월 이내 임대면 괜찮다. 그렇다고 6개월 이내라고 무조건 되고, 1년 이내라고 무조건 안 되는 것도 아니다. 스킬이 필요하다.

임대에 관한 지식이 있어야 안전하게 매매사업자를 운용할 수 있다. 임대를 전혀 주지 않고 공실로만 매매하겠다는 사람은 이번 챕터를 그냥 넘어가도 좋다. 하지만 과연 그런 사람이 얼마나 있을까?

Q87

과세당국은 어떨 때 임대사업용 주택이라 판단하나요?

사업용 주택은 매매사업용 주택만 있는 것이 아니다. 임대사업용 주택도 사업용 주택이다. 문제는 매매사업자가 가진 주택이 임대사업용 주택으로 분류되면? 당연히 매매사업자로 처리할 수 없다. 어떤 조건에서 임대사업용 주택이 되는 걸까? 우리는 어떤 조건을 조심해야 할까?

임대한다고 무조건 임대사업용 주택인 것은 아니다. 사업자는 장부를 스스로 작성할 수 있다. 자산을 어떻게 분류할지는 우리 선택이다. 어떤 자산으로 넣어야 하는가? 복식부기 장부를 기억하나.^{질문 58번} 재고자산, 유형자산이 있었다. 임대사업용 주택은 유형자산으로 분류된다. 매매사업자는 부동산을 물건처럼 사고파는 직업이라, 재고자산에 자산을 넣어야 한다. 즉, 유형자산으로 분류한 자산은 재고자산에 들어갈 수 없으니 매매사업자를 활용할 수 없다.

따라서 단기간으로 임대를 하더라도, 재고자산으로 분류해야 한다. 여기서도 장부 작성의 필요성이 드러난다. 장부를 작성하지 않은 채 임대를 했다면? 세무서가 임대용 자산으로 볼 확률이 올라간다.

재고자산으로 분류하더라도, 단기간 임대수익을 올리는 건 세무서에서도 어느 정도 용인해준다. 세입자가 있는 상태로 부동산을 사고파는 건 충분히 있을 수 있는 일이기 때문이다. 하지만 오랜 기간 임대를 하면? 해당 자산은 매매가 아닌 임대로 수입을 올리는 자산으로 볼 가능성이 훨씬 커진다.

그렇다면 얼마나 임대를 해도 괜찮을까? 이는 정말 중요한 문제다. 매매사업자는 단기 매매를 주업으로 하는 직업이라 '단기'라는 기간을 어떻게 보느냐가 매매사업자 인정 여부를 가르는 기준이 될 수 있다. 아쉽게도 법에서 '단기'가 일주일인지, 3개월인지, 1년인지 정해져 있지 않다. 실무적으로 세무서가 '이 정도면 인정해주지 뭐' 하는 사례, 선례를 쌓아서 우리가 판단할 뿐이다.

다행히도 나는 여러 세무사, 회계사, 매매사업자와 세무서를 겪어본 경험을 통틀어 나름의 기준을 세울 수 있었다. 매매사업자에게 단기간이란 6개월 이내다. 6개월 이내로 임대한 경우는 통상적으로 매매사업자로 인정받는 데 99.9% 문제가 없다. 하지만 6개월을 넘어서면 문제가 생길 가능성이 점점 커진다. 6개월이 넘어가면 10% 정도, 1년이 넘어가면 40% 정도에서 문제가 생길 수 있다.

즉, 매매사업자가 부동산을 매도할 때 안전하게 인정받을 수 있는 확률은 임대 기간 6개월 이내는 99%, 1년 이내라면 90%, 2년 이내라면 60% 정도다. 2년이 넘어가면? 0%다. 2년은 절대 넘기면 안 된다. 인정 가능성이 없다. 기간별로 남은 퍼센트를 어떻게 채울 것인지는 매매사업자의 다른 인정 요건에 달렸다. 사업의 반복성과 지속성, 장부 기장, 세금 신고 등 매매사업자로서 부여된 의무를 다한 사업자일수록 부족한 인정 확률을 높일 수 있다.

예를 들어, 똑같이 1년간 임대 후 매도하는 사업자 A, B가 있다고 해보자. A는 매매사업자로서 재고자산 복식부기 기장, 사업 운영 기간은 2년, 매수·매도 4채, 부가세 신고와 종합소득세 신고를 성실히 수행한 사람이다. 그에 비해 B는 기준경비율 신고, 운영 기간은 1년에 1채 매수, 부가세 신고는 놓쳤다면? 세무서에서 B를 유심히 볼 수밖에.

정리하면, 통상적으로 매매사업자의 단기 임대는 인정된다. 물론 매도에 노력을 기울여야 하고, 재고자산에 넣는 등 매매사업자의 인정 요건을 최대한 만족할수록 확률이 높다.

단기 임대 기간은 6개월 이내다. 1년 이내면 90%, 2년 이내는 60% 정도 인정받을 수 있다. 세무서가 임대사업용 주택으로 보느냐, 아니냐는 매매사업자의 사업 요건을 얼마나 훌륭하게 충족했느냐에 달려 있다. 2년은 절대로 넘기지 말자.

POINT

임대 2년이 넘으면 매매사업자 사업용 주택으로 보지 않는다. 가능하면 1년 이내로 하길 바란다. 짧을수록 좋다.

◄◄◄

Q88

매매사업자 주택에 임대를 주면 임대사업자를 내야 하나요?

임대사업자를 이야기하려면 먼저 알아야 할 사실이 있다. 임대사업자를 등록하는 관청은 두 가지다. 세무서와 지자체다. 둘은 속성이 전혀 다르다. 이들을 구분하는 것부터 알아야 한다.

세무서에 등록하는 임대사업자는 매매사업자처럼 '직업'에 가깝다. 부동산을 임대하며 사업을 하고, 그렇게 번 돈으로 세금을 내겠다는 사업자등록이다.

그에 비해 구청에 등록하는 임대사업자는 '혜택'에 가깝다. 일정 임대 기간, 갱신 시기별 인상률 제한 등 제한이 있다. 대신, 취득세, 종합부동산세, 양도세를 감면받는다. 이렇게 혜택을 받은 주택은 '장기임대 국민주택'이라 한다.

자, 그러면 어디에 사업자를 등록해야 할까?
임대사업자 등록은 필수일까?

임대사업자가 과세 대상에 해당하면 세무서 등록은 필수, 지자체 등록은 선택이다. 사업으로서 운영을 하려면 '직업'은 당연히 있어야 하고, '혜택'은 없어도 되니까. 과세 대상자가 세무서 등록을 하지 않으면 수입의 0.2% 가산세가 있다. 즉, 임대사업자는 세무서만 등록 또는 세무서+지자체 등록 사업자로 나뉜다.

부동산 임대업 업종코드는 다음과 같다.

- 701101: 고가주택임대
- 701102: 일반주택임대
- 701103: 장기임대 국민주택(공동, 단독주택)
- 701104: 장기임대 국민주택(다가구)

▶▶▶

701101, 701102가 세무서 등록 임대사업자, 701103, 701104가 세무서+지자체 등록으로 나뉘는 것을 쉽게 알 수 있다. 장기임대 국민주택이라고 정확히 명시되어 있다.

이번 장의 질문이 '임대사업자를 등록해야 하나요?'인데, 여기서 말하는 임대사업자가 '세무서만' 등록인지, '세무서+지자체' 등록인지에 따라 답변이 달라져야 한다. 그래서 굳이 어려운 배경을 설명했다.

첫 번째, 세무서만 등록하는 임대사업자의 경우는 어떻게 해야 할까? 임대사업자가 과세 대상이면 세무서에 등록해야 한다. 과세 대상은 보유 주택 수와 전월세에 따라 달라지며, 다음과 같다.

- 1주택: 고가주택(기준시가 12억 원 초과 주택) 월세
- 2주택: 모든 월세
- 3주택: 보증금 합 3억 원 초과 전세, 모든 월세

* 2026년부터는 세법 시행령 개정으로 고가주택(기준시가 12억 원 초과 주택) 2주택 보유자가 받는 전세 보증금 합계액이 12억 원 초과 시 간주임대료 과세 대상이다.

과세 대상이 아닌 경우 세무서에 등록할 필요가 없기에 매매사업자와 특별히 문제가 되지 않는다. 즉, 2주택자까지는 전세를 줘도 매매사업자와 임대사업자가 동시에 존재해서 문제가 되지는 않는다. 애초에 사업자등록을 하지 않기 때문이다.

하지만 월세를 준다거나, 3주택자가 받는 보증금 총합이 3억 원 초과면 과세 대상이라 임대사업자등록을 해야 한다. 2026년 11월부터는 2주택자 전세도 등록해야 한다. 이때는 임대사업자 사업자등록증을 따로 내지 말고, 매매사업자에 업종 코드 추가만 하길 바란다. 701101, 701102 중 맞는 것으로. 부동산 매매업이 주업종, 임대업이 부업종인 사업자가 되는 것이다. 이는 세무서에 어필하

는 것이다. 매매를 위주로 사업을 하고 있으나, 부득이 임대를 단기간 준 거라고. 세무서에서 임대사업용 주택으로 보는 것을 최대한 막기 위함이다.

그리고 임대 소득에 대한 세금 신고 및 납부를 성실히 한다면, 세무서에서도 딱히 트집을 잡지 않을 것이다. 왜냐, 세무서의 가장 큰 목적은 '세금 징수'이기 때문이다. 거기다 단기 임대는 어쩔 수 없다는 사실도 알고 있다. 따라서 우리는 임대사업자가 주된 사업이 아닌 매매사업자가 주된 사업임을 강조하며 세금 납부를 하되, 임대 기간이 단기로 끝날 수 있도록 노력해야 한다. 세무서도, 우리도 윈윈이다.

정리하면, 과세 대상이 아니라면 임대사업자 등록, 하지 말자. 과세 대상이면 임대사업자를 매매사업자 사업자등록증에 부업종으로 추가만 하고, 세금 납부를 성실히 하자.

두 번째, 세무서와 지자체에 모두 등록하는 경우는 어떻게 해야 할까? 쉽다. 지자체에는 등록하면 안 된다.

매매사업자가 가진 주택을 지자체에까지 등록한다면 이는 더 이상 매매사업용 주택이 아니다. '임대사업이 주된 목적이요, 덕분에 혜택까지 받아가겠습니다' 하는 주택이니, 세무서에서 임대사업용 주택으로 볼 확률이 100%다.

매매사업자가 단기간 임대하면, 지자체 임대사업자 등록은 안 해도 되고, 오히려 하면 문제다. 한 사람이 임대사업자와 매매사업자를 동시에 가질 수는 있지만, 한 부동산이 임대사업용 주택이면서 매매사업용 주택일 수는 없다.

자, 최종 정리해보자. 우리는 임대를 단기간 줬음에도 어쩔 수 없이 잠깐 주었을 뿐이라는 사실을 세무서로부터 인정받아야 한다. 임대 기간이 길어질수록 자연스레 인정 확률은 낮아진다.

따라서 가능한 한 임대사업자 등록은 피하는 것이 좋다. 안 해도 되는 경우면 하지 말자. 하지만 의무인 경우는 임대사업자 코드를 매매사업자 하위 업종으로 추가하되, 지자체에는 절대 등록하면 안 된다. 임대 수입 납세의무를 성실히 수행하자. 임대 기간은 단기로 하자. 만약 세무서 주택 임대사업자 의무 대상임에도 미등록시, 공급가액(수입금액)의 0.2%가 가산세로 부과된다.

참, 임대 수입이 발생하는데 재고자산으로 그대로 넣어도 되냐고? 된다. 자산을 어떻게 분류할지는 사업자 마음이다. 재고자산으로 넣어라도 놔야 매매사업용 자산으로 봐줄 여지가 있다. 혹여나 유형자산으로 넣어두면 세무서는 '임대사업용 주택이네?' 하고 매매사업자 소득세 신고를 취소하고, 양도세를 추징하려 하지 않을까?

질문 하나에 세 페이지를 넘지 않겠다는 약속을 여기서 어겨서 미안하다. 매매사업자와 임대사업자의 관계를 자세히 알려주려면 어쩔 수 없었다. 너그러이 생각해주길 바란다.

POINT
> 매매사업자의 사업용 주택에 과세 대상 임대 소득이 발생하면 세무서에 등록하되, 지자체에는 절대로 등록하면 안 된다.

Q89 임대소득신고는 안 해도 되나요?

사실 가능하면 안 하는 것이 좋다. 탈세를 하라는 말이 아니고, 매매사업용 주택을 임대사업용 주택으로 볼 소지를 만들지 말라는 뜻이다. 임대소득 발생 기간이 길어질수록 매매사업용 주택이 아니라 임대사업용 주택이 되지 않겠는가?

임대소득신고는 의무 대상이 정해져 있다. 앞 장에서 말했지만, 한 번 더 짚어본다. 읽어보며 아까 배운 지식을 다시 정리해보자.

임대소득신고 대상은 주택 수와 전세인지 월세인지에 따라 다르다. 전세부터 보자.

무주택자는 전세를 줄 수가 없다.

1주택자는 전세를 줘도 소득신고 대상이 아니다.

2주택자도 전세를 줘도 소득신고 대상이 아니다. 주택 2개 중 둘 다 전세를 주든, 하나는 실거주를 하든 관계없이 소득신고를 안 해도 된다.

3주택자는 전세를 주면, 전세를 준 모든 주택의 보증금 총합이 3억 원을 넘어가면 소득신고 대상이다. 이때 전용면적 40㎡ 이하이면서 기준시가 2억 원 이하인 소형주택은 주택 수와 보증금 합산에서 제외된다.

다만, 기준시가 12억 원 초과 주택에서 보증금 12억 원 초과는 간주임대료 대상으로 변경하는 시행령이 발표되었다. 2026년 11월부터는 2주택자 전세도 유의해야 한다.

정리하면, 매매사업자는 1~2주택을 유지하며 사팔사팔하되, 전세를 주면 임대사업자등록과 임대소득신고를 피할 수 있으니 가장 좋다.

다음은 월세를 보자.

무주택자는 월세를 줄 수가 없다.

1주택자는 기준시가 12억 원 초과 주택 월세, 국외주택 월세 수입이 있으면 과세 대상이다. 보증금 액수가 아니라 주택의 기준시가에 따라 결정된다. 애초에 월세는 보증금과 임대료가 제각각이라 보증금으로 기준을 매길 수가 없어서 그렇다.

2주택자는 묻지도 따지지도 않고 모든 월세 수입이 과세 대상이다. 2주택 모두 월세든, 1주택 전세 1주택 월세든, 1주택 실거주 1주택 월세든 과세 대상인 것이다.

3주택자도 마찬가지다. 묻지도 따지지도 않고 모든 월세 수입이 과세 대상이다.

임대소득신고, 즉 과세 대상에 해당하는 사업자는 세무서 사업자등록을 필수로 해야 한다. 사업자등록을 했으니 사업장현황신고와 종합소득세 신고는 당연히 따라온다. 귀찮은 일이 늘었다.

부가세 신고일 수도 있지 않나? 왜 현황신고일까? 주택 임대는 부가세 면세 대상이라 그렇다. 다만 앞 질문에서 알려준 대로, 매매사업자 하위 업종으로 임대사업자를 추가했다면, 매매사업자 업종에 맞춰 신고하면 된다. 면세사업자는 사업장현황신고, 과세사업자는 부가세 신고다.

참고로 임대소득에 대해 주택 수를 따질 때는 부부합산이나 혼인신고를 한 사람이라면 유의하자. 사업자등록을 안 하고 소득신고도 안 했는데 과세 대상이었다면, 추후 적발 시 세무서 선생님의 친절한 연락이 갈 것이다. 가산세와 함께.

POINT
임대소득 과세 대상은 전세, 월세 여부와 주택 수에 따라 달라진다. 과세 대상 사업자는 세무서 사업자등록이 필수다.

◀◀◀

Q90

임대 중인 주택을 매매사업자가 매수하면 임대 기간은 어떻게 산정하나요?

매매사업자는 임대용 주택을 매매사업자로 처리할 수 없다. 임대용 주택으로 볼지는 임대 기간이 절대적인 영향을 미치며, 임대 기간이 길어질수록 매매사업자 인정 확률은 떨어진다. 보통 1년을 기점으로 보며, 2년이 넘어가면 절대로 매매사업자의 사업용 주택이 될 수 없다고 했다.

그런데, 기존에 이미 임대가 맞춰져 있는 주택을 매수할 경우, 매매사업자 인정을 위한 임대 기간은 언제부터 산정될까? 예를 들어보자.

2025년 1월 1일부터 2026년 12월 31일까지 전세 계약을 한 세입자가 있다. 이 세입자가 있는 주택을 우리가 2026년 5월에 매수해서 2026년 8월에 매매사업자로 매도한다고 해보자. 그렇다면 세무서에서 보는 인정 요건에 해당하는 임대 기간은 3개월일까, 2년일까?

정답은 3개월이다. 우리가 매수한, 소유권을 취득한 시점부터 얼마나 임대가 되었는지만 본다. 기존 임대 계약과 무관하게, 매수인은 임대사업을 목적으로 취득한 것이 아닌 매매사업을 목적으로 취득 후 판매한다면 매매사업자로 처리 가능하다.

고로 기존에 임대가 들어가 있더라도 겁먹지 말고 도전하자.

POINT

기존 임대 계약 기간과 관계없이 우리가 취득한 후부터 매도하기까지를 임대 기간으로 산정한다.

폐업을 할지 말지
고민이에요

2024년 폐업한 외식업 점포가 8만 4천 곳이 넘는다고 한다. 정년퇴직하고 차린 치킨집, 호프집이 망하는 건 남 일이 아니다. 사업은 그만큼 어렵다. 바깥세상에 나와보면, 회사에서 대신해주고 있던 일이 많았다는 걸 새삼 깨닫는다.

매매사업자라고 뭐 다를 것 있겠는가. 쉽지 않다. 이 책을 읽는 여러분만 해도 양도세 좀 아끼려 시작했다가, 이렇게 절차가 복잡한 줄 알았으면 안 했을지도 모른다. 나도 그랬다. 경매 책에서는 그저 '매매사업자를 이용하면 됩니다'가 끝이었으니까.

폐업이 셔터 내리듯 쾅 닫고 끝이면 얼마나 좋을까. 매매사업자도 폐업을 고려하는 사람이 꽤 있다. 그에 따른 질문도 자연스레 딸려온다.

- ⊙ 폐업 이후 절차는?
- ⊙ 폐업한다면 언제 해야 하나?
- ⊙ 1회만 매매하고 폐업해도 될까?
- ⊙ 실적 없으면 폐업하는 것이 낫나?
- ⊙ 대출만 매매사업자로 받고 폐업해도 될까?
- ⊙ 폐업 이후 거래로 인해 이전 거래가 양도세로 추징되나?

수많은 질문이 폐업을 가로막는다. 이번 장은 개업은 가르쳐도 폐업은 안 가르쳐주는 세상을 위해(?) 준비했다.

Q91

매매사업자 대출을 받고 폐업해도 되나요?

매매사업자 대출은 다른 사업자대출과 다르게 특이한 점이 여럿 있다. 자세한 사항은 파트 5에서 따로 다뤄보고, 여기서는 폐업과 대출에 관해서만 간단하게 다뤄보자.

매매사업자 대출은 '부동산 담보+사업자'가 존재해야 한다. 그런데 실적이 없다는 이유로 사업자를 폐업하면? 두 요건 중 하나가 사라진다. 즉, 사업자를 폐업하면 대출 상환 요구가 올 수 있다. 매매사업자로 대출을 받았으니 당연한 수순이다.

만약 매매사업자 대출을 받고 개인 명의 매도를 위해 폐업을 고민한다면? 걱정하지 말자. 매매사업자는 대출받고 추후 매도할 때 개인과 매매사업자 중 선택해서 할 수 있으니 폐업은 따로 고려하지 않아도 된다. 개인대출을 받고 매매사업자로 매도해도 되고, 매매사업자 대출을 받고 개인으로 매도해도 된다. 대출 종류와 매도 방법은 무관하다.

또한, 대출 후 실적이 없더라도 사업자가 유지되는 한 대출 기한까지는 사업자대출도 유지된다. 사업자 유지란 폐업을 하지 않은 상태, 즉 사업자등록증만 갖고 있으면 된다는 뜻이다.

이처럼 폐업을 하면 사업자대출에 영향을 줄 수 있다. 대출을 받을 때부터 금리와 한도뿐만 아니라 사업 지속 가능성도 미리 따져보자.

POINT

매매사업자 폐업 시, 매매사업자 대출의 요건 중 하나인 '사업자'의 존재가 사라지기 때문에 상환 요청이 들어올 수 있다.

Q92 1회만 매매하고 매매사업자 폐업해도 될까요?

이 질문은 '폐업 이전 거래가 추징되지는 않을까?'와 같은 말이다. 만약 매매 사업자로 잘 매도했는데, 폐업으로 인해 세무서가 추가로 조사에 나서면 곤란한 일이다.

폐업 이후 거래가 추징될지 말지는 매매사업자 인정 요건과 밀접하게 닿아 있다. 매매사업자 인정 요건에는 사업의 반복성, 지속성이 포함된다. 다행히도, 폐업 전 거래가 이런 사업성을 가진다면 이후 거래 금액은 추징되지 않는다. 따라서 사업성을 보존해두는 것이 무엇보다 중요하다.

그렇다면 얼마나 매매사업자를 유지해야 할까? 매매사업자 2~3년 유지, 2~3건 거래면 보통 괜찮다고 본다. 1회만 매매하고 바로 사업자를 폐업한다면, 사업성이 훼손될 가능성이 크다. 세무서에서도 탈세 혐의를 적용해서 강도 높은 조사가 나올 수 있다. 가능하면 사업자 기간을 최대한 오래 가져가되, 최소 2년 유지, 2건 거래를 추천한다.

POINT

폐업 전 거래가 사업성을 보인다면, 이후 거래는 추징되지 않는다. 꼭 폐업해야만 한다면, 2회 매매 후에 하길 바란다.

#낙찰
#실적
#폐업

} **Q93** **낙찰을 한 번도 못 받았다면 폐업해야 할까요?**

그렇지 않다. 낙찰을 꾸준히 시도해서 사업을 영위하려는 노력이 중요하다. 앞으로도 꾸준히 입찰해서, 낙찰되면 매매사업자로 매도하며 실적을 쌓으면 된다. 사업 기간은 길게 가져갈수록 좋다. 매매사업자는 일시적일수록 세무서의 눈총을 받는다. 세무서는 늘 양도세 탈세를 의심한다는 걸 기억하자.

가능한 한 사업자는 폐업하지 말고 유지하자. 개인사업자는 원할 때 언제든 폐업할 수 있다. 또, 한 번 등록해둔 사업자는 유지만 하면 되지만, 갈수록 조건은 늘고 허가는 어려워진다. 실제로도 사업계획서를 요구하는 곳이 점점 늘고 있다.

원래 혜택이 있는 곳에는 규제도 있는 법이다. 얼리어답터, 초기 정착자는 상대적으로 덜한 규제 속에서 활동할 수 있으니, 나중에라도 사업자가 필요해질 경우를 대비해 폐업은 심사숙고했으면 한다. 다만 주부나 무소득자가 건강보험료, 국민연금 납부액이 과다하다면 폐업을 고려할 만하다.

매매사업자를 내고 거래가 없으면 세무서에서 직권 말소하지는 않을까? 그렇지는 않다. 매매사업자를 내고 실적이 없어도 강제로 폐업시키지는 않는다. 열심히 하는 사업자를 굳이 세무서에서 없앨 이유는 없다.

다만 사업장현황신고나 부가세 신고 등 신고 절차를 몇 년이나 제대로 하지 않는 사업자라면? 세무서에서는 이런 사업장은 운영하지 않는다고 봐서 직권 말소가 들어올 수도 있다. 따라서 내가 지금 실적이 없더라도, 매매사업자를 없앨 것이 아니라면 무실적 신고를 꾸준히 하자.

POINT

실적이 없어도 매매사업자를 유지할 수 있다. 매매사업자는 오래될수록 인정받기 수월하니, 가능한 한 사업자를 유지하자.

▶▶▶

Q94

폐업 신고만 하면
끝인가요?

아니다. 폐업 신고와 별개로 세무서와 깔끔하게 이별하기 위해 해야 하는 절차가 남았다. 갈 땐 가더라도 여태까지 한 건 정리하고(?) 가야 한다. 현황신고와 종합소득세 신고다.

면세사업자라면 폐업 다음 해 1~2월 사업장현황신고를 해야 한다. 과세사업자는 사업장현황신고 대신 부가세 신고를 한다. 신고 기한은 폐업 다음 달 25일까지다. 8월에 폐업하면 9월 25일까지 부가세 신고를 마쳐야 한다. 매출, 매입이 없어 신고할 내용이 없다면 정기 신고와 마찬가지로 무실적 신고를 하면 된다.

또한 개인사업자는 폐업 신고 연도 다음 해 5월에 종합소득세 신고를 해야 한다. 폐업 전까지 발생한 소득과 손실을 정산하는 것이다. 만약 1월에 폐업하면 다음 해 5월에 신고를 또 해야 하니, 가능하면 연말까지 하는 편이 좋겠다.

마지막으로, 폐업 후 소득이 줄었다면 건강보험공단과 국민연금공단에 폐업 사실 증명원을 제출해서 보험료를 빠르게 조정해보자.

이렇게 폐업을 생각하기까지 많은 고민이 있었을 것이다. 하지만, 오래 영위한 사업자는 그 자체로도 이득이 크다. 법인도 설립 5년이 넘으면 취득세 중과가 없어서 실적이 없더라도 시장에서 그 가치를 인정받는다. 매매사업자도 실적이 없다고 바로 폐업을 고려하지 말고, 폐업으로 얻을 이득과 손해를 잘 비교해서 판단하자. 간발의 차로 폐업 직전에 낙찰된 사람도 봤다. 우리 돈 벌려고 시작한 일 아니던가. 응원한다.

POINT

폐업 후 현황신고, 부가세 신고, 종합소득세 신고까지 마쳐야 비로소 끝난다. 소득이 줄었다면 4대보험 납부액도 조정하자.

법인 매매사업자를
알려주세요

이 책에서 여태 말한 매매사업자는 개인 매매사업자다. 개인 매매사업자는 개인이 가진 권리에 매매사업자가 가진 혜택이 추가된다. 양도세를 소득세로, 다주택자를 1주택자로, 비용처리로 세금을 바꿀 수 있다. 그냥 개인이었을 때 가질 수 없는 강력한 도구를 부여받는 셈이다.

법인 매매사업자는 그럼 무엇일까? 법인의 다양한 사업 목적 중 '부동산 매매업'이 있는 법인을 법인 매매사업자라 한다. 법인은 개인과 같은 '명의'지만, 탄생할 때부터 직업을 갖는다는 점이 개인과 다르다.

법인을 설립해본 적 있는 사람은 안다. 법인의 직업에 해당하는 사업 목적에 최대한 많은 업종을 끼워 넣어야 한다는 것을. 부동산 매매업만이 유일한 사업 목적인 법인은 없다. 그래서 법인 매매사업자라는 말이 거의 쓰이지 않는다. 부동산 세계에서 말하는 '법인'은 법인 매매사업자와 법인 임대사업자를 통칭한다. 일반 개인, 개인 매매사업자와 구분해서 편의상 '법인'이라 부른다.

법인에 적용되는 세금 체계는 개인과 다르다. 법인도 부동산을 취득, 보유, 양도하는 과정에서 세금을 낸다. 법인은 종합소득세를 내지 않는 대신, 법인세를 낸다. 개인 매매사업자가 부동산 매매차익에 대해 양도세 대신 소득세를 내듯, 법인은 양도세 대신 법인세로 낸다. 소득세와 마찬가지로 보유기간과 관계없이 단기 양도세보다 훨씬 저렴한 세율을 적용받는 장점이 있어, 매매사업자와 함께 대체투자 방법으로 떠올랐다.

이번 장에서는 간략하게 법인 매매사업자와 개인 매매사업자가 다른 점, 법인세율, 법인의 비용처리, 소규모 법인에 대해서 알아보자. 개인 매매사업자와 비교해 이런 점이 다르구나 하고 알면 충분하다.

#매매사업자
#법인
#법인세
} **Q95**

법인 매매사업자는
개인 매매사업자와
뭐가 다른가요?

개인 매매사업자는 보통 사업자를 낼 때 매매사업자 하나를 단독으로 낸다. 기존 사업장이 있는 사람도 다른 사업장에 따로 단독으로 내는 경우가 많다. 법인은 다르다. 법인 매매사업자는 사실 단독으로 매매사업만을 영위하는 경우가 거의 없다.

법인은 설립할 때 업종을 최대한 많이 추가하는 편이다. 추후 업종을 추가·변경할 경우 과정이 복잡하기 때문이다. 처음부터 업종을 많이 넣어둬야 여러 사업으로 확장하기가 편하다. 매매사업자는 법인을 최초 설립할 때 넣는 여러 업종 중 하나일 뿐인 경우가 대부분이다.

법인은 양도세를 내지 않는다. 매매사업자라서 그런 건 아니고, 법인은 발생하는 소득에 대해 무조건 법인세를 낸다. 집을 팔아도, 물건을 팔아도, 뭘 대여해도 다 법인세로 낸다. 부동산 세계에서 법인세의 장점은, 양도세, 종합소득세 등 다른 세금보다 세율이 낮다는 점이다. 2억 원 이하는 9%, 200억 원 이하는 19%다.

즉, 법인 매매사업자로 2억 원 이하의 소득이 발생하면 9%만 세금을 내면 된다는 뜻이다. 2억 원 소득에 대한 개인 종합소득세와 비교하면 얼마나 낮은 금액인지 알 수 있을 것이다.

그러면 모두 법인 매매사업자를 하지, 왜 개인 매매사업자를 할까? 법인 돈은 마음대로 쓸 수 없다는 단점이 있다. 뉴스에서 흔히 법인 돈을 횡령한 대표가 하는 말이 있다. "내가 내 돈 쓰는데 뭐가 문제야!" 문제 맞고, 이 대표들은 다 알고 쓴 것이다. 안 걸릴 줄 알았을 테니까.

법인은 개인과 다른 명의이자, 인격체다. 내가 대표로 있는 법인도 나랑 다른 누군가라는 뜻이다. 위 경우는 남의 통장에서 마음대로 돈을 빼서 쓴 것과 다름

없다. 돈이 오갈 때는 세금이 무조건 붙는다. 내가 친구한테 돈을 줄 때도 엄밀히는 증여세를 내야 한다. 법인이 대표 혹은 직원에게 돈을 줄 때도 마찬가지다. 대여, 증여, 급여, 배당 등 방법마다 세금이 다르다. 적법한 절차 없이 법인에서 돈을 빼서 쓰면 횡령이 되니, 내 돈 내 마음대로 쓸 수 있는 개인 매매사업자가 편한 면이 있다.

또한, 법인은 주택 투자에서 여러 불리한 점이 있기 때문이다. 법인 주택 취득세는 12%, 종합부동산세 공제 없음, 양도차익 추가 과세 20%까지 붙는다. 즉, 법인으로 주택 투자할 생각 말라는 나라님 뜻이다.

참고로, 법인 주택 취득세 중과를 거스르는 방법이 딱 하나 있는데, 바로 정비구역 외 공시가 1억 원 이하 주택이다. 법인도 공시가 1억 원 이하 주택은 취득세 중과에서 제외된다. 그래서 공시가 1억 원 이하 주택은 개인 매매사업자, 법인 매매사업자가 모두 탐내는 것이다. 단, 과밀억제권역 설립 5년 미만 법인은 공시가 1억 원 이하 주택이더라도 중과 대상이니 주의하자.

POINT

법인 매매사업자는 양도세 대신 법인세를 내는 장점이 있다. 다만, 법인 주택 투자는 취득세, 보유세를 주의하자.

Q96

소규모 법인에 대한 법인세가 강화되었다는데 사실인가요?

2025년부터 부동산 법인에 불리한 조항이 추가됐다. 성실신고대상 소규모 법인에 대한 법인세 과표구간, 세율이 조정된 것이다. 역시, 뭐든 일찍 시작하고 빨리 허가받아야 한다. 만약 서점에 여러분이 하려는 분야 도서가 한 권도 없다면 최고다. 사람이 몰릴수록 문제도 생기고 규제도 심해진다. 다른 사람보다 먼저 시작할수록 유리하다.

아무튼, 성실신고대상 소규모 법인은 이하 세 가지 조건을 모두 만족하는 경우다.

① 지배주주 등의 지분합계가 전체의 50% 초과
② 부동산 임대업이 주된 사업이거나 부동산 임대 수입, 이자, 배당소득이 매출액의 50% 이상
③ 상시근로자 수 5인 미만

조정되는 법인세 과표를 보면, 기존 '2억 원 이하 9%, 200억 원 이하 19%'에서 2억 원 구간이 사라진다. 대부분의 부동산 1인 법인이 이 조건에 해당한다. 2억 원 이하 소득에서 9% 대신 19%를 내게 됐다. 법인에서 내 통장으로 돈을 가져오려면, 급여나 배당을 받아야 한다. 이때 추가로 발생하는 세금 떼는 것까지 고려하면, 부동산 임대 법인으로 돈 벌 생각 말라는 뜻이다.

POINT

> 소규모 부동산 법인은 법인세율이 높다. 법인 매매사업자를 활용하면 이 제약에서 벗어날 수 있다.

◀◀◀

법인 매매사업자는 차량 비용처리 한도가 줄어드나요?

앞선 질문에서 알아본 것처럼, 소규모 법인은 다른 법인에 비해 불리하다. 개인 위주로 돌아가야 할 부동산 시장에 법인이 과도하게 관여하지 말라는 나라님 뜻이다.

이때 법인 매매사업자를 대안으로 활용할 수 있다. 법인의 주된 사업은 법인을 설립할 때 제출한 대표 업종이 아니다. 법인이 영위하는 사업 중 '이익'에 따라 결정된다. 가장 큰 수익을 내는 업종이 바로 대표 업종이 되는 것이다.

즉, 부동산 법인이 매년 부동산을 사고팔며 수입이 발생하면, 해당 법인은 부동산 임대업이 주된 사업이 아니게 된다. 이를 이용하면, 법인세 과표 구간 9%를 살릴 수 있다. 매매차익을 임대 수입보다 크게 해서, 소규모 법인 요건을 벗어나는 것이다. 임대 법인과 소규모 법인은 사실상 거의 같은 말이다.

부동산 임대법인을 주된 사업으로 하는 법인의 요건은 다음과 같다.

① 사업연도 종료일 현재 지배주주 등이 보유한 주식 등의 합계가 발생 주식 총수의 50%를 초과할 것
② 해당 사업연도에 부동산 임대업을 주된 사업으로 하거나 다음 항목의 금액 합계가 매출액의 50% 이상일 것
　㉠ 부동산 대여로 인하여 발생하는 수입 금액
　㉡ 이자소득의 금액
　㉢ 배당소득의 금액
③ 해당 사업연도의 상시근로자 수가 5명 미만일 것

어라, 어디서 비슷하게 봤던 요건이다. 그렇다. 위 요건은 성실신고대상 소규

모 법인 요건과 같다. 그래서 임대 법인이나, 소규모 법인이나 같다고 한 것이다.

앞서 말했듯 법인세법에서 법인 주업종을 판단하는 기준은, 법인이 벌인 사업 중 이익이 가장 큰 업종이다. 따라서 법인세 규제를 피해가기 위해서 매매사업자 법인의 적극적인 활용이 앞으로 중요해질 것이다. 더 나아가, 임대 법인처럼 많은 사람들이 매매사업자를 하기 시작하면 이마저도 혜택이 줄어들지도 모른다.

참고로, 부동산 매매 법인일지라도, 특정 해에 매매 수익이 없고 임대 수입만 발생했거나, 법인통장에서 이자소득 등 금융소득만 발생했다면 위 요건의 대상이 될 수 있다.

그중 하나가 자동차 비용처리다. 법인세법, 법인세법시행령을 보면 '부동산 임대업을 주된 사업으로 하는 법인'은 차량 비용처리 금액이 낮아진다. 매매사업자 법인은 임대 법인처럼 자동차 비용처리 한도가 줄어들지 않는다. 매매사업자가 임대사업자 법인을 대체하기 좋은 이유다. 같은 부동산업을 영위하면서, 혜택은 그대로 가져갈 수 있으니 하던 일의 방향을 조금만 틀면 된다.

POINT

법인은 주된 소득 발생원에 따라 다르게 분류된다. 매매사업자 법인은 임대 법인의 불이익을 받지 않는다.

법인 매매사업자 투자가 유리한 점은 없나요?

부동산은 크게 나누면 주거용 부동산과 상업용 부동산으로 구분된다. 이중 상업용 부동산은 법인이 유리하다.

몇 년 전만 해도 주택 투자도 법인이 유리한 면이 있었다. 많은 사람이 공시가 1억 원 이하 주택을 찾아 국토대장정을 떠났다. 반짝했던 것도 잠시, 나라에서 '주택 투자는 법인으로 하지 마세요' 정책을 펼치는 탓에 법인 주택 투자는 씨가 말랐다. 취득세, 보유세, 양도세 면에서 주택은 법인과 상성이 아예 안 맞게 되었다. 법인의 주택 투자를 막은 데는 정치적 요소가 다분하다. 법인 주택 투자자가 늘어나면 주택 가격이 오를 수 있고, 주택 가격이 치솟으면 정권 유지가 어려울 수 있기 때문이다.

반면 법인 비주택 투자는 여전히 살아 있다. 이 또한 정치적 요소 덕분이다. 우리 집 주변 상가주택이 얼마에 팔렸든 신경 쓰는 사람은 거의 없다. 우리 앞집이 얼마에 팔렸는지, 우리 아랫집이 얼마에 집을 던졌는지에는 관심이 넘치지만 말이다. 덕분에 상업용 부동산 규제는 주택처럼 심하지 않은 편이다. 아무도 안 할 때가 기회다.

법인의 상업용 부동산 투자가 개인보다 유리한 점을 꼽아보면 아래와 같다.

① 상업용 부동산 대출 시 개인처럼 RTI Rental income to Interest, 임대 소득 대비 이자상환 비율를 보지 않아 대출 한도가 개인보다 훨씬 높게 나온다.

② 개인과 명의를 따로 쓰니 자연스레 명의 분산 효과가 있다.

③ 개인 종합소득세에 합산되지 않고 별개로 낮은 세율인 법인세로 이익을 처리한다.

④ 법인 설립 초기 주주로 자녀를 넣으면 자동 상속이다.

⑤ 다른 분야로 확장성이 좋다.

⑥ 개인보다 비용처리 범위가 넓다.

법인, 너무 겁먹지 말고 투자의 한 방법으로 공부해보자.

POINT

법인은 개인 명의 분산, 상업용 부동산 대출, 상속, 비용처리에 강점이 있다. 개인 매매 사업자와 별개로 활용해보자.

기존 주택이 있어도
매매사업자를 할 수 있나요?

이미 주택을 가지고 있는 사람 중에서도 매매사업자를 꿈꾸는 사람이 있다. 이들의 가장 큰 고민은 다음과 같았다.

- 기존 보유 주택을 매매사업자로 처리할 수 있는지
- 기존 보유 주택을 무조건 매매사업자로 팔아야 하는지
- 기존 보유 주택을 매매사업자 등록 후에도 비과세 가능한지
- 기존 보유 주택을 비과세 매도하려면 실거주를 꼭 해야 하는지

특히, 매매사업자를 냈다는 것만으로 기존 비과세 계획이 망가질까 두려워하는 사람이 많았다. 비과세로 수천, 수억 원을 아낄 수 있는데, 자칫 잘못했다가 기본과세나 중과세를 받는다면… 그만한 낭패가 없다. 또 사업자등록만으로 기존 주택에 영향이 있는지, 아니면 수익이 나야 영향이 있는 건지, 매매사업자로 얼마나 매도해야 영향이 있는지도 쟁점이다.

결론부터 말하면, 걱정할 필요 없다. 기존 보유 주택도 매매사업자로 처리할 수 있다. 그리고 원한다면 기존 주택은 매매사업자와 별개로 처리할 수 있다. 매매사업자를 내도 기존 주택 비과세 등에 영향을 주지 않는다. 따로따로 처리하면 된다. 기존 보유 주택이 있는 사람이라도, 이번 챕터를 읽으며 매매사업자를 겁먹지 말고 적극적으로 활용했으면 좋겠다.

#2년
#기본보유주택
#임대

Q99

기존 보유 주택을 매매사업자로 처리할 수 있나요?

기존에 보유한 주택도 매매사업자로 처리할 수 있다. 매매사업자를 등록하기 전에 소유한 부동산도 매매사업자로 매도하는 데 문제없다.

매매사업자는 주로 부동산 중개소를 통해 일반 매매로 취득하거나, 경매·공매로 부동산을 낙찰받아 취득한다. 일반 매매나 경매로 취득한 물건은 어떤 물건이건 매매사업자로 처리할 수 있다. 물론 증여, 상속, 원시취득 등 취득 방법에 따라 매매사업자를 사용하지 못할 수도 있다. 사업용 주택의 인정 요건에는 매매 목적으로 취득했는지도 들어 있기 때문이다.

매매사업자를 활용할 수 없는 경우가 두 가지 있다.

첫 번째, 이미 매도한 물건은 매매사업자로 되돌려서 처리할 수 없다. 이를 모르고 단기 양도세 60%, 70%를 냈다면… 어쩔 수 없다. 아무리 늦어도 매도 계약 전에는 사업자등록을 해야 매매사업자로 매도할 수 있다. 이미 매도 계약이 진행 중이라면 약간의 여지는 있지만, 인정받을 가능성이 크지 않다.

2025년 2월, 우리 집을 매도하며 매수자와 이런저런 이야기를 나눴다. 매수자도 자금 여력이 충분하지 않았고, 본인 집을 과감하게 매도해서 우리가 급매로 매도한 물건을 잡았다고 한다. 매수자분께 2년 보유하셨는지를 여쭀더니, 그전에 매도해서 양도세가 많이 나온다고 한다. '아하, 매매사업자를 쓰면 돼요!'라는 말이 목 끝까지 올라왔다. 하지만 말씀드리지 못했다. 이미 매매사업자를 알아도 활용하기 어려운 시점이었다. 더군다나 우리 급매 물건을 잡은 매수자는 신혼부부였는데, 표정이 너무 밝았다. 차마 '여러분, 이렇게 안 하면 손해예요'라고 말할 용기가 없었다. '다음번 단기 매도 때는 매매사업자를 활용하시길…' 속으로 부부의 행복을 빌어드렸다.

고로 매매사업자를 활용하려면, 사업자등록을 적절한 시기에 해두고, 가능하면 실적을 미리 쌓아두자.

두 번째, 임대 기간이 오래되었다면 매매사업자를 활용하기 어렵다. 임대 2년을 기점으로 매매사업자는 활용 불가능하다. 임대 2년이 넘으면 세무서에서 임대용 주택으로 보기 때문이다. 사업자가 재고자산으로 분류한 장부를 제출해도, 세무서는 인정하지 않을 것이다.

하지만 그렇게 속상해할 필요 없다. 아마 임대 기간이 2년 이상 되었다면, 보유 기간도 2년 이상일 것이다. 그렇다면 양도세 비과세나, 기본세율을 받을 수 있어 매매사업자로 매도했을 때와 크게 차이 없다. 이 상황이라면 그나마 비용처리가 매매사업자의 장점이 되는데, 근로소득과 합산한 종합소득세율과, 양도세 기본세율이 차이 난다면 그 장점마저도 의미가 줄어든다.

POINT
> 기존 보유 주택도 매매사업자로 매도할 수 있다. 다만, 임대 2년 이상이라면 임대용 부동산이라 불가능하다.

Q100

기존 보유 주택을 무조건 매매사업자로 팔아야 하나요?

걱정하지 말자. 이 또한 아니다. 매매사업자는 선택 사항일 뿐, 강제성이 없다. 개인 매매사업자는 약삭빠르게(?) 매매사업자, 개인 중 원하는 대로 선택해서 사용할 수 있다. 고로 안심하고 매매사업자를 내도 된다. 눈치 빠른 분들은 파트 1에서 이미 이 질문에 대한 답을 얻었을 것이다.

매매사업자가 있어도 개인으로 매도하고 싶은 사람은 누굴까? 우선 1세대 1주택 양도세 비과세를 고려하는 사람이다. 힘들게 2년씩이나 보유한 주택을 팔며 세금 한 푼 안 낼 수 있는데, 소득세를 굳이 내고 싶은 사람은 없다. 나라에서도 1세대 1주택 비과세는 관대한 편이다.

다음은 매매사업자로 매도하려는 주택이 잘 매도되지 않아 의도치 않게 2년 보유를 고려하게 된 사람이다. 이때 전세나 월세를 2년간 주면 어차피 임대용 주택이 되어버려서 매매사업자로 매도할 수 없다. 양도세 비과세나 기본세율을 받을 수 있다.

같은 해에 어떤 부동산을 팔며 손해가 난 사람도 양도세로 팔고 싶을 것이다. 개인이더라도 같은 해에 같은 분야에서 본 손실은 통산할 수 있다. 앞에서 해외 주식 엔비디아, 테슬라를 예로 들었던 것처럼.[질문 99번] 부동산도 같은 해에 발생한 양도차익, 양도차손은 서로 합칠 수 있다. 이때도 자유롭게 개인 명의로 매도하면 된다.

이 모든 경우 주의할 점은, 개인 명의로 매도할 부동산들을 재고자산에서 제외해야 한다는 점이다. 매매사업자는 재고자산으로 사업용 주택과 비사업용 주택을 나누어 관리한다. 개인 명의로 매도하려는 주택이 오랜 기간 재고자산에 들어가 있었다면 세무서는 의심할 수밖에 없다.

간주 매매사업자가 걱정일 수도 있다. 양도세로 매도했는데 세무서에서 소득세로 추징하는 것이 간주 매매사업자다. 간주 매매사업자는 매매사업자 사업자 등록과 관계없다. 자주 사고파는 사람은 사업을 하는 것으로 처리하기 때문이다. 하지만 이 또한 너무 걱정하지 말자. 간주 매매사업자가 매우 드물다. 양도세와 임대 기간의 관계성 때문에 현 시점에서 간주 매매사업자 가능성은 거의 없을 수밖에 없다. 파트 1에서 간주 매매사업자로 추징당하지 않기 위한 주의사항을 자세히 기술해두었으니 참고하면 좋겠다.

POINT

기존 보유 주택을 매매사업자로 매도해야 할 의무는 없다. 재고자산 등록은 사업자 본인의 선택이다.

Q101

기존 보유 주택을
매매사업자 등록 후에도
비과세를 받을 수 있나요?

물론이다. 매도 과정을 생각해보자. 매매사업자를 등록했다고 해도 매도까지는 개인과 똑같다. 그 이후 매매차익을 양도세로 신고하면 개인으로, 소득세로 신고하면 사업자로 처리하는 것이다. 양도세 비과세를 받고 싶으면 양도세로 신고·납부하면 된다. 허가를 따로 받을 필요도 없다. 우리에게는 선택권이 있다.

하지만 처음부터 양도세 비과세를 받을 계획을 하고 사는 주택이 얼마나 있을까? 돈은 유동적이다. 상급지로 갈아탈 좋은 기회가 왔는데 지금 집에 돈이 묶여서 보낼 계약금이 없다면? 단기 매도를 고려할 것이다. 돈을 어떻게든 마련해서 잡아야지 않겠나. 딱 내가 그랬다. 아내랑 '이 집은 10년, 20년 들고 갈 집이다, 집값 떨어져도 여기서 살자!' 하면서 등기를 쳤는데, 2년은커녕 반년도 안 되어 급매로 내놨다. 매매사업자를 몰랐던 시절이라면 양도세 70%를 감수했을 것이다. 그마저도 아까웠다면 기회를 놓쳤을 것이다. 부동산은 때를 사야 하는데, 흐름이 보여도 돈이 없어서 뛰어들지 못하는 슬픔을 겪어야 한다. 매매사업자를 아는 우리는 달라져야 한다. 상황에 따라 유동적으로 처리할 힘이 있으니까.

이와 반대로, 단기 매도를 목표로 낙찰받은 집이 매도가 잘 되지 않을 수도 있다. 매매사업자 등록 후 재고자산에 넣어뒀던 주택인데, 매도가 어려워 2년 뒤 비과세로 매도하기로 마음을 바꿨다면? 어려울 것 없다. 그냥 장부 재고자산에서 빼면 된다. 이후 개인 명의로 매도하며 비과세를 받으면 된다. 이번에도 특별히 허가받을 것도 없다. 개인 매매사업자가 정당한 선택권을 행사하는 것이다.

POINT

> 매매사업자 사업자등록과 기존 보유 주택 매도는 관련이 없다. 재고자산에 넣지 않고 매도하면 개인으로 매도하는 것이다.

Q102

기존 보유 주택을
비과세 매도하려면
실거주를 꼭 해야 하나요?

앞에서 매매사업자를 적용할지 말지는 선택이라고 했다. 따라서 기존 보유 주택이 비규제지역에 있고 보유기간 2년이 넘었다면, 개인 명의로 매도하며 비과세로 팔 수 있다. 이때 반드시 실거주를 해야 한다는 주장이 있다. 정말 그럴까?

그렇지 않다. 매매사업자는 임대사업자와 다르게 실거주가 반드시 필요하지는 않다. 임대사업자는 임대사업자의 거주주택특례에 관한 법이 따로 만들어져 있다. 정확하게 '임대사업자'로 명시되어 있으며, 반드시 2년 실거주를 해야만 비과세를 받을 수 있다고 되어 있다. 매매사업자는 임대사업자와 아예 업종이 다른, 전혀 별개의 사업자다. 임대사업자 거주주택특례에서 명시한 사업자에는 매매사업자가 포함되지 않는다.

매매사업자는 재고자산 등록을 통해 사업용 부동산과 비사업용 부동산을 구분한다. 만약 재고자산에도 등록되어 있지 않고, 매매사업자 사업자등록 전부터 가지고 있던 주택이라면? 세무서에서는 이 부동산을 사업용으로 보기 어려울 것이다.

따라서 장부를 적절히 작성하고, 매 신고 시기별로 사업장에 맞는 신고를 계속해서 하는 것이 중요하다. 매매사업자 인정 확률을 높여줌과 동시에 개인 비과세 확률도 높여주기 때문이다. 실거주 요건이 중요한 것이 아니다. 실거주한다고 비과세를 100% 받을 수 있는 것도 아니다. 비사업용 부동산으로 볼 확률이 높아질 뿐, 필수 요건이 아니니 오해하지 말자.

같은 원리로 1세대 1주택 비과세 이외에 일시적 1세대 2주택, 1세대 1주택 1입주권 특례 등 개인 명의로 활용할 수 있는 양도세 혜택은 개인으로 매도하며 모두 적용받을 수 있다. 매매사업자라는 강력한 '선택형' 무기가 추가된 것뿐이다.

앞서 실거주가 필요 없다고 했는데, 규제지역에 있는 주택이라면 1세대 1주택 비과세 규정에 따라 실거주 2년이 필수다. 이는 매매사업자라서 특별히 실거주 요건이 추가된 것이 아니고, 국민이라면 누구나 적용받는 규칙이다. 헷갈리지 말자.

임대사업자라는 특혜가 생기고 널리 알려지면서, 임대사업자는 실거주 주택만 양도세 비과세를 받을 수 있게 됐다. 매매사업자도 아직 많은 사람에게 알려지지 않아서 영향이 없을 뿐, 점점 알려지며 실거주 요건 등 불리한 제약이 추가될 가능성이 있다.

POINT

> 개인 매매사업자는 실거주 없이도 개인으로 매도하며 양도세 혜택을 받을 수 있다. 비과세도 가능하다.

PART

4

이것도 모르고
시작하려 했다니

개인사업자 유형은
어떤 것이 있나요?

언젠가 부모님과 식당을 간 적이 있다. 맛있게 식사를 마치고 돈을 내려고 카드를 내밀었더니 그제서야 10%를 더 내야 한다고 한다. 계산대 아래 큼지막하게 붙어 있는 'V.A.T. 별도.'

'10% 해봐야 몇천 원이지 뭐' 하고 별일 아닌 척 계산했지만, 돌아오는 길에 괜스레 찝찝했다. 안 내면 불법을 저지르는 것 같고, 내면 돈이 사라지는, 이상한 딜레마다. 여러분도 경험한 적 있는가?

다른 기억도 있다. 일반사업자가 도대체 무엇인지를 알기 위해 열심히 문헌을 뒤졌던 기억. 일반사업자의 반대말은 비일반사업자인가? 세무서에 물으니 '일반과세사업자예요~' 한다. 과세사업자는 또 무엇인지. 몇 날 며칠을 공부했더란다.

앞으로 여러분에게 알려줄 것은 사업자의 종류, 코드, 기존 사업장 추가, 세금계산서, 부가세 신고, 사업장현황신고, 사업자등록 시기, 사업장 위치 등 '사업자' 그 자체다.

매매사업자 혜택만 알고 시작했던 나는 이 '사업자'를 알기 위해 많은 시간을 들일 수밖에 없었다. 여러분은 먼저 숙지하고, 매매사업자를 시작하길 바란다.

또한, 직장인이 사업자를 내면 안 되는 규정이 있다는 사실도 나중에야 알았다. 당시 내 직장은 문제가 되지 않았지만, 직장에 알려지지 않기 위해서 주의해야 할 점이 있었다. 특히 건강보험료와 국민연금에 대해 알아야 했다. 사업자, 직장 몰래 가능하다.

그 후 마지막으로 매매사업자가 가진 독특한 특성인 비교과세, 예정신고, 성실신고대상에 대해서 정리해보자.

Q103

면세사업자와
과세사업자가 무엇인가요?

개인사업자 유형은 크게 두 가지로 나뉜다. 면세사업자, 과세사업자. 뭐가 면세고, 과세일까? 바로 '부가세'다.

둘은 판매 품목이 부가세 면세인지, 과세인지에 따라 구분한다. 즉, 각각 사업자 앞에는 '부가세'가 생략되어 있다. (부가세) 면세사업자, (부가세) 과세사업자다. 그렇다면 매매사업자 부가세 면세 품목은? 전용 85㎡ 미만 주택과 토지. 정답이다.

그래서 매매사업자 면세사업자는 전용면적 85㎡ 미만 주택(수도권 도시지역 제외 읍면은 100㎡ 미만)만 다룰 수 있다. 과세사업자는 모든 종류 부동산을 사고팔 수 있으며, 부가세 납부 의무가 생긴다.

앞서 말한 일반사업자는 사실 존재하지 않는 말이다. 뒤에서 배울 일반과세자를 일반사업자라 부르기도 하고, 여기서 소개한 과세사업자를 일반사업자라 부르기도 한다.

즉, 일반사업자는 정확한 용어가 아니다. 오히려 사용하면 헷갈리기만 하는 단어다. 그동안 일반사업자라는 단어를 썼다면, 오늘부터는 과세사업자, 일반과세자로 정확하게 묻고 답하도록 하자.

POINT

부가세를 기준으로 면세사업자와, 과세사업자를 구분한다. 둘은 다룰 수 있는 부동산 품목이 다르다.

Q104 일반과세자와 간이과세자 차이는 무엇인가요?

과세사업자는 또 2개로 나뉜다. 일반과세자, 간이과세자. 이름부터 '간이'라고 되어 있는 걸 보면, 간이가 쉽고 여러 가지로 이득이 많아 보인다. 실제로도 그렇다. 처음 사업을 시작하는 사람을 위해 세율을 낮추고 절차를 쉽게 해두었다.

우선 일반과세자는 연 10%의 부가세율이 적용된다. 물건을 구입하며 받은 부가세 매입세액을 공제받을 수 있고, 세금계산서를 발급할 수 있다. 연 매출액이 1억 400만 원 이상으로 예상되거나, 간이과세 배제 업종 또는 지역에서 사업을 하고자 한다면 일반과세자로 등록해야 한다. 간이과세 배제란, 원천적으로 간이과세자 등록이 불가능함을 뜻한다.

이에 비해 간이과세자는 1.5~4%의 낮은 세율이 적용되는 장점이 있다. 다만 부가세 매입세액의 0.5%만 공제받을 수 있다. 신규사업자 또는 직전년도 매출액이 4,800만 원 미만인 사업자는 세금계산서를 발급할 수 없다. 우리 거래 상대가 간이과세자라면 비용처리를 위해 세금계산서 대신 현금영수증을 달라 하면 된다. 청소, 수선 업체 중에서는 간이과세자가 유독 많다.

연 매출액 1억 400만 원 미만 소규모 사업자는 주로 간이과세자로 등록하는 것이 유리하다. 과세유흥장소 및 부동산 임대업 사업자는 연간 4,800만 원으로 기준이 낮아진다. 참고로 법인은 간이과세자가 될 수 없다.

부가세 신고 횟수도 다르다. 일반과세자는 매년 1월, 7월 총 두 번씩 부가세 신고를 한다. 1월 1일~6월 30일 실적을 7월에, 7월 1일~12월 31일 실적을 다음 해 1월에 신고한다. 이때 부가세 매입세액이 매출세액보다 크다면 부가세를 환급받고, 반대는 추가 납부한다. 간이과세자는 연 1회, 매년 1월에만 신고한다. 1월 1일~12월 31일 실적을 다음 해 1월에 딱 한 번만 신고하면 되니 편하다.

처음 시작하는 사람은 간이과세자로 시작하는 편이 좋다. 보통 연 매출 1억 원 미만 사업자는 간이과세자가 유리한 면이 있다. 매매사업자로 연 1억 원을 시작부터 벌기 어렵다. 그렇다면 매매사업자도 간이과세자로?

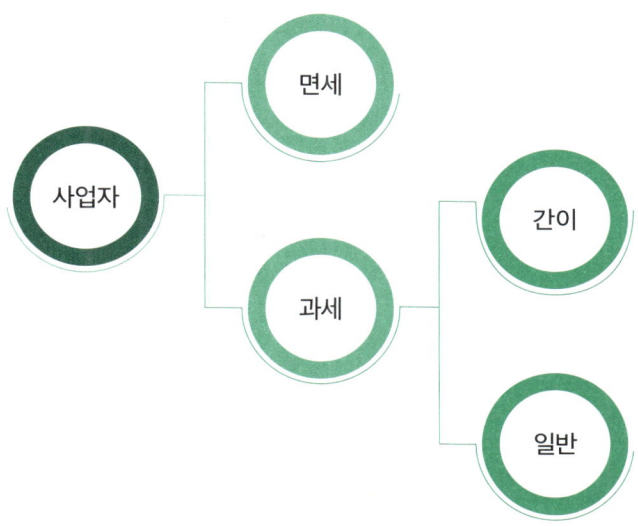

Q105   매매사업자도 간이과세자가 되나요?

아쉽게도 매매사업자는 간이과세자 등록이 불가능한 업종이다. 이런 업종들을 간이과세자 배제 업종이라 한다. 즉, 매매사업자를 하는 우리는 '면세사업자 vs 일반과세자' 둘만 고민하면 된다. 고민이 줄었으니 럭키다.

간이과세자 배제 업종 등록에는 주의할 점이 있다. 간이과세자 배제 업종을 일반과세자로 등록하면, 간이과세자 사업장이 존재할 수 없게 된다. 기존에 있던 간이과세자 사업장은 자동으로 일반과세자로 전환되고, 앞으로도 간이과세자로 새로운 사업장을 등록할 수 없게 된다. 따라서, 부동산 매매사업자를 일반과세자로 등록할 생각이라면, 다른 사업을 간이과세자로 영위할 수 없다는 점을 명심하자.

기존의 간이과세자가 사라진다 하더라도 너무 아쉬워하지는 말자. 그만큼 사업적 성과가 있기 때문에 간이과세자에서 일반과세자로 전환되는 것이라 생각하면 어떨까 싶다. 중요한 것은 돈을 버는 거니까.

다행인 점은, 간이과세자 배제 업종이더라도 면세사업자로 사업자를 내면 타 사업장에 영향이 없다는 점이다. 고로 기존 간이과세자 사업장이 있거나, 새로 간이과세자 사업장을 열 사람이 매매사업자를 한다면, 면세사업자를 추천한다.

이미 일반과세자로 사업을 하고 있다면 다른 사업장에 매매사업자를 내더라도 영향이 없다. 면세사업자와 과세사업자는 서로 영향을 미치지 않기 때문이다. 더군다나 매매사업자는 기존 사업장에 추가하지 말고, 다른 사업장에 따로 내기를 추천한다. 다른 사업장과 달리 매매사업자는 부동산을 다루기 때문에 구분해두는 것이 편하기 때문이다.

설사 매매사업자가 간이과세자 배제 업종이 아니었다고 해도, 신규사업자를 제외하곤 적용받는 사람은 거의 없을 것이다. 앞서 말한 것처럼, 간이과세자를

◀◀◀

적용받으려면 연 매출이 1억 원 미만이어야 한다. 매매사업자의 매출＝매도다. 즉, 매매사업자의 연간 매도액 합이 1억 원 미만이어야 한다는 뜻이다. 하지만, 요즘 아파트, 빌라 1개만 매도해도 1억 원이 넘어가는 건 무척 흔한 일이다. 사실상 매매사업자 간이과세자로 적용되기 힘든 이유다. 매출이 매도액이 아닌 순이익이었다면 모를까. 하지만 그런 업종은 없다.

이처럼, 매매사업자는 간이과세자 등록이 불가하고, 기존 사업장이 매매사업자 신규 등록으로 인해 영향을 받을 수 있다. 이 사실을 모르고 시작하면 큰일이다. 기존 사업장이 있는 사람이 면세·과세·간이사업자를 추가할 때 어떻게 되는지를 알아야 한다. 바로 이어서 각각의 경우를 살펴보자.

POINT

> 매매사업자는 간이과세 배제 업종이라 면세사업자 혹은 일반과세자만 선택 가능하다. 간이과세 배제 업종은 다른 사업자에도 영향을 미치니 주의하자.

#간이과세자
#기존사업장
#사업자유형

Q106

기존 사업장이 있으면
어떻게 해야 하나요?

매매사업자를 시작하려는 사람 중 기존 사업장이 있는 사장님들도 있을 것이다. 어떻게 되는지 상세히 알아보자.

가. 면세사업자가 과세사업자를 내는 경우

면세사업자가 다른 사업장에 신규로 과세사업자를 내면 두 사업장은 서로 영향을 받지 않는다. 셋, 넷이 되어도 동일하다. 모든 사업장은 별개로 부가세 신고를 하면 된다. 면세 사업장은 사업장현황신고를, 과세 사업장은 부가세 신고를 한다. 각 사업장 금액을 합산하지 않는다. 부가세 신고는 별개다.

종합소득세는 모든 사업장 소득을 합쳐 신고한다. 다른 직장을 다니며 근로소득까지 있는 사람이라면 당연히 근로소득도 합쳐야 한다. 종합소득세는 '한 주민등록번호'로 발생한 모든 소득을 합산해서 계산하기 때문이다. 분리과세 항목은 물론 제외다.

만약 같은 사업장에 과세사업자를 추가하면 어떻게 될까? 사업자등록증이 면세사업자에서 과세사업자로 바뀐다. 면세사업자 사업자번호는 폐기되며, 과세사업자 사업자번호가 새로 나간다. 이때 사업자는 면세, 과세 사업을 동시에 '겸'한다는 뜻에서 겸업사업자(겸영사업자)라고 부른다. 면세사업자에서 과세사업자로 변경은 자동이 아니고, 사업자 정정신고를 미리 해야 한다.

참고로, 면세사업자가 과세사업자를 낸다는 뜻은 곧 일반과세자 또는 간이과세자를 새로 등록한다는 뜻이다. 간이과세자와 일반과세자는 과세사업자의 하위 항목이다. 실수로 '면세사업자가 간이과세자 내면 어떻게 되지?' 하며 따로 찾지 않길 바란다(초보 시절 내가 그랬다는 건 비밀이다).

210

나. 과세사업자가 면세사업자를 내는 경우

과세사업자가 새로 다른 사업장에 면세사업자를 내면? 위와 동일하게 서로 다른 사업장끼리 영향을 미치지 않는다. 부가세 신고는 따로, 종합소득세 신고는 합쳐서 하면 된다.

같은 사업장에 낸다면? 새로 면세사업자 번호로 나가는 것이 아닌, 기존 과세사업자 번호에 업종만 추가된다. 이때도 면세 품목을 같이 다루는 겸업사업자가 된다. 즉, 과세사업자 사업자번호 기준으로 겸업사업자가 나가는 것이다.

다. 간이과세자가 면세사업자를 내면?

아뿔싸. 우리는 벌써 헷갈렸다. '나.'와 같다. 간이과세자는 과세사업자의 일부일 뿐.

어라, 옛날의 '나'와 같다. 이 개그를 이해했다면 당신도 아재다. 축하한다.

라. 간이과세자가 일반과세자를 내면?

간이과세자는 이 경우를 유의해야 한다. 일반과세가 적용되는 사업장이 하나라도 있는 사업자는 간이과세자가 될 수 없다. 1개라도 일반과세자 사업장이 생기면 모든 사업장은 일반과세자로 전환된다. 일반과세자 사업개시일이 속한 과세기간 다음 과세기간부터 기존 간이과세자도 일반과세자로 적용받는다. 간이과세자에서 일반과세자로 변경은 자동이다.

이를 모르고 간이과세자가 매매사업자를 내면? 매매사업자를 면세사업자로 냈다면 '다.'와 같다. 하지만 매매사업자를 과세사업자로 냈다면, 매매사업자는 간이과세자가 불가능한 업종이기에 무조건 일반과세자를 낸 셈이다. 즉, 기존 간이과세자도 다음 과세기간부터 무조건 일반과세자가 된다. 주의하도록 하자.

마. 일반과세자가 면세사업자를 내면?

이번에는 낚이지(?) 않았을 것이다. 축하한다. 우리는 사업자 코드를 이해했다.

우리 생각대로 '나.'와 같다. 일반과세자는 과세사업자의 일부다.

바. 일반과세자가 간이과세자를 내면?

애초에 낼 수가 없다. 일반과세자가 하나라도 있으면 간이과세자 사업장을 낼 수가 없다.

기존 일반과세자 보유자가 간이과세자로 새 사업자등록 신청을 넣었다면, 친절한 공무원 선생님께서 전화를 주실 것이다. 감사하며 수정하자. 나도 공무원 선생님이 아니었다면 여기까지 오지도 못했을 것이다….

사. 매매사업자를 기존 사업장에 추가하는 게 좋나요?

기존 사업장에 추가해도 되지만, 별도로 내는 걸 추천한다. 부동산은 다른 사업과 다르게 매출 규모가 크다. 기본이 천만 원 단위, 다음은 억, 십억 단위다. 또한 과세 방법이 다른 업종과 다르게 다소 특수하기에 따로 관리하는 편이 좋다.

아. 면세, 간이, 일반 추가 순서에 영향이 있나요?

'가.~바.'에서 각각 사업자가 각각 사업자를 냈을 때 어떻게 되는지 살펴봤다. '다.'에서 '나.'와 같다고 말한 이유는, 한 개인이 어떤 사업자들을 보유하는지만 보기 때문이다. 사업자 추가 순서와 무관하다. 간이과세자가 나중에 면세사업자를 추가하든, 면세사업자가 간이과세자를 나중에 추가하든 같다. '1+2=3, 2+1=3'이다. 각각이 합쳐지면 순서에 상관없이 결과는 똑같은 셈이다.

자. 기존 사업장과 똑같은 종류로 내면 어떻게 되나요?

면세사업자가 면세사업자를, 간이과세자가 간이과세자를, 일반과세자가 일반과세자를 추가하면 어떻게 될까. 다른 사업장에 추가하든, 같은 사업장에 추가하든 똑같다. 면세와 일반과세자는 아무런 영향이 없다. 다만, 간이과세자는 주의할 필요가 있다.

앞서 간이과세자의 기준은 연 매출 1억 400만 원 미만이었다. 한 사람이 여러 개 사업장이 있는 경우, 국세청은 모든 사업장 매출을 합산해서 과세 유형 전환을 결정한다. 2개 사업자라면 2개 사업장 합산이 1억 400만 원을, 3개라면 3개 사업장 합산이 1억 400만 원을 넘으면 간이과세자에서 일반과세자로 전환되는 식이다. 전환 시기는 1월 부가세 신고 후 7월 1일부터다.

참고로 사업장이 여러 개인 사람은, 모든 사업장에서 발생한 매출과 비용을 합산해서 과세 구간을 결정한다. 종합소득세는 한 사람 앞으로 발생한 모든 소득을 합산해서 과세하기 때문이다. 일반과세자가 2개, 면세사업자가 3개 있는 사업자라면 총 5개 사업자에서 발생한 소득을 모두 합산한다.

POINT

기존 사업장은 신규 사업장에 영향을 받는다. 특히, 기존 간이과세자를 유지하려면 매매사업자를 면세로 내길 바란다.

Q107 매매사업자는 과세사업자와 면세사업자 중 뭐가 유리한가요?

전용면적 85㎡ 미만 주택과 토지는 면세다. 이 부동산 품목만 매매하려면 면세사업자로 신청하면 된다. 면세사업자는 국민평형 이하 주택(부가세가 나오지 않는 품목) 외 주택, 상가 등은 다룰 수 없다. 또한 면세사업자는 부가세를 다루지 않기에 세금계산서를 발행할 수 없다. 매년 1월마다 사업장현황신고를 한 번 한다.

매매사업자 과세사업자는 국민평형 초과 주택, 상가 등 모든 부동산 품목을 취급할 수 있다. 세금계산서를 발행해야 하며, 매년 두 번씩 부가세 신고를 한다. 매입세액이 매출세액보다 많으면 환급도 받을 수 있다.

두 사업자 모두 소득세는 동일하다. 세율과 납부 시기 등 모두가 똑같다. 이유는 간단하다. 종합소득세는 한 주민등록번호로 된 '사람' 기준이라서 그렇다. 사업자가 어떤 종류건 중요하지 않다.

자, 그래서 어떤 것을 추천하는가? 나는 과세사업자를 추천한다. 매매사업자는 한 번 등록하면 평생 써먹을 수 있다. 언젠가 부가세 취급 품목을 만날 수도 있고, 부가세를 다루는 법을 알아야 훗날 다른 면세사업자를 하더라도 대처할 수 있지 않을까 하는 생각 때문이다.

사실 장단점이랄 것도 없고, 둘은 그저 속성이 다른 사업자일 뿐이다. 둘 중 어느 것을 할지 고민하다 시작이 늦어질 바에는, 뭐든 하나를 골라서 빨리 시작하는 게 더 낫다고 생각한다.

POINT

> 과세, 면세 매매사업자 중 유리한 것은 없다. 사업주 본인의 상황과 투자 계획에 따라 선택하자.

Q108

면세에서 과세로
사업자유형 전환 시
어떤 일이 일어나나요?

면세사업자에서 과세사업자로 전환하거나, 반대의 경우를 우리는 사업자 유형을 정정한다고 한다. 사업자라면 누구나 할 수 있으며, 매매사업자는 특히 면세사업자에서 과세사업자로 전환이 많은 편이다.

이 절차는 간단하게 사업자 유형만 바꾸는 것처럼 보이지만, 실제로는 기존 사업자는 폐업 처리되고, 신규 사업자가 개설된 것으로 처리된다. 따라서 사업자 유형을 정정할 때에도 기존 사업자에 대해 폐업에 따른 제반 신고를 진행해야 한다.

그래서 나는 처음부터 간이과세 배제 업종으로 인한 불이익이 없다면, 과세사업자로 시작하는 것을 추천한다. 부동산 투자를 시작한 이상 대형 평형 주택이나, 비주택에도 자연스레 관심이 가게 되기 때문이다.

이때 자주 받았던 질문이, '사업자가 폐업되고 새로 발급되니 기존의 재고자산을 승계할 수 없는 것이 아니냐' 하는 점이다. 개인에서 법인으로 전환할 때는 자산이나 부채를 승계할 수 있지만, 사업자 유형 정정에는 자산 승계에 관한 법적 근거는 없다.

이 문제에 대한 답은 간단하다. 개인이 소유한 자산이기 때문에 새 사업자가 본인의 자산으로 잡는 것은 전혀 문제가 되지 않는다. 기존 사업자는 폐업되니 자연스레 재고자산도 사라지고, 사업자가 재고자산으로 넣고 빼는 것은 사업주 본인 마음이니까.

POINT

사업자 유형을 정정할 경우 기존 사업자는 폐업, 새 사업자 개설로 처리된다.

Q109

사업자를 매수, 매도 전에 미리 등록해도 되나요?

된다. 신규 매매사업자 사업자등록은 사실 언제든 가능하다.

그럼 언제 등록하는 것이 가장 좋은가? 낙찰·매수 후, 잔금 납부 전에는 매매사업자 등록을 하는 것이 좋다. 기존 소유한 주택도 매매사업자 재고자산에 넣을 수는 있지만, 아무래도 사업자등록 후에 소유권을 획득하는 것이 깔끔하다. 매도 직전 사업자를 냈다면 세무서에서 양도세 회피용 등록을 의심할 수 있다.

실적이 없는데 미리 사업자를 등록해서 생기는 장점은 없는가? 있다. 비용처리다. 실적이 지금 당장 없더라도, 사업을 위한 행위를 하며 지출은 계속해서 생길 수 있다. 임장을 다니며 사용한 교통비나, 여러 관공서 문서 발급비, 강의료나 책값 등등 생각보다 많은 범위에서 비용처리가 된다.

미리 사업자를 등록하면 생기는 단점은 없을까? 매년 부가세 신고, 현황신고를 해야 하는 불편함이 생긴다. 비용처리를 위해서는 종합소득세 신고를 해야 한다. 이들은 어차피 매매사업자를 하려면 꼭 알아야 한다. 미리미리 해보는 것도 좋지 않을까?

또한, 건강보험료와 국민연금이 달라질까 걱정될 수 있는데, 수입이 1원이라도 생기지 않는 한 현재 가입자 지위가 변동되지는 않는다. 다만 국민연금은 사업개시일에 따라 월 소득 산정을 특이하게 해서 과도한 납부액이 책정될 수 있다.

사업자를 미리 내서 얻을 수 있는 혜택과 주의사항은 이후 질문 119번, 120번에서 조금 더 자세히 다뤄보자. 지금은 이런 것들이 있구나 하고 알면 충분하다.

POINT

매매사업자를 낙찰·매수 전에 미리 등록할 수 있다. 사업자등록으로 생기는 혜택과 의무를 모두 고려하자.

Q110 매매사업자도 세금계산서를 발행해야 하나요?

그렇다. 어려운 말로 했지만, 다이소가 물건을 팔고 영수증을 주는 것과 똑같다. 여러분이 오늘 끊은 영수증을 보자. 영수증 하단에 부가가치세가 표시되어 있다면? 우리가 산 물건은 부가세 품목이다.

이처럼 우리도 부동산을 사업자로 팔면 적격증빙을 발행해야 한다. 대표적인 적격증빙은 세금계산서, 현금영수증, 카드매출전표다. 일반적으로 사업자 간 거래는 세금계산서를 주로 이용한다. 세금계산서에는 매수자가 사업자라면 사업자 번호, 개인이면 주민등록번호를 쓰면 된다. 공급일은 매도 잔금일로 적는다. 부동산의 소유권 이전이 일어난 날이 매매사업자의 재화 공급일이다.

부가세 관련 매출은 상가, 오피스텔, 전용면적 85㎡ 초과 주택 등이 해당한다. 이런 부동산을 매매사업자로 매도하면 건물분 세금계산서를 발행해야 한다. 토지분은 면세다.

다만, 면세사업자는 세금계산서를 발행하지 않는다. 부가세를 다루지 않는 사업자이기 때문이다. 과세사업자가 면세 품목을 팔 때도 세금계산서를 발행하지 않아도 된다. 부가세가 발생하는 경우에만 발행하자. 부가세를 다루는 사업자는 부가세 관련 매출이 발생하면 세금계산서를 발행해야 한다.

POINT

> 부가세 관련 매출이 발생하면 매매사업자도 세금계산서를 발행할 의무가 있다. 면세 매출은 관계없다.

Q111

부가세 신고는 언제, 어떻게 하나요?

부가세 신고는 네 가지 경우로 나뉜다.

① 면세사업자인 경우
② 과세사업자가 매도 건이 없는 경우
③ 과세사업자가 면세 품목만 다룬 경우
④ 과세사업자가 부가세 관련 품목을 다룬 경우

그 전에 먼저 부가세 신고 기초를 이해하고, 차례로 알아보자.

부가세 신고 기간은 1월, 7월이다. 1월 1일~6월 30일 실적을 7월에, 7월 1일~12월 31일 실적을 다음 해 1월에 신고 및 납부한다. 매매사업자는 해당 기간 내 실적에 따른 신고를 한다. 부가세 신고에서 매매사업자에게 실적=매도=매출=수입이다. 각 신고는 '매도 잔금일' 기준이다.

예를 들어, 올해 6월 낙찰, 7월 낙찰 잔금, 8월 매도 계약, 내년 1월 매도 잔금 예정이라면? 이 건은 내년 7월에 부가세 신고한다. 매도 잔금일이 내년 1월 1일~6월 30일에 속하기 때문이다.

다음은 부가세 신고 용어. 세무사처럼 모든 용어를 꿰지 않아도 된다. 초보 매매사업자는 네 가지 용어만 알면 된다. 매출세액, 면세수입, 매입세액, 불공제다.

매출세액과 매입세액은 파트 2 부가세에서 다이소의 예를 들어 설명했었다. 사업자가 판 물건 부가세를 매출세액, 산 물건 부가세를 매입세액이라고 했다. 우리가 전용면적 100㎡ 아파트를 매매사업자로 매도하면, 아파트 건물가액 10%가 매출세액이다.

면세수입은 조금 다르다. 부가세가 발생하지 않는 수입을 말한다. 전용면적

85㎡ 미만 아파트가 대표적이다. 4월에 3억 원에 20평 아파트를 매도했다면 그 해 7월 부가세 신고에서 면세수입 칸에 3억 원을 기입하면 된다. 쉽다.

불공제는 말 그대로 공제받지 못한다는 뜻이다. 공제란, 소득공제, 세액공제처럼 납부할 세액을 줄이는 것이다, 부가세 공제는 매출세액에서 매입세액을 공제하는 것을 말한다. 모든 매입세액은 공제 항목과 불공제 항목으로 나뉜다. 즉, 사업자는 매입세액 중 공제 항목이 매출세액보다 크면 환급을 받는다. 직장인이 연말정산 환급받는 원리와 같다.

매입세액 중 불공제 항목은 어떻게 되는 것일까? 부가세 환급에 영향을 미칠 수 없다. 그렇다고 날아가는 것은 아니다. 부가세 불공제 금액은 추후 종합소득세 신고에서 비용처리가 가능하다. 100만 원이 불공제 금액이라면, 각자 소득세율을 곱한 금액만큼 종합소득세에서 돌려받는 것이다.

만약 해당 금액이 불공제 금액이 아니라 공제 금액이라면 부가세 납부액을 금액 그대로 줄여준다. 종합소득세에서 소득세율을 곱한 금액만큼 세금을 줄이는 것에 비하면 부가세 신고에서 공제를 받는 것이 이득이다. 맞다. 누구라도 부가세에 해당 비용을 반영하고 싶을 것이다. 하지만 매입세액이 공제 항목인지, 불공제 항목인지는 우리가 정하는 것이 아니다. 어떤 물건을 매도했느냐에 따라 공제·불공제가 자동으로 결정된다. 부가세 품목에 따른 부대비용이면 공제, 면세 품목에 따른 부대비용이면 불공제다.

이제 처음에 말한 네 가지 케이스를 보며 학습해보자. 면세사업자인 경우, 과세사업자가 매도가 없는 경우, 과세사업자가 면세 품목만 매도한 경우, 과세사업자가 과세 품목을 매도한 경우다. 모든 매매사업자는 이 네 가지 경우 안에 들어간다.

우선 면세사업자다. 면세사업자는 부가세 관련 물건을 다룰 수 없는 사업자다. 따라서 부가세 신고를 할 의무도 없다. 오, 예! 좋다. 귀찮은 신고가 줄었다.

하지만 세무 당국은 만만하지 않다. 부가세 신고를 하지 않으면 이 사업장이 잘 굴러가는지 알 방법이 없다. 그래서 대신 사업장현황신고를 만들어뒀다. 면세사업자는 부가세 신고를 못 하니 사업장현황신고를 해야 한다. 대신 1년에 한 번만 해도 되어 편리하다. 사업장현황신고는 부가세 신고와 다르니 다음 질문에서 따로 다뤄보자.

다음, 과세사업자가 매도 건이 없는 경우다. 실적이 없으므로 무실적 신고를 하면 된다. 이때 낙찰을 받기 위해 들어간 교통비, 교육비 등이 있더라도 부가세 환급을 받을 수 없다. 매매사업자의 부가세 공제는 부가세 매출이 발생한 경우에만 적용할 수 있기 때문이다.

그다음, 과세사업자가 면세 품목만 다룬 경우다. 국민평형 이하 주택만 매도한 경우가 여기에 해당한다. 부가세 관련 매출이 없으니 무실적 신고를 해야 할까? 아니다. 부가세 신고를 해야 한다. 면세수입이 발생했을 뿐, 실적이 없는 것이 아니기 때문이다. 헷갈리면 안 된다. 매도 건이 아예 없는 경우만 무실적 신고를 한다.

면세 물건만 매도했다면, 일단 부가세 관련 매출이 없으니 부가세 매출세액은 0원이다. 면세 물건을 매도했으니 수입이 생겼다. 면세수입에는 이번에 매도한 매매가를 그대로 적는다. 차익을 적는 것이 아니다. 매입세액 칸에는 이번 건에 관련된 부가세 매입세액을 모두 적되, '공제받지 못할 매입세액'에 동일한 금액을 입력해서 불공제 처리를 한다. 이 금액은 추후 종합소득세 신고에서 비용 처리에 반영된다. 부가세 신고 끝이다.

마지막, 과세사업자가 부가세 과세 품목을 매도한 경우다. 부가세 과세 품목은 보통 상가 또는 국민주택 규모 초과 주택이다. 매도 물건의 매매가 중 건물가액 10%를 부가세로 받아두었다가 부가세 신고 기한에 신고 및 납부해야 한다.

해당 매도 건에 관련된 부가세 매입세액도 같이 신고한다. 이때는 드디어 부가세 관련 매출이 발생했으므로 부가세 공제를 받을 수 있다. 즉, 매출세액이 매입세액보다 크다면 납부, 반대면 환급을 받는다.

　과세 물건을 매도할 경우 원칙적으로 세금계산서를 발행해야 한다. 다만, 매수자가 발행을 요구하지 않는 경우 발급하지 않아도 된다. 개인에게 매도하는 경우 굳이 세금계산서를 발행하지 않는 경우가 많다. 매수자인 개인은 우리가 매매가에 부가세를 포함시켜 매도하면 일반적인 매매와 똑같기 때문이다.

　이번 매도 건에 대해 세금계산서를 발행했다면 매출세액 '세금계산서 발급분'에, 발행하지 않았다면 기타 칸에 매도 금액과 부가세 금액을 입력한다. 매입세액은 불공제 처리할 필요가 없다. 매입세액 칸에 이번 매도 건 관련 비용과 부가세를 합산해서 기입한다. 이제 매출세액과 매입세액 총합을 비교해 최종 부가세 납부·환급을 하면 된다.

　여기서 잠깐, 부가세 무실적 신고를 하면 매입세액 불공제 처리할 수 없다. 입력 칸 자체가 없기 때문이다. 앞서 종합소득세에서 비용처리를 하려면 매입세액 불공제 처리를 해야 한다고 했다. 그럼에도 실적이 없다면 무실적 신고를 하라고 한 이유는 무엇일까?

　부가세 신고는 사실 사업장 매출이 얼마나 발생했고 어떤 매입을 했는지 세무서에서 파악하기 위한 절차다. 다소 오차가 있어도 괜찮다. 무실적 신고를 한 사람이라도, 어느 정도 부가세 불공제 처리 금액이 있다는 걸 세무서도 안다. 그래서 무실적 신고를 하더라도 공제받지 못한 부가세는 추후 종합소득세 비용처리 가능하다. 세무서도, 세무사도 이를 알기에 실무적으로 불공제 항목은 신고하지 않기도 한다. 고로 부가세 신고에 너무 부담 가지지 말자.

　단, 당연하지만 부가세 환급이 발생하는 사업자라면 부가세 신고 금액을 100% 정확하게 맞춰야 공무원 선생님 연락을 받지 않을 수 있다. 낼 때는 마음 대로지만 돌려받을 땐 아니다. 돈이 갈 때 올 때 다른 건 어디서든 똑같다.

실적이 없는 초보 매매사업자라면 무실적 신고를 추천하며, 나는 매입세액 불공제 신고도 해보고 싶다면 실적이 없더라도 정식 신고를 해보길 권한다. 처음에는 당연히 틀리겠지만, 공무원 선생님의 전화를 여러 차례 받다 보면 실력이 어느새 부쩍 성장해 있을 것이다. 직접 몸으로 구르며 배운 지식은 오래 간다. 경험담이다. 관공서와 친해지는 건 덤이다.

위 네 가지 경우는 해당 과세 기간에 적용되는 이야기다. 어떤 과세사업자가 2월에 20평 아파트를 매도하고, 같은 해 8월에 40평 아파트를 매도했다면? 그 해 7월에는 '과세사업자가 면세 품목을 매도한 경우', 다음 해 1월에는 '과세사업자가 과세 품목을 매도한 경우'를 따를 것이다. 한 과세 기간에 과세, 면세 품목을 모두 다뤘다면? 둘을 합쳐 매출세액, 면세수입, 매입세액, 불공제 금액을 모두 입력하면 된다.

만약 깜빡하고 부가세 신고를 놓쳤다면? 기한 후 신고를 하면 된다. 정해진 기간 내에 신고를 하지 않았으니, 늦은 만큼 가산세가 있다. 만약 실적이 없다면 납부할 세액도 0원이라 가산세도 0원이다. 그렇다고 신고를 매번 늦게 하거나 하지 않는다면, 매매사업자 인정에 크게 지장을 받을 것이다. 세금 신고 및 납부는 늘 성실히 하자.

POINT

부가세 신고는 1월과 7월에 하며, '사업자 유형'과 '매도 품목'에 따라 부가세 신고 방법과 시기가 달라진다. 각자 속한 상황에 맞게 적절히 신고하자.

Q112

사업장현황신고는 어떻게 하나요?

작년 부동산 매매사업자를 용기 있게 시작한 A씨, 열심히 노력한 끝에 몇백만 원 수익을 냈다. 작년에 사업을 개시했으니 올해 사업장현황신고 알림을 받는다. 매매사업자 사업자현황신고를 네이버에 검색한다. 온통 임대사업자만 나온다. 유튜브에 검색한다. 마찬가지다. 분명 매매사업자가 맞는데, '부동산 매매업'으로 잘못 등록한 것인지 헷갈린다. 매매사업자는 없는 건가?

실제로 질문하셨던 분의 이야기다. 여러분도 '매매사업자 사업장현황신고'를 검색해봤다면 알겠지만, 대부분 임대업 내용만 나온다. 면세 매매사업자라면 누구나 사업장현황신고를 알아야 함에도, 아무도 알려주지 않는다. 이번 장에서 어디서도 나오지 않는 매매사업자 사업장현황신고 방법을 알아보자.

면세사업자는 왜 부가세 신고가 아니라 사업장현황신고를 할까? 부가세를 다루지 않기 때문에 부가세 신고를 하고 싶어도 못 한다. 그렇다고 신고를 안 하게 둘 수는 없다. 사업장이 어떻게 돌아가는지 당국에서 파악해야 하기 때문이다. 이런 면세사업자를 위해 나라에서 만든 것이 사업장현황신고다.

사업장현황신고는 1년에 딱 한 번, 1~2월에 한다. 부가세를 안 내는데 신고를 받는 대신, 1년에 딱 한 번만 확인하겠다는 세무당국의 의지다. 즉, 부가세 신고를 대체하기 위해 탄생한 '면세사업자 전용 신고'인 것이다.

매년 1월 1일~12월 31일에 발생한 실적에 대해 다음 해 1~2월에 신고를 한다. 부가세 신고처럼 '매도 잔금일' 기준이다. 올해 A아파트 7월 낙찰, 8월 낙찰 잔금, 11월 매도 계약, 내년 1월 매도 잔금이라면? 내년은 무실적 신고, 내후년에 A아파트 건을 신고한다. 일반 매매도 똑같이 매도 잔금일 기준으로 생각하면 된다.

올해 실적이 없는 매매사업자는 내년 1월 사업장현황신고 시 무실적 신고를 하면 된다. 부가세 불공제 신고할 필요도 없다. 부가세를 애초에 다루지 않으니까. 실적이 없다는 뜻은 매도 잔금이 없었다는 뜻이다.

실적이 있는 매매사업자라면 사업장현황신고에 대해 세 가지를 알아야 한다. 수입금액, 매출액 명세, 매입액 명세다.

먼저 수입금액이다. 부가세 신고 편에서 매매사업자에게 실적=매도=매출=수입이라 했다. 사업장현황신고도 부가세 신고와 같은 속성의 신고라 동일하게 적용된다. 수입금액 매출명세에 작년에 매도한 부동산 금액의 총합을 적으면 된다. 사업장현황신고에서 매매사업자 수입은 매매차익이 아니라 매출액, 즉 매매가다.

또한, 수입금액을 작성하며 같이 해야 하는 것이 있다. 부동산 매매사업자는 사업장현황신고 시 '수입금액 검토표' 작성 대상 업종이다. 홈택스 신고 화면에 '검토표 버튼'을 클릭하자. 이어서 나온 화면에 우리가 매도한 자산의 종류, 소재지, 양도일, 원인, 면적, 양도가액 등을 입력하면 된다.

다음, 매출액 명세는 매출 형태에 따라 구분하여 작성한다. 항목 종류는 계산서 발행금액, 신용카드 매출자료, 현금영수증, 기타 매출자료가 있다. 매매사업자는 해당 사항이 없으므로 기타 매출자료 항목에 수입 금액을 기재한다. 마찬가지로 매매차익이 아니라 매매가다.

마지막, 매입액 명세는 이번 거래에서 발생한 비용을 적는 곳이다. 지출 후 받은 증빙에 따라 매입계산서 자료, 매입세금계산서 자료, 신용카드, 현금영수증 매입 자료로 금액을 나누어 적으면 된다. 매수가·낙찰가를 적는 곳이 아니다. 매수가·낙찰가는 매매차익 예정신고에서나 쓰이지, 사업장현황신고와 부가세 신고에서는 전혀 쓰이지 않는다. 실적=매도=매출=수입이다.

이렇게 세 가지 항목에 대한 입력을 마쳤다면, 사업장현황신고는 끝이다.

사업장현황신고는 정확한 세액 산출보다는 세무 당국의 사업장 파악용이다. 부가세 신고와 같다. 따라서 금액이 다소 틀려도 크게 엇나가지만 않았다면 괜찮다. 어차피 정확한 정산은 종합소득세 신고에서 하니까. 현황신고는 정확성보다 성실함이 더 중요하다.

기한을 놓쳤다면 추후 기한 후 신고를 하면 된다. 기한 후 신고는 가산세가 있다. 아예 신고를 계속해서 하지 않는다면 나라에서 사업 의지가 없는 것으로 파악하고 직권 폐업을 시킬 수도 있으니 신고는 매년 빠지지 않고 하도록 하자. 이런 신고를 놓치지 않는 것이 매매사업자 인정 확률을 높이는 길이다.

끝으로, 과세사업자 이야기는 왜 전혀 없을까? 눈치 빠른 분들은 '부가세 신고를 대신해서 사업장현황신고를 한다'에서 깨달았을 것이다. 과세사업자는 사업장현황신고를 하지 않아도 된다는 사실을. 맞다. 사업장현황신고는 면세사업자를 위한 제도라서, 과세사업자는 전혀 신경 쓰지 않아도 된다. 부가세 신고를 하기 때문이다.

POINT

> 면세사업자는 부가세 신고 대신 사업장현황신고를 매년 1회, 1~2월에 한다. 과세사업자는 현황신고를 하지 않는다.

Q113 사업자등록 주소지에서 이사를 가면 어떻게 하나요?

전셋집에서 애써 집주인에게 임대차계약서를 받아 사업장을 냈는데, 갑자기 이사를 가야만 한다면? 사업자가 기존 주소지에서 다른 주소지로 사업장을 이동하는 경우, 사업자등록 정정을 하면 된다. 홈택스에서 셀프로 쉽게 가능하다. 사업자등록 정정 가능한 항목은 상호, 연락처, 소재지, 업종, 송달장소다.

사업자 본인 주소로 사업장을 옮긴다면,
홈택스 → 증명·등록·신청 → 사업자등록 신청·정정·휴폐업 → 개인 사업자 등록 정정 신고 → 사업장 소재지(임대차) 정정 선택 → 주소지 동일여부 '여' 선택 → 기본 주소 입력 → 임대차 내역 수정 버튼 클릭 → '계약 종료' 확인 → 관련 서류 제출.

다른 임대차 주소지로 옮긴다면,
사업장 소재지(임대차) 정정 선택 → 주소지 동일여부 '부' 선택 → 기본 주소 입력 → 임대차 내역 수정 버튼 클릭 → '계약 종료' 확인 → 임대차 입력 버튼 클릭해서 사업장 추가 → 관련 서류 제출.

사업장 소재지 정정을 마쳤다면, 송달장소 또한 같이 변경해서 이전 주소로 세무서 연락이 가지 않도록 하자.

POINT
개인사업자는 '사업자등록 정정'으로 주소와 송달장소를 수정하면 된다. 홈택스에서 간단히 가능하다.

사업자등록 과정이
복잡하진 않나요?

매매사업자 등록은 다른 사업자와 비교해 아주 간단하고 쉬운 편이다. 나는 매매사업자 공부, 경매 공부에는 1년이 걸렸는데, 사업자등록 신청부터 등록증 수령까지는 3일 걸렸다. 매매사업자는 다른 사업자와 비교해 필요한 서류도, 장소도 훨씬 적다. 지금 당장 시작할 수 있다.

신청은 홈택스에서 직접 하면 된다. 세무서에서 하는 것보다 훨씬 간단하고 쉽다. 나는 10분 걸렸다. 홈택스 → 증명·등록·신청 → 사업자등록 신청·정정·휴폐업증명 → 개인 사업자등록 신청 → 상호명, 개업일, 기본주소, 업종(703011~703016) 선택, 사업자유형(면세/과세) 선택 → 서류제출(무상임대차계약서, 전대차동의서) 하면 끝이다.

다만, 아무리 쉬운 매매사업자라도 사업장으로 쓸 주소가 필요하다. 현재 사는 집이 본인 소유면 그대로 주소를 사용할 수 있고, 남의 집이라면 임대차계약서를, 다른 사람이 임차한 집이라면 전대차동의서를 제출하면 된다. 나는 전대차동의서에 대해 전혀 모르고 신청했다. 다음 날 세무서에서 연락이 왔고, 그날 저녁 집주인에게 받아서 제출, 다음 날 매매사업자 사업자등록증을 수령했다.

요즘 사업계획서 제출을 요구하는 세무서가 늘고 있다. 사업계획서는 낙찰·매수 계획과 매도 계획에 대해 간단히 써서 제출하면 된다. 어디까지나 계획서일 뿐, 이후 사업을 영위하며 계획서와 달리 생각보다 낙찰이 되지 않아도 관계없다. 부동산을 매수할 때 제출하는 자금조달계획서를 생각하면 쉽다. 최초 제출과 실제 자금조달 방법이 달라져도, 세금 신고만 제대로 하면 세무서에서는 전혀 문제 삼지 않는 것처럼. '계획'일 뿐이다.

이래서 뭐든 일찍 해야 한다. 다음에는 또 어떤 절차가 추가될지 모르는 법이다.

Q114

사업자 코드는 뭐로 넣어야 하나요?

매매사업자 업종 코드는 총 네 가지만 알면 된다.

① 703011: 주거용 건물 개발 및 공급업, 토지 보유 5년 미만
② 703012: 주거용 건물 개발 및 공급업, 토지 보유 5년 이상
③ 703014: 비주거용 건물 개발 및 공급업, 토지 보유 5년 미만
④ 703015: 비주거용 건물 개발 및 공급업, 토지 보유 5년 이상

우리는 어떤 코드를 써야 할까? 각 코드가 의미하는 바는 무엇일까? 우선 부동산 개발 및 공급업에는 건설 활동 말고도 구입한 건물을 재판매하는 경우도 포함한다. 그래서 매매사업자 코드 이름이 부동산 개발 및 공급업인 것이다.

그중 앞 두 코드는 주거용 건물 개발 및 공급업이다. 주거용 건물은 주택을 의미하니, 아파트, 빌라, 단독주택 등이 여기 해당한다. 이어서 둘은 토지 보유기간에 따라 나뉜다. 부동산 매매사업자는 '단기'로 부동산을 사고팔아 돈을 번다 했다. 따라서 우리가 선택해야 할 코드는 703011이다. 세간의 소문으로는 개인 매매사업자가 703012를 선택하면 대출이 더 잘 나온다는 말이 있는데, 전혀 근거가 없는 말이다.

703012는 그러면 언제 선택하는 코드일까? 토지를 5년 이상 보유하며 주거용 건물을 개발 및 공급하는 경우에 선택하면 된다. 보통 건축업자가 이 코드를 쓴다. 땅을 사서, 땅을 다지고, 건물을 올려, 주택을 분양해서 돈을 버는 사람이다. 드물지만 재고자산으로 5년 이상 보유하며 매매사업자로 매도하려는 개인도 있기는 하다.

다음은 비주거용 건물 코드를 보자. 703014와 703015도 토지 보유기간에

◀◀◀

따라 나뉜다. 이 둘 또한 703011과 703012 차이와 비슷하다. 우리 같은 개인 매매사업자가 상가, 오피스텔, 지산 등 비주택 부동산을 매도한다면 703014 코드만 있으면 충분하다.

매매사업자를 처음 시작하는 사람은 어떻게 해야 할까? 나는 이렇게 물어보는 사람들에게 703011, 과세사업자를 추천하는 편이다. 주택부터 시작해서 비주택까지 다룰 경우를 대비해 과세사업자로 시작하되, 추후 실제로 비주택을 다루면 703014 코드만 간단히 추가하면 되기 때문이다. 면세사업자가 과세사업자가 되려면 사업자등록증을 새로 발급받아야 하지만, 코드 추가는 간단하다.

정리하면, 개인 투자자들은 매매사업자로 단기 매매를 하니 토지를 5년 이상 보유할 일이 없다. 고로 주택 매매사업자는 703011, 비주택은 703014를 넣으면 된다.

POINT

주택은 703011, 비주택은 703014를 넣으면 된다. 개발업자가 아니라면.

Q115

주거용 건물 코드만 등록하면 상가는 취급할 수 없나요?

비주택 부동산인 상가를 다룰 수 있는 부동산 매매사업자 코드는 703014, 703015다. 이 코드가 없다면 상가를 취급할 수 없는 걸까?

그렇지 않다. 부동산 매매사업자는 면세사업자와 과세사업자로 나뉜다. 부동산 면세사업자는 85㎡ 미만 주택과 토지만 다룰 수 있다. 그에 반해 과세사업자는 모든 부동산을 다룰 수 있다. 따라서 과세사업자로 등록된 사업자는 비주거 관련 세무 처리가 가능하다.

다만 비주택을 매도한다면 사업자 코드에도 703014를 추가하는 것이 좋다. 미리부터 추가할 필요는 없다. 비주거용 부동산을 매매하는 시기에 추가하면 되고, 추가 시 불이익은 전혀 없다. 코드 추가 절차도 간단하다.

고로 처음 매매사업자를 시작하는 사람이라면, 703011 코드로 시작해도 전혀 문제되지 않는다.

POINT

> 과세사업자는 비주택을 다룰 수 있고, 다루는 시기에 사업자 코드 703014를 추가하면 된다.

Q116

사업장은 어디로 해야 하나요?

처음 매매사업자를 시작한다면 지금 거주 중인 주택에서 내는 것을 추천한다. 초기 비용이 낮아야 유지도 쉽기 때문이다. 전혀 문제 되지 않는다. 다른 사업자와 다르게 특별한 사업장이 필요 없다.

본인 명의 집이면 그냥 되고, 전월셋집이면 기존 임대차계약서로 충분하다. 간혹 가다 세무서에서 집주인의 동의서를 추가 요청하는 경우가 있는데, 집주인에게 전혀 무해한 서류니 기프티콘을 쏘면서 감사의 말씀과 함께 동의를 받자. 사업을 처음 시작하는데 월세를 다달이 내며 사무실을 임차하지 말자.

지금 거주하는 주택에서 바로 시작할 수 있는 것이 매매사업자의 강점이다. 나도 전셋집에서 시작했다. 물론 전대차 동의서를 몰라서 공무원 선생님의 따뜻한 전화를 받았다. 아, 이번에는 농담이 아니고 정말 따뜻한 분이셨다. 모르는 과정도 이것저것 친절하게 안내해주셨고, 다음 날 제출하자마자 승인이 바로 났다(이렇게 시작해도 지금 매매사업자 책을 쓰고 있지 않나. 세상 알다가도 모를 일이다).

다만 매매사업자 사업장 위치를 자택이 아닌 사무실에 두면, 매매사업자 인정 확률이 높아지는 장점이 있다. 자택에서 운영하는 사람보다 전문 사무실을 가지고 일하는 사람이 세무서가 보기에 더 매매사업자답지 않겠는가. 장단점을 잘 생각해서 사업장을 결정하자.

매매사업자는 법인과 달리 사업장이 과밀억제권역이든 아니든 아예 차이가 없다. 임대사업자와는 달리 매매사업자의 사업장 주소지는 낙찰지, 매수지와 무관하다. 걱정하지 말고 자택이나 자택 가까운 사무실로 사업장을 내길 바란다.

POINT

> 초기 비용이 부담되는 초보 매매사업자는 자택(자가/임대 상관없음)에서 시작하길 권한다.

Q117

사업계획서를
꼭 내야 하나요?

보통 사업계획서는 따로 내지 않아도 된다. 매매사업자는 이미 부동산을 사고파는 것 이외에 다른 활동이 제한되어 있다. 이를 세무서에서도 알고 있다. 홈택스에서 사업자등록 절차를 진행하다 보면 사업계획서를 제출하라고 하지만, 무시해도 된다.

단, 지역 세무서별로 사업계획서를 요구하는 곳이 점점 늘고 있다. 매매사업자가 많아지니 관리 차원에서 제약을 거는 것이다. 만약 사업계획서를 요구하는 곳이 있다면, 물건 분석과 낙찰 계획, 매도 계획 등을 적어 제출하면 무난하게 통과할 수 있다.

다만 이는 사업장 소재지별로 다를 수 있다. 모든 사업자는 사업장 주소에 따라 제출 세무서가 달라진다. 아무래도 부동산 규제가 강한 곳, 탈세가 많은 곳의 세무서일수록 엄격하게 볼 가능성이 크다.

POINT

매매사업자는 사업계획서가 굳이 필요하지 않지만, 요구하는 세무서가 점점 늘어나고 있다.

◀◀◀

사업자등록 시기가
궁금해요

CHAPTER 3

꿈에 그리던 낙찰을 받았던 때가 기억난다. 하지만 기쁨도 잠시, 머릿속이 하얘졌다. 내가 실수한 건 아닌지, 이젠 무엇을 해야 하는지 고민하기 시작했다. 그 중에는 매매사업자 등록 시기에 관한 것도 있었다.

- 사업자등록은 언제 하는 것이 가장 좋을까?
- 낙찰 전? 낙찰 후? 아니면 낙찰 잔금 후? 매도 전?
- 최소 언제까지 사업자등록을 해야 할까?
- 사업개시일 20일 이내 사업자등록을 해야 한다고?
- 실적이 없는 채로 사업자등록을 해도 될까?
- 미리 사업자를 내서 손해는 없을까?

이 질문들은 내가 했던 고민이다. 그리고 놀랍게도, 실제 초보 매매사업자들이 정말 많이 물었던 내용이기도 하다. 언제 사업자등록을 해야 하는가?

부가세법에 따르면, 과세사업자와 면세사업자 모두 사업개시일로부터 20일 이내에 사업자등록을 하는 것이 원칙이다. 사업개시일의 정의는 '재화나 용역의 공급을 시작하는 날'이라 되어 있다.

매매사업자의 재화는 부동산이고, 재화 공급은 재고자산을 매도하면서 이루어진다. 매수자에게 우리의 재고자산 소유권이 이전되면서 공급이 발생한다. 따라서 엄밀한 사업개시일은 재고자산 매도일이다. 그러나 실제로 매도일에 맞춰서 매매사업자를 개시하는 사람은 없다. 매매사업자는 보통 낙찰·매수 전후로 사업자등록을 한다.

이게 가능한 이유는, 신규 사업자는 사업개시일 전이라도 사업자등록이 허용되기 때문이다. 사업개시일 20일 이내 조건 외에도, 새로 사업을 시작하는 사업자는 사업개시일 이전에 사업자등록을 할 수 있다. 따라서 기존에 매매사업자가 없던 사람은 신규 사업자이니 언제든 원할 때 낼 수 있다.

만약 사업자등록이 늦으면 어떻게 될까?

일단, 비용처리는 사업자등록 전에 쓴 것도 가능하다. 사업과 연관된 비용인지가 중요하다. 등록이 늦어도 비용처리는 가능한 것이다.

하지만 부가세는 조금 다르다. 해당 기간 종료일 20일 이내로 사업자등록을 해야 한다. 부가세는 반기별로 집계한다. 만약 1반기(1월 1일~6월 30일)에 지출한 부가세를 공제받으려면, 7월 20일까지는 사업자등록이 되어 있어야 한다. 면세 품목만 다룬다면 문제가 없지만, 과세 품목을 다루는 매매사업자라면 주의해야 한다.

Q118
매매사업자 등록은
언제 하는 것이 좋나요?

이 질문에 숨겨진 배경은 세 가지 정도다.

① 언제 하는 것이 가장 유리한가?
② 언제까지는 해야 매매사업자로 매도할 수 있나?
③ 사업자등록 이전에 지출한 비용도 비용처리가 되나?

가장 쉬운 ③부터 대답하면, 사업자등록 이전에 지출한 비용도 비용처리할 수 있다. 비용처리는 사업관련성이 중요하지, 등록 시기가 중요한 것이 아니니 안심하자. 사업자등록 이전에 지출한 취득세, 교통비 등도 모두 비용처리할 수 있다.

②는 그다음으로 쉽다. 아무리 늦어도 매도 전에는 꼭 해야 한다. 매도 계약 후에도 가능은 하지만 웬만하면 계약 전이 좋고, 이미 매도 잔금이 들어온 부동산이라면 매매사업자로 다시 처리할 방법은 없다고 보면 된다. 즉, 매도 전에만 등록하면 된다.

마지막으로 ①인데, 대답하기 가장 까다롭다. 가장 유리한 사업자등록 시기는 언제일까. 정답은 없다. 매매사업자가 언제 등록한다고 해서, 특별히 유리해지는 시기는 없다. 그나마 고려할 만한 요소가 국민연금인데, 연말에 사업을 개시할수록 불리하다. 그렇다고 연초에만 투자를 시작하라고 할 수도 없는 노릇. 돈을 벌 수 있다면 언제든 괜찮다고 본다.

그렇다면 이번 장의 질문 '매매사업자 등록은 언제 하는 것이 좋나요?'에 대한 내 대답은 뭘까. 나는 매수 계약 이후, 매수 잔금 전 사업자등록을 권한다. 경매 투자자라면 낙찰 후, 낙찰 잔금 전이 되겠다.

이유는 간단하다. 사업자등록을 하고, 부동산을 취득해서 재고자산에 넣는 것이 사업 흐름상 깔끔하기 때문이다. 다만, 매매사업자 대출을 받는다면 당연히 그 전에 사업자등록을 해야 한다. 매매사업자 대출 요건이 사업자등록증과 담보 부동산이기 때문이다.

참고로, 사업자등록을 신청하고 사업자등록증이 발급되는 데는 채 일주일이 안 걸린다. 고로 경매를 한다면 낙찰 후 사업자를 내도 잔금 전까지 등록을 마치는 데 전혀 지장이 없다.

정리하면, 매매사업자 사업자등록은 부동산이 내 명의가 되기 전에 하는 것이 좋고, 아무리 늦어도 매도 잔금 전에는 꼭 해야 한다.

POINT
> 매매사업자 등록은 아무리 늦어도 매도 전에는 꼭 해야 한다. 낙찰·매수 후 등록하는 것을 추천한다.

Q119

실적 없이
사업자를 미리 등록해도
손해는 없나요?

우선, 금전적인 손해는 없다. 시간적 손해는 조금 생긴다. 실적이 없더라도 사업자등록 자체만으로 의무가 생기기 때문이다.

과세사업자는 매년 부가세 신고를, 면세사업자는 사업장현황신고를 한다. 매출이 없더라도 무실적 신고는 하길 바란다. 무실적은 늦게 신고해도 가산세가 없지만, 계속해서 신고 시기를 놓친다면 세무서의 눈길을 끈다. 사업을 성실히 영위하지 않으면 세무서에서 사업자를 직권 말소할 가능성도 있다. 거기다 두 사업자 모두 매년 5월에는 종합소득세를 신고해야 한다.

다음, 건강보험료와 국민연금 납부액이 달라지지는 않을까? 사업자등록을 했다고 해서 바로 납부액이 올라가지는 않는다. 소득이 발생해야 건강보험료가 올라간다. 피부양자도 소득이 발생해야만 자격이 박탈된다. 사업자등록만으로는 자동으로 지역가입자 전환이 되지 않는다. 직장가입자라면 근로소득을 제외한 소득이 연 2천만 원 이상, 피부양자라면 1원 이상 발생해야 건강보험료가 올라간다. 사업자등록만 해두는 것은 괜찮다.

다만, 국민연금은 사업자 실적이 없으면 납부액도 그대로인 건 건강보험료와 똑같지만, 사업개시일에 따라 집계 소득이 달라지는 점을 주의해야 한다. 가능하면 연초에 등록하는 것이 유리한데, 상세한 내용은 뒤의 '국민연금 챕터'에서 다룬다.

그렇다면, 반대로 사업자를 미리 내서 얻는 혜택은 없을까?

POINT

사업자를 미리 등록하면 신고 의무가 생기며, 사업소득이 없다면 건강보험료, 국민연금 납부액은 그대로다.

Q120

사업자를 미리 내서 얻는 혜택이 있을까요?

두 가지가 있다. 우선 금전적인 면이다. 사업 목적으로 지출된 금액은 비용처리가 가능하다. 적절한 시기에 사업자등록은 해둬야 한다. 사업자등록을 하지 않은 채 비용처리만 몇 년씩 쌓아두는 건 불가능하다. 비용처리만을 위한 사업자등록은 세무서에서 인정받지 못할 가능성이 크다.

다음은 정신적인 측면이다. 마인드가 달라진다. 나는 지금도 사업자등록증을 컴퓨터 위에 붙여뒀다. 이 종이 한 장에 마음이 달라진다. 사업자를 시작했다는 사실을 정식으로 공시한 셈이니, 등록 전보다 더 열심히 하게 된다. 뭐라도 하나 더 보고, 입찰이라도 하나 더 하다 보니 낙찰을 생각보다 빨리 받을 수 있었다.

경험을 먼저 하니 알게 되는 것도 다르다. 많은 사람이 입을 모아 하는 말 중 하나는, 책 10권을 읽는 것보다 경험 한 번이 낫다는 것이다. 나 또한 그랬다. 수많은 경매 책 덕에 첫 낙찰을 맛봤지만, 정작 낙찰 후에는 다시 책을 뒤졌다. 상상만으로는 기억에 남는 게 없었기 때문이다. 하지만 실전은 달랐다. 직접 겪으며 고생하니, 남에게 설명할 정도로 잘 알게 되었다. 명도하러 아내와 같이 간 날, 경매 책을 1권도 안 읽은 아내도 그날 명도가 무엇인지 다 알았다.

정리하면, 사업자를 미리 등록한다고 해서 특별하게 얻는 혜택은 없다. 하지만 내게 사업자등록증의 효과는 꽤 컸다. 한 발이라도 빨리 실전에 몸 담글 수 있게 해주었기 때문이다. 조금 실패하고 손해 봐도 괜찮다. 나중에 시작하더라도 똑같이 겪을 일이다.

POINT

사업자등록을 미리 하면 금전적인 면에서는 큰 혜택이 없지만, 정신적 면에서 혜택이 크다. 마음가짐이 달라진다. 경험은 깡패다.

직장인도
매매사업자를 할 수 있나요?

직장인이 고민하는 가장 큰 문제 두 가지는 다음과 같다.

① 회사 몰래 사업자를 할 수 있을까?
② 겸업금지 조항이 있다면 어떻게 해야 하나?

직장인이 사업자를 직장에 알리지 말아야 할 이유는 두 가지다.

첫째, 그 자체로 직장 규정 위반이 될 수 있다. 겸업금지 조항이 있는 직장이 이에 해당한다. 둘째, 회사에 안 좋게 소문이 돈다. 회사 일에 신경을 못 쓰는 사람으로 비친다.

이런 이유로 사업자를 내기 조심스러운 것은 당연하다. 직장에 알려지면 곤란하니까. 직장 일보다 본인 사업에 몰두한다는 이야기라도 돌면, 직장 생활이 어려워진다. 같은 실수를 해도 '신경을 못 쓰는 이유'가 있다며 손가락질을 받는다.

괜찮다. 손가락질을 받을 일을 안 만들면 된다. 회사 몰래 사업자 할 수 있다. 일단 들키지 않는 방법을 여기서 낱낱이 공개한다. 우리가 조심만 한다면 회사가 알 방법은 사실상 없다.

겸업금지 조항이 있는 회사라면 허가를 받아야 한다. 겸업금지가 있음에도 몰래 할 수는 있지만, 걸렸을 때 책임은 오롯이 우리 스스로가 져야 한다.

이번 장에서는 회사 몰래 매매사업자를 하는 방법과 겸업금지 대처법에 대해 알아보자. 회사에서 이 파트는 읽지 말자. 어린 시절 부모님 몰래 컴퓨터하던 마음가짐으로 읽길 바란다.

Q121 사업자를 내면 직장에서 알 수 있지 않을까요?

결론부터 말하면, 그럴 일 없다. 개인정보보호 시대 덕분이다.

사업자등록 자체로는 절대로 직장에 통보가 가지 않는다. 사업자등록 여부를 Yes/No로 직장에서 확실하게 아는 방법은 존재하지 않는다. 건강보험료, 국민연금 등으로 추측할 수 있을 뿐이다. 우리는 어떨 때 직장에서 알게 되는지 알아야 한다. 직장 입장에서 원리를 파악하고 고양이처럼 덫을 영리하게 피해가야 한다.

건강보험료 인상 때문에 직장에서 자동으로 알게 된다는 말은 틀린 소문이다. 직장에서는 건강보험료가 올라간 사실을 전혀 알 수 없다. 근로소득 외 연소득 2천만 원 이상이 발생하면 자택으로 '보수 외 보험료' 납부 통지서가 날아온다. 올라간 보험료는 개인이 따로 납부하기에 직장에서는 부담할 일이 없다. 직장은 그대로 월급에 비례해 건강보험료를 징수할 뿐이다.

국민연금 인상은 다소 주의해야 한다. 특정 조건을 만족하면 국민연금공단에서 회사에 우편으로 친절히 알리기 때문이다. '귀 사원은 해당 근로소득 외 외부 사업장에서 소득이 발생하여…'를 방지하기 위한 방법을 알아야 한다.

마지막으로 연말정산이 포인트다. 연말정산은 회사에서 기존에 원천징수한 세금과 개인이 받는 소득공제, 세액공제를 비교해서 회사에서 대신 국세청에서 납부 및 환급을 받아주는 제도다. 회사에 속한 직장인만이 할 수 있는 특별한 혜택이다. 직장인은 간소화 자료만 제출하면 직장에서 알아서 해결해주니 이렇게 편할 수가 없다.

이 연말정산에 함정이 숨겨져 있다. 연말정산 간소화 자료에는, 한 주민등록번호 앞으로 발생한 모든 건강보험료의 합, 국민연금의 합이 담겨 있다. 홈택스에 지금 들어가 작년에 제출한 자료를 확인해보자. 맨 앞에 당당하게 건강보험료, 그다음 국민연금 납부액이 나와 있을 것이다.

회사는 4대보험에 가입된 곳이기 때문에, 우리의 월급에 비례해서 건강보험료, 국민연금을 납부하고 있다. 월급이 똑같은 사람이라면, 납부액이 같아야 한다. 그런데 같은 월급인 K팀장과, Y팀장 연말정산 자료에 건강보험료, 국민연금 납부액이 다르면? 담당자는 의심을 자연스레 할 수밖에 없다. 이 사람, 회사 말고 뭐가 있구나. 바로 눈치채는 것이다.

이 상황에서 외부 사업장을 들키지 않으려면 어떻게 해야 할까? 연말정산 자료를 조작하는 건 불가능하다. 선택지는 두 가지다. 건강보험료, 국민연금 금액을 제외하고 간소화 자료 제출하기. 아니면 개인이 알아서 연말정산 하기. 만약 개인이 직접 연말정산을 한다면, 다른 사람들처럼 1월에 하는 것이 아니다. 5월 종합소득세 신고를 하면서 소득과 세금을 정정해야 한다.

신고 기간이 늦어지면 불이익은 없을까? 전혀 없다. 2월에 하며 받을 혜택(청약통장 납입금, IRP Individual Retirement Pension, 개인형 퇴직연금 세액공제 등)은 5월에 신고하며 다 똑같이 받을 수 있다. 오히려 근로소득자도 덜 공제된 게 있으면 5월에 수정·신고할 수 있다. 5월이 확정신고인 것이다. 원래대로라면 3월에 나왔어야 할 연말정산 환급액을 6월에 조금 늦게 받는 것 정도만 손해다.

회사는 근로자의 신고를 대신하고 근로자에게 환급금을 빨리 돌려주는 편의를 제공하는 셈이다. 앞서 연말정산은 회사에 속한 직장인만이 받을 수 있는 특별한 혜택이라고 한 이유가 여기에 있다. 개인 연말정산 신고는 따로 없다. 회사는 퇴사한 사람 연말정산을 해주지 않는다. 연말정산은 회사가 해주는 것이라 개인은 할 수 없다. 회사 밖으로 나오면 많은 것들을 누려왔음을 새삼 알게 된다. 신고 대행도 다 비용이다.

POINT

직장 몰래 개인사업자, 할 수 있다. 개인정보보호 시대 덕이다. 건강보험료, 국민연금, 연말정산을 주의하자.

Q122 겸업금지 조항이 있으면 어떻게 하나요?

회사 자체 규정상 겸업금지가 있을 수 있다. 매매사업자도 사업자의 일종이니 겸업금지 조항에 해당한다.

겸업금지 조항이 있는 회사라면, 원칙적으로 대표의 허가가 있어야 한다. 다만 공무원은 겸업금지 조항이 강력하게 적용되기 때문에 매매사업자를 내기 사실상 어렵다. 심지어 수입과 관계없이 업무 외 모든 일은 허가를 받아야 한다.

임대사업자는 허가되는 경우가 종종 있으나, 매매사업자는 거의 불가능하다. 임대사업자는 사회적으로 널리 알려졌지만, 매매사업자는 아직 잘 알려지지 않아서 애로사항이 다소 있다. 즉, '상대적으로 다른 사람도 많이 하던데?' 하는 업종일수록, 이 업종으로 얻는 예상 소득이 적을수록 허가가 잘 난다. 매매사업자는 정반대 속성을 띄는 업종이라 아마 허가받기 어려울 것이다.

그렇다고 낙담하지 말자. 겸업금지 규정으로 사업자를 내기 어렵다면, 가족이나 친척 등 믿을 만한 사람 명의를 활용해 사업자를 내자. 명의를 도용하라는 뜻이 아니라, 정말 그 사람 앞으로 사업자를 내자는 뜻이다. 그 후 입찰부터 매도까지 대리인 위임장을 써서 진행하면 된다. 낙찰 후 사건기록 열람을 할 때도 위임장과 가족관계증명서, 낙찰영수증이면 대리인도 열람할 수 있다. 매도 계약서를 쓸 때도 된다. 위임장의 힘은 대단히 강력하다.

직장인이라도 적극적으로 매매사업자를 고려해도 된다. 본인이 알리지 않는 한 매매사업자를 직장에서 알 방법은 없다.

POINT

임대사업자와 달리, 매매사업자는 통상적으로 허가되는 사업자가 아니다. 겸업금지 직장인이라면 가족 명의를 활용하자.

건강보험료는
어떤 원리로 변동되나요?

사업자를 내면 반드시 따라오는 두 가지가 있다. 건강보험료와 국민연금이다. 이 둘을 반드시 알아야 하는 이유는 두 가지다. 첫째, 변동액을 알아야 대비할 수 있다. 둘째, 잘 관리하지 않으면 회사에 통보가 갈 수 있다.

이번 장은 매매사업자를 할 때 건강보험료가 어떻게, 언제, 얼마나 달라지는지를 알아볼 것이다. 이는 매매사업자가 아닌 다른 사업자에게도 모두 적용되는 공통 사항이다. 살면서 언젠가 한 번쯤 사업자에 발을 담그게 될 테니, 이번 기회에 제대로 알아뒀으면 좋겠다.

건강보험료 가입자는 세 종류로 나뉜다. 직장가입자, 지역가입자, 피부양자. 이 중 가장 좋은 것은 피부양자, 가장 나쁜 것이 지역가입자다. 좋고 나쁨은 당연히 보험료 부담을 기준으로 했다. 피부양자가 가장 부담이 적고, 지역가입자가 보험료 부담이 가장 크다.

따라서 우리가 직장가입자, 피부양자라면 지역가입자로 언제 전환되는지, 사업자등록 및 소득 발생 시 보험료가 얼마나 올라가는지를 알아야 한다.

또한, 사업자등록과 소득 발생에 따른 회사 통보 여부도 알아둬야 한다. 더불어 연말정산 해결책도 명쾌하게 제시한다.

Q123

직장가입자부터 알려주세요

　가장 먼저, 직장가입자다. 여러분이 회사를 다니고 있다면, 월급 명세서를 보자. 4대보험 중 하나인 건강보험료가 공제되어 있을 것이다. 건강보험 직장가입자라는 뜻이다.

　건강보험은 세 가지(직장가입자, 지역가입자, 피부양자) 중 하나는 무조건 가입되어 있어야 한다. 직장인은 본인이 다니는 직장에서 의무적으로 가입을 하고 있다. 그래서 건강보험 자격득실 확인서를 떼면 그동안 다닌 직장이 주르륵 나오는 것이다. 대출을 신청할 때 건강보험 자격득실 확인서를 같이 제출하는 이유도 직장을 다니는지 확인하기 위함이다.

　하지만 매매사업자를 시작한 우리는, 직장가입자뿐 아니라 우리가 사업주가 되어야 한다. 어떤 점이 달라지는지 알아야 한다.

　우선 근로자는 사업자를 내도 지역가입자로 전환되지 않는다. 직장가입자가 사업자등록을 하더라도 직장가입자 신분은 그대로 유지된다. 사업자등록이 회사에 통보 가지 않으며, 등록 절차는 회사랑 전혀 상관없이 이뤄진다. 세무서와 우리 개인 간에 은밀한 약속인 셈이다.

　다음, 납부액은 어떻게 변동될까? 근로소득을 제외한 종합소득금액이 연 2천만 원을 넘기 전까지는 변동이 없다. 종합소득금액에는 사업소득이 포함되니, 이자, 배당금 등 다른 소득이 없는 사람은 사업소득이 2천만 원 넘는지만 확인하면 된다.

　2천만 원이 넘으면 변화가 생긴다. 직장가입자의 근로소득 제외 종합소득금액 2천만 원 초과 시, 2천만 원 초과 금액에 대해서만 '보수 외 보험료'가 발생한다. 이 보수 외 보험료는 개인 주소지로 우편이 날아오지, 직장으로는 가지 않으니 걱정하지 말자.

◄◄◄

정리하면, 직장가입자는 사업소득이 얼마가 되더라도 직장가입자다. 지역가입자로 전환되지 않는다. 직장을 다니는 한 보수 외 보험료만 책정된다.

오케이, 직장가입자의 보험료가 어떤 이유로 변동되는지는 잘 알았다. 그렇다면 언제부터 보험료가 올라갈까?

Q124   언제부터 건강보험료가 올라가나요?

소득이 발생한 연도의 다음 해 11월부터 올라간다. 사업자를 등록했더라도 소득이 없다면 건강보험료 변동도 없다. 건강보험료가 변동되는 과정은 다음과 같다.

2026년에 발생한 사업소득은 2027년 5월에 종합소득세를 신고하며 세무서에 알려진다. 세무서는 종합소득세 신고 금액을 국민건강보험공단에 넘긴다. 이때 5월에 바로 넘어가지 않고, 처리 기간이 걸려 10월에나 금액이 넘어간다.

국민건강보험공단은 10월에 자료를 받아 11월부터 건강보험료를 인상한다. 즉, 올해 소득이 발생했다면, 내년 11월부터 건강보험료가 올라가는 것이다. 올라간 보험료는 그다음 해 10월까지 유지되며, 11월부터는 새 보험료가 또 적용된다.

예를 들어, 직장인이 매매사업자로 2026년 5월에 3천만 원 사업소득이 발생했다면, 2027년 5월에 종합소득세 신고를 한다. 이 금액을 기준으로 산정된 건강보험료가 2027년 11월부터 2028년 10월까지 부과된다. 2028년 11월부터는 2028년 5월에 신고된 종합소득을 기준으로 건강보험료가 산정된다.

반대로 종합소득이 줄어들면 어떻게 될까? 건강보험료는 종합소득 하락도 자동 반영되어, 똑같이 내년 11월부터 건강보험료가 조정되고, 1년간 유지된다.

하지만 소득도 줄었는데 과거 소득으로 건강보험료를 10월까지 비싸게 내는 건 아깝다. 이때는 소득금액증명원을 제출하면 된다. 예를 들어 2026년 소득은 높았으나 2027년 소득이 줄었다면, 5월에 신고 후 7월에 소득금액증명원을 발급해서 공단에 제출하면 된다(종합소득세 신고자 소득금액증명원은 7월부터, 근로소득자는 6월에 반영 가능하다).

7월 1일에 제출하면 7월부터, 7월 2일 이후로 제출하면 8월부터 보험료가 조정된다. 왜 하필 1일이냐. 매달 1일이 기산일이라 그렇다. 다만, 7월 1일이 휴일이라면 7월 2일에 내도 7월부터 보험료 인하 적용을 받을 수 있다. 매달 업무 시작 첫날에 제출하도록 하자.

결론적으로, 우리는 매년 11월부터 다음 해 10월까지 같은 금액의 건강보험료를 부담하는 것이다.

좋다, 이제 언제 올라가는지 알았으니 얼마나 올라갈지 확인할 차례다. 그래야 입찰가·매수가를 산정할 수 있을 테니.

POINT

올해 발생한 소득은 내년 11월부터 건강보험료에 반영되어 1년간 유지된다. 소득이 줄어들면 미리 신청해서 건강보험료를 줄이자.

Q125 보험료가 얼마나 올라갈지 알려주세요

사업자가 있는 직장가입자 보험료는 월평균 종합소득을 기준으로 산정된다. 매년 연계된 종합소득세 연 소득을 12개월로 나눠 월평균 소득을 구한다. 계산된 월평균 소득에서 건강보험료 7.19%와 요양보험료 0.9448%를 낸다.

즉, 월평균 종합소득의 대략 8%를 공단에서 가져간다. 2026년 기준 최고 보험료는 900만 원(월 소득 1억 2,700만 원)이고, 최저는 1만 9,000원(월 소득 28만 원)이다. 종합소득 신고 금액이니 필요경비, 공제 등을 모두 제한 다음 순소득 기준이다.

지역가입자는 재산과 소득을 합산해서 건강보험료를 산출한다. 재산은 구간별 기준으로 산정된다. 재산 1점당 208.4원, 등급별(1~60등급)로 점수로 환산한다. 예를 들어 재산 10억 원이면 39등급(9억 1,800만~10억 3,000만 원)으로 1041점이라 1041×208.4=21만 원이 다달이 부과된다. 참고로 1등급은 재산 450만 원 이하로 22점이다. 소득은 12개월로 나눠서 계산하는 방식으로 직장가입자와 동일하다. 재산, 소득으로 계산된 금액을 더하면 지역가입자 월 납부액이 나온다.

정확한 건강보험료를 가장 쉽게 아는 방법은, 국민건강보험공단에 전화해서 물어보는 것이다. 사업소득이 얼마 정도 발생할 예정인데, 현재 근로소득과 재산을 고려하면 얼마나 올라갈지 여쭤보면 친절히 계산해서 알려준다.

POINT
> 건강보험료가 얼마나 올라갈지는 사람마다 다르기 때문에 국민건강보험공단에 직접 문의해야 한다. 지역가입자는 재산이 반영된다.

Q126

개인으로 부동산을 매도하면 건강보험료가 왜 안 올라가나요?

매매사업자는 사업소득이 발생하면 건강보험료가 오른다. 그런데 개인으로 매도하면 건강보험료가 안 오르는지 궁금하지 않은가. 부동산 사고팔았다고 건강보험료가 오르는 경우를 주변에서 못 본 것이 이상하지 않나?

답은 간단하다. 종합소득세 과세 체계에 답이 있다. 양도세는 분리과세라서 그렇다. 사업소득이 생기면 건강보험료가 오를 수 있지만, 부동산 매매차익을 개인으로 신고하면 분리과세에 들어가는 소득이 되기 때문에 건강보험료에 영향이 없는 것이다. 퇴직소득도 마찬가지로 양도소득처럼 분리과세라서 퇴직금 받았다고 건강보험료가 올라가지 않는다. 건강보험료는 종합소득세를 기준으로 산정된다는 점을 기억하자.

우리는 자연스럽게 부동산을 사고팔며 아무 변화를 겪지 않지만, 매매사업자가 된 순간부터 개인으로 받는 혜택과 권리가 사라지고 의무가 생긴다. 사업자는 그만큼 혜택이 있기 때문이다. 의무와 혜택은 늘 같이 다닌다.

POINT

> 개인 매도는 양도세, 즉 분리과세라 종합소득에 합산되지 않는다. 따라서 건강보험료 변동도 없다.

Q127

피부양자는 언제
지역가입자로 전환되나요?

다음은 피부양자다. 피부양자도 사업자등록만으로 지역가입자로 전환되지는 않는다. 또한, 사업자등록을 했더라도 사업이 적자거나 소득이 0원이면 피부양자 자격이 유지된다. 돈을 못 버는데 보험료까지 많이 징수할 수는 없는 노릇 아닌가.

하지만 소득이 1원이라도 있으면 지역가입자로 자동 전환된다. 매매사업자로 매출이 발생해서 당해 5월 종합소득세 신고 시 이익이 남았다면, 다음 해부터 지역가입자가 된다. 프리랜서는 500만 원까지는 피부양자 자격이 유지된다.

전환 시기는 정확히 다음 해 12월 1일부터다. 예를 들어 2025년 소득이 있었으면 2026년 12월 1일부터 피부양자 자격 상실 및 지역가입자 전환이 되고, 2026년 소득이 있다면 2027년 12월 1일부터 지역가입자로 전환된다.

그렇다면, 사업자를 폐업하면 자동으로 피부양자로 전환될까? 아니다. 사업이 잘 풀리지 않아 사업자를 폐업한다고 해도 자동으로 피부양자 자격으로 전환되지 않는다. 폐업 시점에 전년도 소득이 연계되어 있어서 조정 신청을 별도로 해야 한다. 조정 신청일로부터 90일 이내에 직장가입자 피부양자 신고를 하면 된다. 또한, 피부양자 신고는 직장가입자가 해야 한다. 아내를 피부양자로 넣으려면 남편이 신고하는 식이다.

만약 어딘가 취직해서 직장가입자가 되면 직장에서 알아서 신고해준다. 직원이 있는 사업장, 즉 직장은 4대보험 가입 의무가 있기 때문이다.

POINT

> 피부양자는 소득이 1원이라도 발생하면 자격 박탈된다. 소득이 없으면 그대로 유지된다.

Q128

건강보험료를
줄이는 팁은 없나요?

있다. 법인을 설립해 스스로를 고용하면 된다. 합법이다. 법인에서 월급을 받되, 최소 금액으로 책정해서 건강보험료를 적게 낸다. 직장가입자의 건강보험료는 월급에 비례하는 점을 이용하는 것이다. 요즘에는 인터넷에서 양식을 다운받아 법인을 간단히 설립할 수 있다.

법인에서 월급을 받으면 결국 직장가입자가 된다는 뜻이다. 자동으로 지역가입자도, 피부양자도 아니게 된다. 직장가입자는 지역가입자보다 건강보험료 부담이 훨씬 낮다. 이렇게 법인을 잘 활용하는 것이 건강보험료 절약 최고 꿀팁이다.

위 내용 모두를 다 숙지한 후에 사업자를 시작해야 하는 것은 아니다. 사업자는 결국 돈을 벌면 장땡이다. 하지만 모르고 시작했다가 건강보험료 상승으로 고통받는 분들을 더러 봤기에, 책에 건강보험료 관련 내용을 상세히 남겨본다.

이 내용 외 궁금한 점이 생기면 내 블로그에 질문하거나, 국민건강보험공단 고객센터 1577-1000으로 전화해서 물어보자. 다른 고객센터와 다르게 국민건강보험공단 고객센터는 빠르게 연결되고, 상당히 친절하다. 나도 이렇게 만족스러운 전화 상담(?)은 처음이어서 잘 하지도 않는 칭찬 글을 남겼다.

칭찬 글이 상담사 선생님께 좋은 영향을 미쳤는지 두 번이나 추가 전화가 왔다. 첫 번째는 감사 인사, 두 번째는 잘못 알려준 것이 있다며 정정을 해주셨다. 사소한 부분이었음에도 그렇게 전화를 주셔서 참 책임감 있는 분이구나 싶었다. 사업자는 서로 돕고 돕는 사인가보다.

POINT

건강보험료는 지역가입자보다 직장가입자가 유리하다. 법인을 활용하면 건강보험료를 크게 낮출 수 있다.

Q129

직장에서 건강보험료
변동을 알 수 있나요?

자, 이번 챕터 하이라이트다. 사실 이 부분을 위해 앞서 설명에 설명을 거듭했다고 해도 과언이 아니다. 다 왔다. 힘내보자. 직장인은 누구나 결국 건강보험료 직장가입자일텐데, 이 내용을 주의 깊게 읽어두면 나중에 사장님 몰래 사업할 때 들키지 않을 수 있을 것이다.

앞서 직장 외 다른 소득이 발생하면, 그해 신고한 종합소득세에 근거해서 11월부터 건강보험료가 변경된다고 했다.^{질문 106번} 건강보험료 납부 기관인 국민건강보험공단조차 11월이 되어서야 건강보험료 월 납부액을 변경한다. 직장에서 이 변동을 알 수 있을까? 안다면 언제 알게 될까?

매매사업자를 낸 순간부터 우리는 직장 외 다른 사업장을 운영하는 대표다. 직원이 있든 없든 대표 사업자로서 거기서 발생하는 소득과 손해를 개인 종합소득에 반영한다. 그런데 건강보험료와 국민연금은 사업장에 직원이 있는지 없는지에 따라 크게, 아주 크게 달라진다.

쉬운 것부터 먼저. 직원이 없을 때부터 보자. 우리 사업장은 직원이 없어서 4대보험에 가입하지 않아도 된다. 우리 소득은 기존 직장 A에서 받는 근로소득과 매매사업자 사업장 B에서 받는 사업소득 두 가지다. 건강보험료는 일단 A를 기준으로 부과한다. B에서 2천만 원 이상 소득이 발생하면 지역가입자 '보수 외 보험료'가 발생한다. 보수 외 보험료는 자택으로 통지된다. 회사는 알 일이 없다.

다음은 조금 어렵다. 두 눈 크게 뜨고 집중하자. 개인사업자는 사업장에 대표자 외 직원이 1명이라도 있으면 4대보험에 가입해야 한다. 4대보험은 어렵게 생각하지 말고 건강보험 사업장으로 가입한다고 생각하면 된다.

이 사업장 등록은 기존 직장에서 확인할 수 없다. 이제 우리 직원은 B사업장 직장가입자가 된다. 대표자인 우리도 B사업장 직장가입자가 된다. 기존 직장 A 직장가입자는? 그대로 유지된다. 이렇게 두 직장에서 건강보험에 가입된 사람을 이중가입자라 한다.

이중가입자는 건강보험료 납부 금액이 어떻게 달라질까? 각각 직장 소득에 따라 고지된다. 직장 A는 근로소득으로, 사업장 B는 대표 보수가 얼마인지 신고한다. 즉 각각 보수에 따라 신고·납부하기 때문에 직장 A와 사업장 B는 서로 영향을 미치지 않는다. 국민건강보험공단에서도 직장에 이중가입자 통보를 하지 않는다. 고로 걱정 없다.

참고로 건강보험료 산정에서 개인사업자 사업장 대표는 직원보다 낮은 보수는 인정되지 않는다. 같거나 높아야 한다. 직원이 100만 원 받으면 대표도 100만 원에 따라 신고한다. 이중가입자가 되면 보수 외 보험료는 발생하지 않는다. 만약 직원이 따로 없고, 우리가 대표인 사업장 C가 있으면 보수 외 보험료가 발생할 수 있다.

같은 원리로 이중가입자가 아니라 삼중, 사중, 오중, 백중 가입자도 가능하다. 각 사업장끼리 영향을 미치지 않는다. 서로 각 사업장의 존재를 알 수 없다. 이외 직원이 없는 사업장 C, D, E가 있다면 C, D, E에서 발생한 사업소득을 모두 합쳐 연 2천만 원이 넘어가는 순간 보수 외 보험료가 산정된다.

금융소득, 기타소득, 연금소득이 있다면 이들도 같이 합친다. 보수 외 보험료는 '근로소득 제외' 종합소득액으로 산정한다. 보수 외 보험료는 자택으로 날아온다. 우리가 직장 몰래 납부하면 된다.

좋다. 마지막이다. 건강보험료 상한선이 넘으면 어떻게 해야 할까? 직장 A와 사업장 B에서 발생한 소득을 합쳐서 건강보험료 월 산정 상한액을 초과하면? 건강보험료 산정 월급 최고액은 1억 2,700만 원이고, 월 납부액은 900만 원이다.

만약의 상황을 가정해보자. 우리가 슈퍼 유능한 직장인이라 월급을 6천만 원씩 벌고, 사업도 잘해서 월 소득 8천만 원을 벌었다고 하자. 그러면 둘을 합쳐 월 소득 1억 4천만 원이니 건강보험료 산정 월급 최고액을 넘는다. 각각 사업장에 통보가 갈까?

국민 건강보험공단은 다행히도 개인정보의 중요성을 잘 알고 있는 듯하다. 두 사업장 소득을 합치지 않는다. 통보도 가지 않는다. 기준 월급 1억 2,700만 원은 한 사업장에서 넘었는지 안 넘었는지만 본다. 만약 우리가 초사이어인 슈퍼 울트라 직원이라 직장 A에서 월급 100억 원을 받으면 건강보험료 최고 월 납부액인 900만 원을 다달이 낼 뿐이다. 사업장 B에서 소득이 얼마 발생했건, 사업장에서 따로 낸다. 합산되지 않는다.

한 가지만 더 짚어보면, 직원이 없으면 4대보험에 가입하지 않아도 된다고 했다. 정확히는 개인사업자는 직원 없이 대표자가 직장가입자가 될 수 없다. 따라서 일부러 4대보험에 가입해서 보험료를 줄이고 싶어도 직원이 없으면 불가능하다. 법인은 1인 대표도 직장가입자가 될 수 있다.

정리하면, 직원을 두지 않으면 보수 외 보험료가 산정되어 자택으로 통지서가 날아온다. 직원이 없으면 기존 직장에서 건강보험료 변동을 알 방법은 없다. 연말정산 간소화 자료로 우리가 나서서 알려주지 않는 한. 직원을 두면 우리 사업장도 4대보험에 가입해야 한다. 우리도 직장가입자 이중가입자가 된다. 이중가입자는 사업장별로 건강보험료를 각각 납부한다. 사업장 간 소득은 합산되지 않는다. 상한액을 초과해도 다른 사업장에 통보가 갈까 걱정하지 않아도 된다.

POINT
> 건강보험료 변동은 직장에서 알 수 있는 방법이 없다. 우리가 연말정산 간소화 자료를 제출하지 않는 한.

국민연금이 올라가서
손해가 아닐까 두려워요

건강보험료와 늘 함께 따라오는 쌍두마차, 국민연금이다. 국민연금도 사업자를 시작하며 미리 알아둬야 한다. 얼마나 내는지 파악하고, 어떻게 해야 적게 낼지가 관건이다.

국민연금은 건강보험료보다 특히 주의해서 알아둬야 한다. 왜냐하면 국민건강보험공단은 변동액을 자택으로 통지하는데, 국민연금공단은 **직장으로 바로 통지**하기 때문이다. 국민연금 때문에 사업자를 들키는 경우를 더러 봤다. 언제 통지가 가는지를 알아야 들키지 않고 사업을 할 수 있다.

국민연금 가입자는 두 가지로 나뉜다. 사업장가입자(직장인, 근로자) vs 지역가입자다. 금액 기준으로 보면 건강보험료처럼 직장인이 유리하고, 지역가입자가 불리하다. 직장, 지역가입자, 법인을 활용해서 국민연금을 어떻게 하면 최소로 낼 수 있는지 방법을 제시했다.

또한, 국민연금은 다른 연금과 중복될 수 없기에, 타공적연금(다른 공적 연금) 가입자는 어떻게 처리되는지도 정리했다.

마지막으로 회사에 들키지 않는 법을 소개하니, 매매사업자뿐 아니라 모든 사업자에 공통 적용되는 국민연금 지식을 이번 기회에 잘 알아두자.

Q130

사업장가입자부터 알려주세요

먼저, 사업장가입자를 보자. 사업장가입자＝직장인＝근로자다. 편의상 직장인이라고 부르겠다.

모든 직장인은 근로소득에서 국민연금을 낸다. 월 최소 3만 6,000원, 최대 57만 원을 부담한다. 2026년 기준 국민연금공단 인정 월 소득 하한액은 40만 원, 상한액은 637만 원이다. 월 소득이 637만 원을 넘으면 국민연금은 무조건 57만 원을 낸다. 직장 한 군데서만 돈을 번다면 이게 끝이다. 간단하다.

그런데 직장인이 다른 직장이나 사업자와 연계되면 납부 방식과 금액이 천차만별로 달라진다.

만약 두 회사를 다녀서 두 곳에서 근로소득을 받으면, 두 직장 각각의 급여에서 국민연금을 납부한다. 하지만 직장인이 사업자를 내서 사업소득이 생기면, 신기하게도 직장 근로소득에서만 국민연금을 낸다. 사업소득은 무시한다.

직장인이 사업자를 2개 내서 사업소득이 각각 생기면? 그래도 사업소득은 무시한다. 직장인은 사업소득이 몇 개건, 얼마건 싹 고려하지 않는다. 만능이다. 그러니 직장인이라면 사업자를 내고 국민연금 걱정은 안 해도 된다. 건강보험료만 신경을 쓰자.

POINT

국민연금 사업장가입자(직장인)는 개인사업자를 몇 개 가지고 있든 근로소득에 대해서만 국민연금을 낸다.

Q131

사업장가입자가 아닌 지역가입자는 국민연금을 얼마 내나요?

지역가입자는 근로소득이 없는 사람이다. 본인 사업장만 있고, 직장을 다니지 않는 사람이 여기에 해당한다.

지역가입자는 사업소득 등 종합소득에 포함되는 소득이 발생하면 최소 9만 원에서 최대 57만 원의 국민연금을 낸다. 월 소득이 아무리 많아도 최대 57만 원이 부담액이다. 소득이 아예 0원인 사람은 국민연금을 납부하지 않는다. 법인 무보수 대표도 소득이 아예 없는 무급 근로자로 친다. 그래서 국민연금 납부액이 0원이다.

지역가입자이고(즉, 직장이 없고) 사업자가 있다면, 국민연금 부담이 높아진다. 특히, 우리 예상보다 월 소득 산정 금액이 확 높아질 수 있어 주의해야 한다. 국민연금은 사업개시일부터 소득을 산정해서 월 소득이 달라지기 때문이다. 이는 무척 특이한 계산법이라, 질문 133번 '지역가입자＋사업자는 왜 주의해야 하나요?'에서 따로 자세히 다뤄보자.

POINT

국민연금 지역가입자는 근소로득이 없어서 부담액이 클 수 있다. 종합소득이 발생하면 최소 9만 원, 최대 57만 원을 낸다. 다만, 소득이 없으면 국민연금 납부액도 없다.

Q132 건강보험료와 마찬가지로 법인을 활용할 수 있나요?

지역가입자가 법인 무보수 대표를 하면 근로소득 0원이라 국민연금 납부액도 0원이다. 법인에서 보수를 받으면 근로소득자와 동일하다. 소득에서 9%를 떼간다. 최저 3만 6,000원이다.

지역가입자가 법인 무보수 대표를 하며 개인사업자를 동시에 하면? '지역가입자+사업자'와 동일하다. 지역가입자가 법인 무보수 대표가 아닌, 법인에서 보수를 받으면 직장인이 사업자를 낸 것과 같으니 사업장 소득은 무관하게 된다. 고로 법인을 잘 활용하는 것이 국민연금 측면에서도 도움이 아주 많이 된다.

만약 사업자, 법인이 직원이 있으면 가장 소득이 높은 직원의 월급에 준해서 대표도 국민연금을 납부한다. 즉, 무보수든 유보수든 직원이 없는 1인 법인 대표가 국민연금 납부 면에서는 유리한 것이다. 국민연금 지역가입자는 월 최저 9만 원. 최대는 57만 원을 부담해야 한다. 소득 1원이라도 있으면 1년간 9만 원×12개월=총 108만 원을 내야 한다. 그래서 소득이 있고 없고가 아주 다르다.

POINT

법인을 활용해서 근로소득을 최소한으로 받으면 국민연금 납부액도 크게 줄일 수 있다.

🎯 초보 매매사업자를 위한 국민연금 key 핵심 정리!

[사업장가입자(직장인)]

⊙ 직장인: 직장에서 국민연금 납부

⊙ 직장인+직장인: 두 직장 모두 각각 국민연금 납부

⊙ 직장인+사업자: 직장 근로소득에서만 국민연금 납부, 사업소득 무시

⊙ 직장인+사업자+사업자: 직장 근로소득에서만 국민연금 납부, 사업소득 몇 개든,
　 얼마든 무시

[지역가입자]

⊙ 무소득: 국민연금 납부 안 함

⊙ 지역가입자+사업자: 사업개시일에 따라 소득 산정함(참고로 등록일≠개시일)

⊙ 지역가입자+사업자+사업자: 종합소득으로 계산. 위와 동일

⊙ 지역가입자+법인 무보수 대표: 근로소득 0원이라 국민연금 납부 안 함=무소득

⊙ 지역가입자+법인 보수有^{있을 유} 대표: 근로소득과 동일. 소득에서 9%
　 최저는 3만 6,000원

⊙ 지역가입자+법인 무보수 대표+사업자: 지역가입자+사업자와 동일

⊙ 지역가입자+법인 보수有 대표+사업자: 직장인+사업자와 동일

Q133

지역가입자+사업자는
왜 주의해야 하나요?

앞서 지역가입자+사업자가 주의가 필요하다고 했다. 왜일까? 국민연금 계산 방법을 보면 납득이 갈 것이다. 이 경우 소득은 종합소득세 신고된 소득을 기준으로 한다. 그런데 특이한 점이 있다. 월평균 소득을 '사업개시일'부터 그해 12월까지 발생한 소득(즉, 종합소득액)을 일괄 계산 후 한 달을 곱해서 구한다. 이 월평균 소득의 9%가 국민연금 납부액이다. 이게 얼마나 문제인지 계산해보자.

계산 방식은 다음과 같다.

- 사업개시일부터 12월까지 발생한 소득(A)
- 사업개시일부터 12월 31일까지 날짜 수(B)
- (A)÷(B)=일평균 소득(C)
- (C)x31일(또는 30일)=월평균 소득(D)
- (D)x9%=국민연금 월 납부액(E)
- (E)를 1년간 납부

이를 모르고 12월 가까이 사업을 개시하면 손해가 막심하다. 같은 1천만 원 소득이라도 11월 1일에 사업을 개시하면 한 달 소득이 500만 원으로 처리된다. 즉, 500만 원×9%=45만 원을 1년간 내야 한다. 1천만 원 벌었는데 45만 원×12개월=540만 원을 국민연금으로 토해내는 셈이다.

반면에 3월 1일에 개시했다면 월평균 소득 100만 원으로 잡힌다. 100만 원×9%=9만 원. 1월에 개시했다면 1천만 원÷12개월=약 83만 원, 약 83만 원×9%=약 7만 5,000원. 지역가입자는 보험료 최저 9만 원이므로, 월 9만 원 납부다.

따라서 사업개시일을 설정하는 것은 국민연금 산정에 매우 중요하다. 최대한 연초에 하는 것이 유리하다. 이를 몰랐다가는 최대 납부액 57만 원으로 12개월간 납부해야 할 수도 있다. 왜 이렇게 산정하는지 잘 이해가 되지 않는다. 건강보험료 월평균 소득 계산처럼 개선이 필요하다고 생각한다. 참고로 사업자등록일과 사업개시일은 별개로 할 수 있다.

Q134

변경된 납부액은
언제까지 지속되나요?

사업자는 매년 종합소득세 신고 금액에 따라 국민연금 납부액이 달라진다. 건강보험료랑 비슷하다. 2026년 5월에 신고하면 2026년 10월 말 국민연금공단에 반영된다. 이 소득을 기준으로 새 국민연금 납부액이 산출되어 12월부터 부과된다. 이 금액으로 2027년 11월까지 납부한다. 건강보험료와 한 달 차이다.

국민연금은 자동으로 부과되기 전에 사전 통지된다. 매년 11월에 우편 또는 전자문서로 1~2회 통지된다. 본인이 국민연금 납부 대상자인지 인지 못 하고 세금 신고를 안 하면 국세청에서 알아서 산출해서 부과하기 시작한다. 이를 모르고 지나치거나 무시하면 체납으로 재산이 압류된다. 꼭 주의하자.

특이한 점은 건강보험료와 다르게 국민연금은 자동으로 감액되지 않는다는 점이다. 국민연금은 소득이 떨어진다고 건강보험료처럼 100% 자동 조정되지는 않는다. 소득이 늘어 납부액이 상향될 때만 자동으로 조정된다. 납부액 하향은 자동으로 조정되지 않아서 덤터기를 쓸 수 있으니 주의해야 한다. 12월에 안내만 해준다.

따라서, 작년과 비교해서 소득이 떨어졌으면 국민연금공단에 서류로 증명해야 한다. 감면을 조금이라도 빨리 받으려면 먼저 서류를 내야한다. 건강보험료와 마찬가지로 소득금액증명원을 제출하면, 제출 다음 달부터 금액이 조정된다. 종합소득세 신고하고 가능한 한 빨리 서류를 제출해 감면받도록 하자.

POINT

국민연금은 건강보험료와 마찬가지로 1년간 유지되며, 소득이 감소해도 자동으로 하락하지 않기에 따로 신청해야 한다.

Q135

다른 연금 가입자는 국민연금이 어떻게 처리되나요?

타공적연금이란, 다른 공적연금을 의미한다. 공무원연금, 우체국연금, 사학연금, 군인연금 등이 이에 해당한다. 세상에는 국민연금 말고도 많은 종류의 연금이 있다.

타공적연금 가입자는 국민연금과 중복 가입이 불가하다. 연금 가입은 매달 연금을 납부하거나 수령한다는 뜻이다. 따라서 사학연금, 공무원연금 등에 가입된 사람이라면 국민연금을 내지 않아도 된다.

타공적연금 납부 기간이 끝나고 연금을 수령 중이라면, 국민연금을 추가할지 선택할 수 있다. 대부분 하지 않는다. 돈을 더 내고 싶은 사람은 없으니까.

하지만 가입 기간이 짧아 연금 수령 자격 없이 타공적연금이 끝나면 자동으로 국민연금 지역가입자로 전환된다. 선택권은 없다. 국민이라면 연금은 뭐든 하나는 내거나 받고 있어야 한다.

POINT

타공적연금 가입자·수령자는 국민연금을 내지 않아도 된다.

직장에서 국민연금 변동을 알 수 있나요?

건강보험료와 마찬가지다. 이 내용을 설명하기 위해 앞서 그렇게 열심히 설명했다. 다 왔다. 국민연금은 건강보험료보다 주의해서 알아둬야 한다. 건강보험료와 다르게 특정 조건이 만족되면 기존 사업장에 통보가 간다. 우리 같이 불상사를 방지해보자. 건강보험료와 마찬가지로 국민연금을 제대로 알아두어야 회사에 걸리지 않을 수 있다.

쉬운 것부터. 우리 매매사업자 사업장에 직원이 없다면? 우리는 직장가입자＋사업자다. 국민연금은 사업자가 몇 개가 있든 얼마를 벌든 직장가입자로만 납부한다. 추가되는 금액이 없으니 기존 직장에 통보될 일이 없다. 직원이 없으면 국민연금은 100% 안전하다.

어려운 건 역시 직원이 있을 때. 우리 사업장에 직원이 있다면, 4대보험에 가입해야 한다. 앞서 건강보험료도 4대보험에 포함되는 것처럼 국민연금도 포함된다. 사업장을 4대보험에 가입하며 동시에 대표도 가입하게 된다. 건강보험과 같다. 대표는 기존 직장 A와 매매사업자 사업장 B에서 동시에 국민연금을 납부하는 직장가입자 이중가입자가 된다.

국민연금 이중가입자는 각 사업장 소득액을 합쳐서 월 상한액을 넘는지 안 넘는지가 매우 매우 중요하다. 2025년 상한액 월급은 637만 원으로, 건강보험료 1억 2,700만 원보다 훨씬 적다. 이 상한액은 매년 7월 변경된다. 만약 두 사업장 소득을 합쳐서 637만 원을 넘지 않으면 각 사업장에서 소득의 9%를 납부한다. 예를 들어 기존 직장 A에서 300만 원, 사업장 B에서 200만 원 월급을 받으면, 각각 9%씩 내고 끝난다.

그런데 합친 금액이 637만 원을 넘으면 각 사업장에서 나눠서 국민연금을 납부한다. 이 변동은 국민연금공단에서 친절하게 우편을 발송해서 알려준다. 기존 직장 A와 우리 사업장 B로…. 우리가 손쓸 새도 없이. 예를 들어, 월급으로 A에서 300만 원, B에서 700만 원을 받으면 총 637만 원 초과다. 월 최대 국민연금 납부액인 '57만 원'을 전체 월급 대비 각 월급의 비율대로 나눠서 A, B에 통보한다. 그렇게 되면 직장 A에서는 똑같이 300만 원 월급을 받는 사람과 우리가 내는 국민연금 납부액이 다르다는 걸 알게 된다. 즉, 기존 직장에서 무조건 알 수밖에 없다.

사업장 B 말고도 사업장 C, D가 있고 모든 사업장에 직원이 있다면, A, B, C, D에서 발생한 소득을 모두 합친다. 그 금액이 상한액을 넘어가는 순간 A, B, C, D 모두에 우편 통지가 간다. 만약 직원이 없으면? 직장가입자는 사업자가 몇 개든 무적이다. B, C, D뿐 아니라 Z까지 만들어도 기존 직장 A에서만 국민연금을 내고 끝이다. A에서 알 수도 없다.

직장 A에 다니는 사람이 본인이 대표인 사업장 B, C, D 중 B만 직원이 있고 C, D는 직원이 없다면? A와 B에서 받는 소득 합이 월 상한액을 넘으면 A, B 월 납부액 조정. 안 넘으면 A에서 내는 금액 그대로 낸다. C, D는 직원이 없으므로 직장가입자인 우리는 고려할 필요가 없다.

특히 법인은 1인 대표라도 직장가입자가 될 수 있다. 법인은 무보수 대표면 국민연금을 최저 납부액으로 낸다. 다른 직장이 있다면 그 직장에서만 낸다. 1인 대표가 급여를 받으면 기존 직장에서 받는 급여와 합쳐서 월 상한액을 넘지 않도록 조정해야 한다. 그래야 기존 직장에 통보가 가지 않는다.

연말정산은 건강보험료와 마찬가지로, 간소화 자료에 개인 앞으로 발생한 국민연금 납부액이 다 합쳐서 나온다. 다른 사업장에서 월 상한액이 넘지 않았더라도 여기서 들킬 수 있다. 질문 121번 '사업자를 내면 직장에서 알 수 있지 않을까요?'에서 말한 것처럼 연말정산은 패스하고 따로 신고하거나, 자료에서 연금 부분을 제하고 제출하면 된다.

정리하면, 우리 사업장에 직원이 없으면, 매출이 얼마건 기존 직장에서 알 방법은 없다. 우리가 연말정산으로 알려주지 않는 한. 직원이 있다면 직장과 사업장 소득 총합이 국민연금 산정 월 상한액 기준을 넘지 않아야 한다. 월 상한액을 넘는 순간 기존 직장 납부액이 달라지고, 우편으로 친절히 통보가 가기 때문에 들킬 수밖에 없다. 역시 가장 안전한 건 직원을 두지 않는 것이다. 100% 안전하다.

걱정되는 마음에 하나만 더 말하면, 중소기업 공제를 받는 사람은 연말정산 간소화 자료에 이 사항이 나온다. 연말정산 자료로 생각보다 많은 정보가 회사로 흘러간다. 들키지 않으려면 자료를 신중하게 검토하고 제출하자. 회사에서 연말정산을 받지 않고 종합소득세로 따로 신고하는 것도 좋은 방법이다.

이번 장에서 언급한 내용을 모두 알고 사업자를 시작하는 사람은 드물다. 하지만 국민연금 때문에 사업소득 대부분이 사라져 땅을 치며 폐업하는 사람도 봤다. 시작이 좋아야 사업도 오래 할 수 있다. 국민연금이야말로 모르고 시작했을 때 최대 57만 원×12개월=684만 원 손해가 발생할 수 있다. 이 부분을 읽은 우리는 책값 300배는 아꼈다고 생각하고 적극적으로 활용하길 바란다.

POINT

국민연금은 이중가입자가 되면, 월 평균 소득이 월 상한액을 초과 시 기존 직장에 통보가 자동으로 간다. 기존 직장에 알리지 않고 싶다면 직원을 고용하지 말자.

비교과세를 왜 매매사업자가
주의해야 하나요?

매매사업자는 만능이 아니다. 모든 부동산 양도차익을 사업소득으로 처리할 수는 없다. 사업소득으로 신고는 가능하지만, 세무서에서 양도세로 정정 부과할 때가 있다. 바로 비교과세다. 세무서에서 소득세와 양도세를 '비교'해서 높은 것으로 부과한다는 뜻이다.

비교과세 대상은 주택분양권, 비사업용토지(나대지, 용도에 맞게 사용되지 않는 토지 등), 미등기부동산, 중과대상주택(규제지역+다주택자) 이렇게 네 가지가 대표적이다. 이들은 매도 후 사업소득으로 신고해도 세무서에서 양도세와 비교해서 더 높은 세금으로 징수한다. 보통 양도세가 더 높으니 양도세로 추징이 이뤄진다.

간주 매매사업자가 양도세를 소득세로 추징하는 경우였다면, 비교과세는 반대로 소득세를 양도세로 추징하는 경우다. 전자는 양도세 비과세보다 소득세가 크고, 후자는 소득세가 단기 양도세보다 크니 가능한 일이다.

즉, 다주택자가 규제지역 아파트를 팔아 매매차익에 대해 소득세 신고를 하더라도, 세무서에서 이를 걸러내 양도세와 비교해서 소득세와 양도세 중 높은 금액으로 부과한다. 이를 모르고 사업소득세 신고를 했다가 (보통은 양도세가 더 높으니) 세금 폭탄이 나중에야 날아오게 된다.

또, '양도세 중과배제 기간에는 매매사업자 비교과세가 적용되지 않는다'고 생각하는 분들이 있다. 양도세 중과배제는 2년 이상 보유를 전제로 한다. 단기 양도세율은 1년 이내 70%, 2년 이내 60%라서 다주택 양도세 중과배제는 고려할 필요가 없다. 2년 이후에 매도하려는 것이 아니라면 말이다.

분양권은 늘
비교과세 대상인가요?

분양권은 조금 특별하다. 분양권 상태에서 매수, 매도하면 비교과세 대상이지만, 추후 준공되어 '주택'인 상태로 매도하면 비교과세 대상이 아니다._{질문 57번} 재개발·재건축 원시취득과는 조금 다르게 본다.

매매사업자는 매도할 때 혜택을 적용하며, 추후 세무서에서 최초 취득 시 매매 목적 취득인지를 종합적으로 고려한다. 분양권은 준공 상태 주택으로 매도가 가능하니, 매매 목적 취득에 분양권도 인정이 되는 셈이다. 이를 이용하면 준공이 머지않은 주택 분양권을 매수, 준공 후 매도하며 차익을 볼 수 있다.

하지만 분양권을 사서 그대로 분양권 상태로 매도한다면, 단기 양도세율 70%를 피할 방법이 없다. 매매사업자로 처리해도 세무서에서 양도세로 추징하는 비교과세 대상에 해당하기 때문이다. 고로 주택분양권은 단기 투자가 어려운 현실이라고 본다. 지방 아파트 미분양이 계속 쌓인다면 모르지만, 비교과세를 푼다고 해서 미분양이 해소될 일도 아니다.

참고로 비교과세 대상의 대출 이자는 비용처리가 불가능하다. 비교과세 대상은 매매사업자로 인정받을 수 없는 품목이기 때문이다. 비교과세 대상은 양도가액 비용처리 가능 항목인 취득세, 중개료, 법무사비 등만 비용처리 가능하다.

POINT

주택 분양권은 비교과세 대상이지만, 준공 후 매도하면 비교과세 대상이 아니다.

◀◀◀

Q138

양도세 중과 대상을
자세히 알려주세요

양도세 중과 대상을 잘 알고 있어야 비교과세를 피할 수 있다. 양도세 중과는 '다주택자'가 '조정지역에 위치한 주택'을 매도할 때 적용된다. 다주택자가 아니거나, 매도하는 주택이 조정지역이 아니라면 중과 대상이 아니다. 고로 비조정지역 주택을 보유하고 있다면, 자유롭게 매매사업자를 이용할 수 있다.

조정지역 1세대 1주택자도 매매사업자를 쓸 수 있다. 하지만 1세대 1주택자라면 매매사업자보다 개인 명의 비과세가 유리한 면이 있으니, 필요에 따라 매매사업자를 사용하자. 빠르게 돈이 필요한 경우가 아니라면 2년 보유·거주한 다음 비과세 받는 게 최고다.

말이 나온 김에 다주택 기준도 알아두자면, 양도세 주택 수에는 세대원 주택수가 모두 포함된다. 세대원에는 (동일한 거주지라고 가정) 본인과 배우자의 직계존비속과 형제자매가 포함된다. 형제자매의 배우자는 포함되지 않는다. 이를 모르고 1세대 1주택 비과세를 신청했다가 다주택자 중과 또는 양도세 기본세율을 징수당한 사례도 있다. 우리나라 세법 참 복잡하다.

POINT

> 다주택자가 매도하는 주택이 조정지역에 위치한다면 양도세 중과 대상이다. 즉, 매매사업자 비교과세 대상이다.

Q139

비교과세 때문에 조정대상지역에서는 매매사업자 활용이 불가능한가요?

Q138에서 말했듯, 매매사업자의 비교과세 중 양도세 중과대상주택은 두 조건을 모두 만족해야 한다. '다주택자'와 '조정대상지역' 주택 매도다. 다시 이야기하면, 1주택자라면 조정대상지역 주택 매도 시 매매사업자를 활용할 수 있다.

여기서 주의할 점은, 매매사업자의 재고자산도 중과대상주택 주택수 판정에는 들어간다는 점이다. 서울 1주택, 지방 1주택 보유자가 지방 1주택을 재고자산으로 넣고 서울 1주택을 양도세 비과세 매도할 수는 있지만, 서울 1주택을 매매사업자로 매도하면 무조건 비교과세 대상이다. 매도 시점에서 양도세 중과대상주택 주택수 기준 다주택자(서울 1주택, 지방 1주택으로 총 2주택자)이기 때문이다.

중과대상주택의 정의를 잘 모르고 조정대상지역만 해당해도 비교과세 대상이라고 오해하는 경우가 많은데, 여러분만큼은 이번 기회에 제대로 알아갔으면 좋겠다.

참고로, 매매사업자 사업장의 주소지와는 전혀 무관하다. 임대사업자는 임대를 준 부동산에 내지만, 매매사업자는 재고자산에 주소지를 두지 않으니까.

예시) 서울 1주택+지방 1주택 보유자가 매매사업자로 매도 시

　　지방 1주택 매도: 비교과세 x

　　서울 1주택 매도: 비교과세 o

　　지방 1주택 매도 후 서울 1주택 매도: 둘 다 비교과세 x

POINT

조정지역 1주택자는 비교과세 대상이 아니다. 중과대상주택 주택수 판정에는 재고자산도 들어간다.

◀◀◀

부동산 규제지역은 매번 바뀐다. 비규제지역이 규제지역으로 바뀌는 경우 많은 것이 바뀌게 되는데, 매매사업자 비교과세의 경우를 살펴보자.

비교과세에서 중과대상주택이란, 어느 주택을 매도할 때 그 주택의 소재지가 조정지역이고, 소유자가 다주택자여야 한다고 했다. 그런데, 그 주택이 취득 당시에는 비조정지역이었지만, 매도 시점에는 조정지역이면 어떻게 될까?

정답은 비교과세 대상이다. 양도세 중과대상 여부 판정 시에는 매도 시점 기준으로 본다. 고로 매도 시점에 해당 주택 소유자가 다주택자라면, 취득 시점에 비조정지역이었다 하더라도 중과대상주택에 해당, 비교과세 대상이다.

다만, 규제지역 지정 이전에 매도 계약을 체결하고 계약금을 지급받은 경우에는 예외적으로 비교과세 대상이 아니다. 이에 따라 경매 낙찰도 계약으로 볼 수 있는지 많은 분들이 물어보셨는데, 아쉽게도 낙찰과 일반적 부동산 매매계약 체결로 인한 계약금 체결은 동일한 행위가 아니다. 즉, 규제지역 지정 이전에 낙찰받고 지정 이후에 낙찰 잔금을 납부했다면, 추후 매도 시(다주택자라면) 비교과세 대상이다. 세법은 확대 해석할 수 없는 법이니. 규제지역이 확대되는 시기에는 이런 점도 모두 고려해서 입찰해야 한다.

이와 별개로 양도세 1세대 1주택 비과세 요건에서 실거주 요건은 취득 시점을 기준으로 정해진다는 것도 알아두자. 시간을 돌려서 거주할 수는 없는 노릇이다. 취득 시점이 비조정지역이고, 매도 시점에 조정지역이어도 보유 2년만 했다면 양도세 비과세를 받을 수 있다.

POINT

양도세 중과대상 여부는 매도 시점 기준으로 판정한다.

예정신고는
양도세 신고와 뭐가 다른가요?

부동산을 팔면 세무서에서 자동으로 알고 양도세 납부 통지서가 날아온다. 거래 신고를 하니 당연한 수순이라고? 아니다. 양도세는 워낙 단위가 큰 세금이니 세수 펑크가 나면 재정에 문제가 생겨서 그렇다. 세금을 걷어야 국가가 돈을 번다.

매매사업자는 양도세 통지서를 무시해도 된다. 양도세를 내지 않기 때문이다. 대신 매매차익 예정신고를 한다. 이후 종합소득세 신고를 하며 사업소득에 대한 세금을 납부한다. 즉, 예정신고는 개인이 양도세 대신 소득세를 내기 위한 첫걸음이다.

예정신고는 양도세 신고와 사뭇 비슷하면서도 많이 다르다.

비슷한 점은 비용처리다. 예정신고 때 비용처리하는 항목은 양도세 비용처리하는 항목과 같다. 어라, 부동산 매매사업자의 장점은 비용처리 범위가 넓다는 것 아니었나요? 맞다. 매매사업자의 비용처리 범위가 빛을 발하는 순간은 예정신고가 아닐 뿐이다. 종합소득세 신고다. 또한 한 해에 여러 건을 매도하면 합산해서 신고한다는 점이 양도세 신고와 닮았다.

다른 점은 이를 제외한 모든 것이다. 세율, 납부액, 절차, 종합소득세 연계 등 매매사업자라면 이 항목을 빠짐없이 알아야 한다.

Q141

예정신고는 언제까지 해야 하나요?

　　매매사업자의 매매차익 예정신고 기한은 매도 후 두 달 이내다. 양도세와 마찬가지다. 정확한 기한은 매도일이 속한 달 말일에서 2개월까지다. 예를 들어, 4월 1일에 매도 잔금을 받았다면 6월 30일까지 예정신고를 마치면 된다. 기한 내 납부하지 않으면 가산세가 있다. 개인은 양도세 신고, 매매사업자는 매매차익 예정신고다. 예정신고를 마치면 양도세 신고는 하면 안 된다.

　　어라, 개인은 양도세 신고인데 사업자는 '예정'신고라고? 그렇다. 사업자는 본인이 내야 할 세액을 아직 정확히 계산할 수 없으니 예정신고라 하는 것이다. 사업자의 소득은 개인과 다르다. 소득세율을 정하려면 종합소득을 알아야 한다. 근로소득, 배당소득, 연금소득, 사업소득 등 모두 합친 종합소득이 나와야 구간에 맞게 소득세율을 산출할 수 있다.

　　종합소득은 언제 알 수 있는가? 내년 5월이다. 따라서 예정신고로 일부만 미리 내고, 정확한 금액은 매년 5월에 정산 및 납부하는 것이다.

　　결론적으로, 양도세는 두 달 안에 신고 및 납부를 마쳐야 하지만, 사업소득세는 다음 해 5월에 내면 된다. 시간적 여유가 있다. 양도세도 같은 회계연도에 2건 이상 매도하면 예정신고가 있지만, 여기서는 중요하지 않으니 다루지 않도록 한다.

POINT

　매매차익 예정신고 기한은 매도일이 속한 달 말일 기준 두 달 이내다.

#기본세율
#세율
#예정신고

Q142

예정신고 세율은 얼마로 해야 하나요?

예정신고를 진행하다 보면, 세율을 선택하는 부분이 있다.

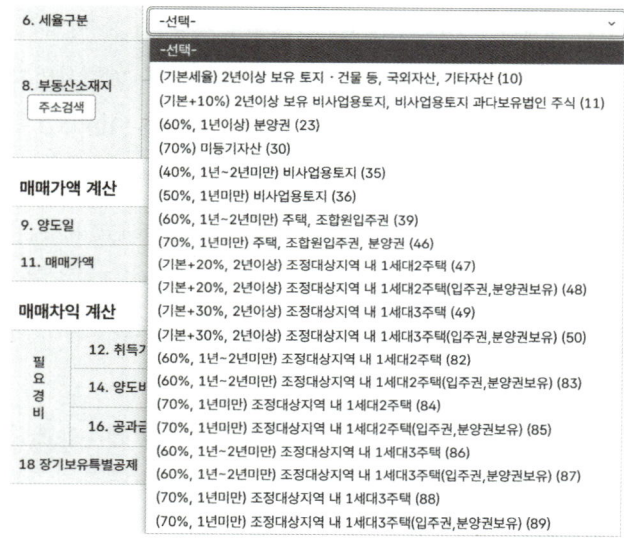

홈택스 세율 선택 화면

부동산 초보 시절, 이 목록을 샅샅이 살피며 '어라, 나는 6개월 만에 매매사업자로 매도하는데 선택할 것이 없네, 어떡하지?' 했다. 이 고민을 해결하는 데만 일주일이 걸렸다. 어디를 검색해도 나오지 않았다. 그렇게 알아낸 결론은, 매매차익 예정신고는 기본세율로 하면 된다는 것이다.

홈택스 신고 화면 '세율 구분'에서 '(기본세율) 2년 이상 보유 토지·건물 등, 국외자산, 기타자산 (10)'을 선택하면 된다. 2년 이상 보유하지 않아도 된다. 부동산을 2년 이상 보유할 경우 양도세 기본세율이 적용되기 때문에, 편의상 '기본세율'을 이렇게 설명해둔 것뿐이다. 우리는 매매사업자라서 보유기간, 매도 시점과 관계없이 무조건 기본세율이다. 신고자의 종합소득 구간을 알 수 없으니 일단 기본세율로 내는 것이다.

기본세율은 아래의 표로 정해져 있다. 참고로 양도세 기본세율, 종합소득세 기본세율은 모든 구간에서 같다. 매매차익에 따라 기본세율 구간이 정해진다.

양도소득세 기본세율

과표	세율	누진공제
1,400만 원 이하	6%	–
5,000만 원 이하	15%	126만 원
8,880만 원 이하	24%	576만 원
1.5억 원 이하	35%	1,544만 원
3억 원 이하	38%	1,994만 원
5억 원 이하	40%	2,594만 원
10억 원 이하	42%	3,594만 원
10억 원 초과	45%	6,594만 원

만약 예정신고 매매차익이 1천만 원이라면 6%, 4천만 원이라면 15%, 8천만 원이라면 24% 세율을 적용받을 것이다. 기본세율을 선택하고 세금 신고 화면에서 넘어가다 보면, 자동으로 순 매매차익에 대해 세율이 정해진다.

예정신고에서 미리 낸 세금은 나중에 종합소득세 신고하며 내야 할 세금에서 공제된다. 예정신고로 100만 원을 냈고, 이후 종합소득세에서 150만 원을 내야 한다면, 종합소득세 납부는 50만 원만 하면 되는 식이다. 예정신고 납부액이 종합소득세 세액보다 크다면, 환급도 받을 수 있다.

POINT

매매차익 예정신고 방법을 보고 따라만 하면 되게 만들어뒀다.
30만 원 아끼자.

Q143
예정신고에서도
비용처리가 가능한가요?

가능하다. 이때, 부동산 거래에 직접적으로 관련된 항목만 비용처리를 한다. 이 항목을 '양도가액 비용처리 가능 항목'이라 한다. '양도가액 비용처리'라는 말에서도 알 수 있듯, 이 항목들은 개인 매도 양도세 신고할 때도 똑같이 적용된다. 양도가액 비용처리 가능 항목에는 취득가액, 자본적 지출액, 공과금, 양도비가 있으며, 각각의 세부 항목은 아래 표를 참조하길 바란다.

비용처리를 위해서는 당연히 영수증, 세금계산서, 납부내역서 등 적격증빙을 제출해야 한다(홈택스 온라인 제출시 사진을 찍어서 올려도 무방하다. 스캐너가 없어도 좌절하지 말자). 가능한 한 서류는 버리지 말고, 빠짐없이 챙기고 사진도 찍어두도록 하자. 서류가 미비하다면 세무서에서 친절한(?) 전화가 올지 모른다.

매매차익 예정신고 항목

항목	세부항목
매매가액(양도가액)	실거래액, 매도인이 부담해야 하는 중도금이자 등 대납액
취득가액	취득 시 쟁송으로 인한 명도비용(경매는 명도비용 취득가액 산정 불가), 소송비용, 인지대 등 취득에 소요된 모든 비용 포함(내용증명, 법무사비도 가능)
자본적 지출액	보일러, 샷시 교체 등 대수선 수리비(도배, 장판 등 수익적 지출액은 불가)
공과금	취득세, 등록세 등 부동산 구입 시 지출한 관련 세금
양도비	양도 시 중개수수료, 양도세 신고서 작성비, 공증비용, 인지대, 소개비, 명도비, 주택채권 매각대금

매매차익 예정신고에서 입력해야 하는 항목은 총 다섯 가지, 매매가액, 취득가액, 자본적 지출액, 양도비, 공과금이 있다. 각각의 세부항목들 중 견해에 따라 약간씩 다른 항목에 들어갈 수 있지만, 어디에 들어가든 세금 계산에 미치는 효과는 동일해서 큰 상관은 없다. 예를 들어 인지대가 취득가액에 들어가든, 양

도비에 들어가든 결과는 같다. 중복만 되지 않으면 된다. 고로 어느 항목을 어디에 넣어야 하는지로 너무 스트레스받지 않길 바란다.

또한, 예정신고는 잘못 입력하더라도 5월 종합소득세 확정 신고 전까지는 언제든 수정이 가능하다. 정확히는, 마지막에 한 신고만 인정되니 실수를 했다면 다시 신고하면 된다. 겁먹지 말고 셀프로 하길 바란다.

위에서 언급하지 않은 비용, 즉 부동산과 관련 없지만, 사업자로서 비용처리할 수 있는 항목은 5월 종합소득세 신고 때 처리한다. 통신비, 수선비, 업무추진비, 교통비 등이 이에 해당한다. 이들은 예정신고 때는 비용처리를 하지 않는다. 경매 명도비용도 종합소득세 신고하며 비용처리를 하면 된다.

다만, 앞서 말했듯 명도비와 강제집행비는 논란의 소지가 있다. 명도합의서 등을 첨부하면 가능할 수도 있다. 개인 매출 비용 상황에 따라 달라질 수 있으니 담당 세무사님과 상담 추천한다.

POINT

양도가액 비용처리 가능 항목은 매매차익 예정신고에서 비용처리를 한다. 이외 비용은 종합소득세 신고에서 처리한다.

Q144

한 연도에 여러 건을 매도하면 어떻게 처리하나요?

같은 연도(1월 1일~12월 31일)에 먼저 신고했던 건과 합쳐서 다시 매매차익 예정신고를 하면 된다. 매매차익 예정신고는 각각 따로 나눠서 해도 되지만, 일반적으로 통산한다. 해외주식 통산하는 방식과 같다. 같은 회계연도에 일어난 일은 모두 합쳐 신고하는 것이다.

예를 들어, 1월 매도 건이 200만 원 이익이 났다면 3월 안에 200만 원×6%=12만 원을 예정신고하고 납부해야 한다(매매차익 200만 원에 대한 기본세율은 6%다). 그다음 5월에 다른 1건을 매도했을 때 500만 원 손해가 났다면? 7월까지 예정신고 납부액은 0원이 되고, 세무서에서는 이전에 냈던 12만 원을 돌려받는다.

다시 7월에 1천만 원 이익이 생겼다면? 200만 원-500만 원+1천만 원=700만 원에 대한 세금을 9월 안으로 신고하고 납부하면 되는 것이다. 이해가 됐는가? 같은 연도에 여러 건 매출이 발생하면(즉, 부동산을 매도하면) 이렇게 처리하면 된다.

이처럼 한 해에 새로 매도 건이 생겨서 여러 번 예정신고 한다면, 이전 신고는 지우지 않아도 된다. 세무서에서는 신고 기한 내에 여러 번 신고하더라도 최종 접수된 신고서만 유효한 것으로 보기 때문이다.

POINT

> 한 해에 일어난 매도는 모두 합쳐서 한 번에 신고한다. 예정신고는 최종 신고만 인정되니 앞선 신고는 취소할 필요 없다.

Q145 서로 다른 연도에 매수, 매도하면 어떻게 되나요?

자, 한 과세기간 내에 발생한 매매 건은 모두 합쳐서 예정신고 한다는 것을 배웠다. 그렇다면 과세 기간이 다른 매도 건은 어떻게 처리해야 할까?

예를 들어보자. 2025년 11월에 A아파트를 매도한 매매사업자가 있다. 이 사람이 B아파트를 2025년 10월에 매수했고, 2026년 2월에 매도한다면, B아파트 거래에 들어간 비용은 어떻게 해야 할까?

B아파트 취득세, 매수 중개수수료, 법무사비 등은 2025년 10월에 납부했고, 매도 중개수수료는 2026년 2월에 납부했다. 이때 10월에 들어간 비용을 2026년 4월까지(B아파트 매도일 2월의 두 달 뒤) 예정신고하며 넣어야 할까, 아니면 2025년 11월 이전에 쓴 비용이니 2026년 1월까지(A아파트 매도일 11월의 두 달 뒤) 예정신고하며 넣어야 할까?

정답은 2026년 4월이다. 예정신고는 특정 부동산 거래에 따른 부수비용을 처리하는 것이다. 따라서 취득세, 법무사비 등 '해당 부동산 거래 비용'임을 특정할 수 있는 비용은 비용이 언제 지출되었든 해당 부동산 매도일 기준으로 넣으면 된다. B아파트 거래가 특정되는 비용은 B아파트 예정신고를 하며 넣으면 된다.

쉽게 말해, 양도가액 비용처리 가능 항목은, 지출일에 관계없이 해당 부동산 예정신고에 맞춰 비용처리하면 된다. '양도가액 비용처리 가능 항목이 뭐지?' 하는 사람은 질문 143번 '예정신고에서도 비용처리가 가능한가요?'로 돌아가길.

POINT

특정 부동산 거래 부수비용은 매도 잔금일을 따라간다. 예정신고의 기준일은 매도 잔금일 두 달 이내, 종합소득세 신고는 매도 잔금일 다음 해 5월임을 잊지 말자.

Q146

양도세 예정신고와 매매차익 예정신고 중 어떤 것을 해야 하나요?

매매사업자는 매도 이전까지는 개인과 같고, 매도 이후부터 달라진다. 누군가 매매차익에 대해 양도세로 신고/납부하면 개인으로 매도하는 것, 사업소득세로 신고/납부하면 매매사업자로 매도하는 것이라 했다.

매매사업자가 매년 5월 종합소득세를 납부하기 전, 매도 2달 안에 해야 하는 신고가 있다. 매매차익 예정신고다. 매매차익 예정신고를 한다면 세무서에서는 '양도세가 아니라 소득세로 신고하려 하는군' 하고 파악한다.

그런데 이 매매차익 예정신고를 양도세 예정신고로 잘못 알아서 양도세 예정신고를 해버리는 경우가 있다. 절대 그러면 안 된다. 양도세 신고는 예정신고와 확정신고로 나뉜다. 매매차익이 발생하면 양도일이 속한 달의 말일부터 2달 내 예정신고로 세금을 납부한다. 다음 매매차익이 발생하면 또 예정신고를 하고 납부한다. 이처럼 예정신고는 거래가 발생할 때마다 하는 신고다.

반면에 매년 5월에는 작년에 발생한 매매차익을 모두 합쳐서 양도세 확정신고를 하게 된다. 확정신고를 하며 예정신고 때 누락한 공제 항목 등 추가 조정사항을 반영한다. 예정신고를 통해 세금을 모두 납부했다고 확정신고를 안 하는 경우가 있는데, 거래가 2건 이상이라면 양도세 확정신고 의무자에 해당하기에 누락하면 무신고/납부지연 가산세가 붙는다.

이처럼 양도세 예정신고는 양도세 확정신고를 위한 과정이고, 매매사업자의 사업소득세 신고와는 전혀 별개의 개념이다. 만약 양도세 예정신고를 해버리면 매매사업자 처리가 불가능해질 수 있으니 반드시 유의하자.

POINT

양도세 예정신고와 매매차익 예정신고는 전혀 다른 개념이다. 매매사업자는 매매차익 예정신고를 해야 사업소득세로 처리할 수 있다.

Q147

양도세도 사실은
예정신고라면서요?

예정신고 파트에서 꼭 이야기하고 싶었던 재밌는 사실이 하나 있다. 우리가 모르고 살고 있지만, 부동산 매도 후 두 달 안에 하는 양도세 신고 및 납부도 사실 예정신고라는 점이다. 원래대로라면, 양도세도 매도 두 달 이내 신고 후 다음 해 5월에 확정신고를 또 해야 한다.

하지만 1년에 매도가 1건이라면 예정신고와 확정신고의 값이 같을 것이다. 고로 확정신고를 다시 할 필요가 없다. 세무서도 이를 알고 있어서 굳이 확정신고를 받지 않는다. 예정신고가 확정신고의 역할을 한 것이다.

그래서 양도세 두 달 신고는 예정신고임에도, 우리가 그동안 개인 명의로 부동산을 팔고 따로 확정신고를 하지 않아도 아무 일이 없던 것이다. 양도세는 분리과세에 속해서 종합소득세에 들어가지 않으니 이런 일이 특수하게 생긴 것이다.

신기하지 않은가? 만약 개인도 1년에 여러 건 양도하는 경우 양도세 예정신고를 여러 번 하고, 다음 해 5월에 확정신고를 해야 한다. 매매차익 예정신고와 마찬가지로 마지막에 한 예정신고만 인정되니, 거래가 쌓일 때마다 계속 신고를 새로 하면 된다.

POINT

개인으로 한 해에 여러 건을 매도하면 양도세도 예정신고를 하고, 다음 해 5월에 확정신고를 해야 한다.

Q148 만약 예정신고를 잘못해서 돈을 더 냈다면요?

다시 예정신고를 하면 된다. 앞서 한 해에 여러 건 매도가 발생한 경우, 예정신고를 다시 한다고 했다.^{질문 144번} 그렇게 해도 되는 이유는, 예정신고는 마지막에 최종적으로 한 신고만 인정되고 이전 신고는 효력이 없어지기 때문이다.

이를 잘못 납부한 예정신고에도 이용할 수 있다. 마지막 예정신고만 인정된다는 점을 이용해, 새로 예정신고를 하는 것이다. 새로 신고하면서 틀렸던 점을 반영해 정확히 신고하고, 기납부액 칸에 이미 낸 금액을 입력하면 끝이다. 만약 이전 신고에서 실수로 세금을 더 냈다면, 더 낸 만큼 환급을 받을 수 있다.

그리고 사실 예정신고는 말 그대로 예정신고라서 틀렸다고 너무 상심하지 않아도 된다. 우리는 매년 5월 종합소득세 신고를 하며 한 해 수입·지출을 정산한다. 예정신고 때 더 낸 돈도 이때 다시 돌려받을 수 있으니 너무 걱정하지 말자.

POINT

예정신고는 최종 신고만 인정되니, 걱정 말고 한 번 더 정확하게 신고하자. 기납부액이 더 크면 환급받는다.

성실신고에 선정됐는데
축하할 일이 아니라고요?

초등학생 시절 맨 앞에 나가 성실상을 받으면 기분이 참 좋았던 기억이 난다. 많은 박수와 축하를 받아서 뿌듯했다. 성실하다는 건 이처럼 좋은 것이다. 성실이 인정을 낳고, 인정을 받으면 그렇게 뿌듯한 일이 아닐 수 없다. 여러분도 매매사업자로 돈을 많이 벌어서 스스로에게, 주변 사람들에게 인정받고 싶을 것이다.

하지만 세금 부문에서 성실신고대상은 성실상이 아니다. 성실신고대상이란, 세무서에서 '성실하게 신고하는지 감시하는 대상'에 선정되었다는 의미다. 축하할 일이 전혀 아니다. 앞으로 세무서 감시를 받는다는데 좋아할 사람이 있을까.

성실신고대상은 선정 기준이 있으니 가능한 한 피하는 편이 좋다. 신경 써야할 부분이 많아지기 때문이다. 혜택도 있지만 추가되는 의무에 비하면 약소한 편이다. 지금부터 매매사업자는 어떤 기준으로 성실신고대상이 되는지, 의무와 혜택은 무엇인지 알아보자.

Q149

어떤 기준으로 성실신고대상에 선정되나요?

다행히도, 모든 매매사업자가 성실신고대상에 들어가지는 않는다. 특히 처음 시작하는 사람은 대부분 성실신고대상에 들어가지 않을 확률이 높다. 매매사업자는 일정 규모 이상 매출이 발생하면 자동으로 성실신고대상에 들어간다.

매매사업자 규모가 커져서 1년에 매출 15억 원 이상 발생하면 성실신고대상이다. 규모가 큰 만큼 세무서에서 정확하게 신고할 것을 요구하는 셈이다. 1년의 기준은 매년 1월 1일부터 12월 31일까지로, 종합소득세 산정 기간과 같다. 기간은 모두 매도 잔금일 기준이다.

이미 세금 파트를 지나온 여러분은 잘 알고 있겠지만, 매매사업자에게 매출=매도=매매가다. 고깃집에서 음식 판매량이 매출인 것처럼, 매매사업자는 부동산을 팔아 돈을 벌기 때문이다. 1년에 여러 건 매출을 올렸다면 모든 매출을 합산한다. 음식점이 판매한 모든 음식 매출을 합치듯 말이다.

예를 들어 매매가 12억 원, 매매차익 5억 원인 A아파트를 팔아 2024년 12월에 매도 잔금을 받았고, 매매가 14억 원, 매매차익 3억 원인 B아파트를 팔아 2025년 1월에 매도 잔금을 받았다면 성실신고대상일까?

아니다. 각 연도 1월 1일~12월 31일에 발생한 매매가 합이 15억 원을 넘어야 한다. 2024년은 매출 12억 원, 2025년은 매출 14억 원으로 성실신고대상에 해당하지 않는다. 여기서 2025년에 매매가 1억 원 매출만 더해져도 대상에 해당된다. 참고로 늘 그렇듯 매출 발생일은 부동산 잔금일(소유권 변경일) 기준이다.

POINT

> 부동산 매매사업자는 1월 1일~12월 31일 매도 금액 합 15억 원 초과 시 성실신고대상이다.

Q150

성실신고대상으로 선정되면 뭐가 달라지나요?

성실신고대상으로 선정되면 일반 사업자와 달라지는 부분이 있다. 일단 기장 비용이 급상승한다. 장부에 세무사·회계사의 성실신고 확인이 들어가야 하기 때문이다. 혼자 기장을 처리하고 있던 사람이라도 전문가의 검수를 받아 장부를 제출해야 한다.

만약 그렇게 장부에서 틀린 점이 발견되면 검수한 세무사·회계사가 책임져야 한다. 그래서 거래, 비용처리를 철저하고 빈틈없이 검수할 수밖에 없다. 꼼꼼하게 보는 만큼 기장 비용이 급상승한다. 세무사·회계사가 성실신고를 검수하는 비용은 보통 200만 원 이상이며, 이 돈을 성실신고 수수료라고 한다.

또 종합소득세 신고 기한이 한 달 연장된다. 이는 검수가 오래 걸리는 만큼 제대로 검사해서 안 틀리게 내라는 뜻이다.

혜택도 있다. 의료비, 교육비, 월세 세액공제를 추가로 받을 수 있고, 성실신고 수수료를 세액공제(120만 원까지) 받을 수 있다. 하지만 혜택에 비해 부담해야 하는 사항이 훨씬 크다.

가능하면 피하되, 성실신고대상이 되었다면 그만큼 사업이 성장하고 있다는 뜻으로 받아들이고 성실하게 신고에 임하자.

POINT
성실신고대상으로 선정되면 세무서에서 매의 눈으로 장부를 검사하기 때문에, 세무사의 검수를 받아야 한다. 비용 추가는 덤이다.

PART

5

매매사업자 대출을
이제야 알다니

사업자대출 받고
개인 명의로 매도해도 되나요?

대출에 관한 가장 큰 오해 중 하나는, 매매사업자 대출을 받았으니 매매사업자로 매도해야 한다는 생각이다. 사업자대출 → 사업자 매도로 이어지는 흐름이 얼핏 보면 자연스러워 보인다. 그러면 개인대출을 받고 매매사업자로 매도하는 것도 이상해야 하는가? 총 네 가지 경우를 생각해볼 수 있다.

① 개인대출 → 개인 매도
② 개인대출 → 사업자 매도
③ 사업자대출 → 개인 매도
④ 사업자대출 → 사업자 매도

결론은, '위 네 가지 모두 가능'이다. 대출 종류와 매도 방법은 전혀 관계없다. 매매사업자 대출을 받든, 개인대출을 받든 원하는 대로 매도하면 된다. 대출은 자금 조달을 위한 방법일 뿐이다. 매도 방법은 우리가 선택할 수 있다.

사업자대출의 종류도 매매사업자 대출 이외에 임대사업자 대출, 전자상거래 사업자 대출 등 다양한 방법이 있다. 자금용도변경을 거치면 우리가 소유한 다른 부동산을 담보로 새 부동산을 구매할 수도 있다. 다시 한번 말하지만, 대출은 자금을 조달하는 용도지, 매도 방법에 영향을 미치지 않는다.

즉, 매매사업자 대출을 받아도 개인으로 매도할 수 있다. 1세대 1주택 비과세 등 개인 명의 매도 시 받는 혜택은 그대로 받을 수 있다. 그러니 안심해도 좋다.

Q151

매매사업자 내놓고 개인대출 받아도 될까요?

문제없다. 개인대출을 받는다고 해서 매매사업자 불이익은 전혀 없다. 비용 처리도 그대로 다 할 수 있다. 매매사업자를 낸 우리에게 개인대출 말고도 사업자대출이라는 선택지가 하나 더 생긴 것뿐이다. '팔 때' 어떤 명의로 적용할지는 어떤 대출을 받았느냐와 전혀 무관하다. 매매사업자를 내놓고 개인대출을 받아도 문제없다.

어떤 대출을 받을지 고민이라면, 정답은 '유리한 것으로 고르세요'다. 개인대출을 받든 매매사업자 대출을 받든 대출 조건(금리, 거치 기간, 대출 기간, 중도상환 수수료)이 유리한 것으로 고르면 된다. 사업자대출을 받고 개인대출로 대환 가능하고, 반대도 가능하다.

개인대출과 사업자대출의 특성을 알면 조금 더 유리하게 대출을 계획할 수 있다. 개인대출은 DSR^{Debt Service Ratio, 총부채원리금상환비율}, 소득, 기존 대출, 주택 수 등을 모두 본다. 그래서 기존 대출이 없는 상태로 받을 때 최대한도가 나온다. 이에 비해 매매사업자 사업자대출은 DSR, 기존 대출, 주택 수와 무관하게 한도가 나온다.

기존 주택이 100채가 있어도 제 한도가 다 나온다. 따라서 개인대출을 받을 거라면, 가장 첫 순서로 받는 것이 좋다. 사업자대출이 있다면 개인대출 한도가 깎일 수 있기 때문이다. 개인 → 사업자 → 사업자 순서로 대출받는 것이 사업자 → 개인 → 사업자 순서로 받는 것보다 대출 총액이 많다.

POINT

> 매매사업자 등록으로 권리가 추가될 뿐, 개인으로 할 수 있는 것들이 제한되는 것이 아니다. 사업자등록 후 개인대출을 받아도 전혀 문제없다.

} **Q152** 어떤 은행에서 대출받는
것이 유리한가요?

경매 대출 팁이 있다면, 모든 은행, 대출 모집인마다 조건이 다 다르다는 것이다. 최대한 많이 알아보되, 가능한 은행 중에서도 지방, 지방 중에서도 시골에 있는 은행을 노려야 한다. 각 경제주체의 욕심이 어떻게 발현되는지 생각해보자.

은행도 돈을 벌어야 한다. 은행은 '대출 실적=돈'이다. 도시에 있는 은행은 이미 대출 수요가 차고 넘쳐서 실적을 쉽게 채울 수 있다. 주변에 사람이 많고, 권리관계 깨끗한 일반 물건도 많다. 굳이 권리 관계 복잡한 경매 물건에 대출해줄 필요가 없다. 강남역 신한은행에서 경락잔금대출을 받은 사람이 있다면 그분은 연줄이 있거나 정말 유능한 사업자일 것이다.

하지만 지방, 시골에 위치한 은행은 다르다. 도시에 있는 은행처럼 물건과 손님을 골라 받을 수가 없다. 어떻게든 실적을 채워야 한다. 조건을 더 좋게 해서 손님을 모을 수밖에 없다. 그래서 경매 물건도 취급하고, 이율도 더 좋게 해주는 것이다.

1금융권은 경매 물건을 거의 취급하지 않지만, 그나마 농협에서 가능한 것으로 알려져 있다. 농협도 1금융권 농협은행과, 2금융권 농축협으로 나뉘는 건 이미 많은 사람이 알 것이다. 1금융권이 안 된다면 어쩔 수 없이 2금융권을 노려야 한다.

POINT

은행도 기업이고, 지점별로 경쟁한다. 연초에, 지방에 위치한 은행을 노리자.

Q153

대출을 미리 확인하고 입찰하고 싶은데 알려주는 곳이 없어요

대출이 얼마나 나오는지를 알아야 입찰을 할 텐데, 방법이 없다. 인터넷에 알려진 번호로 연락했더니 '낙찰받고 연락하세요'라는 답만 받았다면? 방법이 있다. 경매가 열리는 날에 맞춰 가장 가까운 경매 법정으로 가자. 거기는 대출상담사분이 정말 많다.

그분들께 음료수라도 하나 드리며 필요한 정보를 물어보고 명함을 받자. 전화만 드렸던 분들보다 훨씬 잘 알려줄 것이다. 사람은 아무래도 얼굴도 모르는 사람보다 인사라도 한 사람한테 친절할 수밖에 없다. 사회적 평판을 생각해야 하니까.

말 걸기 쑥스럽다고? 안 된다. 용기를 내야 한다. 앞으로 명도 과정에서 수많은 초인종을 누르고 관리소를 대면할 것이다. 지금은 대출을 영업하기 위해 '친절한' 사람들부터 만나는 과정인데 주눅 들면 안 된다.

고생해서 많이 알아볼수록 좋은 조건의 대출이 열린다. 20명 정도 연락하면 충분하지 싶다. 어떤 책에서는 200명 가까이 알아보는 노력 끝에 원하는 조건을 맞췄다고 한다.

POINT

초보자가 가장 어려워하는 문제 중 하나가 대출을 미리 알아보는 것이다. 경매 법정 입찰 당일에 가서 대출상담사를 만나보자.

매매사업자 대출을 정확히 알려주세요

초보 매매사업자 질문 1위를 차지한 분야는 무엇일까? 놀랍게도 대출 분야가 차지했다. 그중에서도 사람들은 대출 한도가 얼마나 나오는지를 정말 궁금해했다. 막상 낙찰을 받았는데 예상보다 대출이 나오지 않으면 큰일이다.

앞 챕터에서는 사업자대출을 받아도 되는 이유와 대출을 미리 알아보는 방법을 소개했다. 이번 챕터에서는 정확한 대출 한도 계산 방법과 대출에 관한 궁금한 점들을 풀어보도록 하자.

우선, 경락자금대출이 무엇인지 소개하며 개인대출과 사업자대출을 알려줄 것이다. 개인대출은 잘 알려진 주택담보대출, 상가담보대출을 말하는 것이라 어렵지 않다. 사업자대출은 잘 알려지지 않았기 때문에, 한도부터 조건까지 상세히 다룰 것이다.

특히 매매사업자 대출은 다른 사업자대출과 다른 점이 여러 개 있다. 방공제, 대출 가능 시기, 기존 주택 수, 소득, DSR, 재고자산 등 고려할 점이 많다. 더불어 신탁대출의 장단점도 한번 짚고 가보도록 하자.

경락자금대출이 정확히 무엇인가요?

경락자금대출, 경매 낙찰받은 물건으로 받는 대출을 말한다. 사실, 경락자금 대출이라는 말은 없다. 크게 보면 경락자금대출은 개인대출과 사업자대출 두 종류를 통칭하는 것이다. 대출은 기존에 존재하던 대출들이고, 그냥 담보 부동산이 경매로 낙찰받은 물건이라서 '경락자금'대출이라는 말을 편의상 쓰는 것뿐이다.

그래서 은행을 가면 경락자금대출이라는 이름에 생소한 은행원도 있다. '경락자금대출'이라는 대출 품목은 없기 때문이다. 그런 분께는 개인대출, 사업자대출을 받으러 왔노라 해야 한다.

그렇다면 경락자금대출 중 개인대출은 뭔가? 좋은 질문이다. 개인대출은 사실 종류가 무지무지 많다. 개인이 받을 수 있는, 사업자대출이 아닌 모든 대출은 개인대출이다. 그중 부동산 매매, 경매에 쓰는 대출은 개인 주택담보대출, 개인 상가담보대출이다.

이 책에서는 거의 '개인대출=주택담보대출'로 쓰고 있었다. 앞서 개인대출을 먼저 받고 사업자대출을 받는 것이 대출 총액이 커서 유리하다고 했다. 개인대출 한도 제한이 생기는 이유도 사실 그 글에서 말한 개인대출이 주택담보대출이라 그런 것이다. 주택담보대출은 나라에서 엄격한 한도 제한을 두고 있으니까말이다. 앞으로 다룰 부동산이 아파트뿐이라면, 개인대출=주택담보대출로 생각해도 좋다.

주택담보대출 중 생애최초대출은 LTV Loan to Value ratio, 주택담보인정비율 80%까지 가능하다. 이를 경매 물건에 적용해서 낙찰 잔금을 치를 수도 있다. 일반 물건만 다루는 은행이 대부분이라 생애최초대출을 경매 물건에 해주는 은행을 찾기 쉽지 않을 수 있다. 하지만 과정이 복잡할지언정 인터넷에도 이미 후기가 많으니

▶▶▶

여러 대출처를 찾아보길 바란다.

사업자대출은 매매사업자만 있는 것이 아니다. 임대사업자 대출도 있고, 한도를 최대한 높이기 위해 받는 전자상거래 대출도 있다. 어떤 종류 대출을 받든, 매도할 때 매매사업자를 적용하든 개인으로 팔든 선택권은 우리에게 있다. 매매사업자는 대출 종류와 관계없이 사용할 수 있다. 강제 사항도 아니라서 유리하게 선택하면 된다는 걸 기억하자.

POINT

경락자금대출이라는 대출 품목은 사실 없다. 경매 물건에 받는 개인대출, 사업자대출을 말한다.

개인대출 한도는
어떻게 계산하나요?

개인대출은 일반 주택담보대출과 같은 말이다. 규제지역 KB부동산 시세(KB시세) 40%, 비규제지역 KB시세 70%가 한도다. KB시세 일반가를 기준으로 하고, 저층은 하위평균가를 기준으로 잡기도 한다. 또한 DSR[(주택담보대출 원리금+기타 대출 원금 및 이자 상환액)÷세전 연 소득], DTI^{Debt To Income, 총부채상환비율}[(주택담보대출 원리금+기타 대출 이자 상환액)÷세전 연소득]를 고려하기 때문에, 기존 대출, 소득, 신용점수 등을 고려한다.

방공제('방 한 칸 값 공제'의 줄임말. 주택담보대출 시 소액 임차인의 보증금을 보호하기 위해 대출 한도에서 일정 금액을 제외하는 제도)는 보통 없지만 2025년 10~12월처럼 대출 규제가 강화되며 개인대출도 방공제를 하는 경우가 가끔 있다. 위 한도는 무주택자 기준이며, 1주택자는 처분조건으로 같은 한도를 받을 수 있다. 26년 기준 현재 기존 주택 처분 기한은 6개월이고, 1주택자가 처분을 하지 않고 신규 주택을 구입한다면 대출이 전혀 나오지 않는다. 2주택자 이상은 현재 대출이 전면 금지된 상황이다.

대출 시 주택 수는 취득세와 다르게 '지금 보유한 주택 수'만 해당한다. 매수하는 주택은 빼고 생각한다. 대출이 실행되는 시점에는 매수할 주택은 아직 우리 소유가 아니기 때문이다. 즉, 규제/비규제지역 대출 한도는 각각 무주택자 40%/70%, 1주택자는 처분 조건 하에 같은 한도, 2주택 이상은 대출 불가다. 불과 1년 전만 해도 다주택자가 규제지역에서 30%, 비규제지역에서 60% 대출을 받을 수 있었다. 기회는 있을 때 잡아야 한다. 더욱이 기회라는 것을 알아챌 눈이 필요하다.

POINT
개인대출 한도는 소득, 매매가, KB시세, 방공제, 지역, 주택 수에 모두 영향받는다.

Q156

사업자대출은 어떤 점이 다른가요?

한도가 잘 나온다. 사업자대출은 소득, 기존 대출, 주택 수, 신용점수와 무관하다. DSR도 보지 않는다. 기존 대출이 있는 사람이 사업자대출을 받으면 제 한도를 다 받을 수 있다. 사업자대출 한도는 보통 낙찰가 80%와 KB시세 60% 중 낮은 금액에서 방공제를 제한 금액이다. 사업자대출은 MCI**[Mortgage Credit Insurance, 모기지 신용 보험]**(주택담보대출 시 방공제를 없애고 대출 한도를 높이는 제도. 방공제 금액만큼을 서울보증보험이 보증을 서줘 대출 한도를 늘리는 원리다.) 가입이 불가하다. 방공제가 웬만하면 추가로 들어간다. 그럼에도 소득, 기존 대출, 주택 수와 무관하게 대출을 할 수 있다는 점은 개인대출에 비해 큰 장점이다.

사업자대출 받으며 신탁을 하면 방공제를 안 하는 경우도 있다. 방공제를 안 해서 한도가 높아지는 대신, 소유권을 신탁사에 이전하는 것이다. 다만 신탁에 관해 잘 모르는 임차인, 매수자, 중개인에게 신탁을 잘 설명해서 신탁에 대한 두려움을 없애는 건 우리 몫이다.

매매사업자 사업자대출의 또 다른 장점은 사업자를 내자마자 대출이 가능하다는 점이다. 다른 사업자는 소득이 3개월 정도 쌓여야 대출이 나간다. 은행에서 상환 능력이 증명되지 않는 사업자에게 대출을 퍼줄 수는 없다. 은행 직원이 친인척이라 횡령을 해주면 모를까. 은행도 돈을 버는 게 목적인 곳이다.

매매사업자 사업자대출은 다른 사업자대출과 다르다. 매매사업자를 낸 당일이라도 바로 대출을 해준다. 부동산이라는 담보가 있어서, 사업자 개인의 역량이 별로 중요하지 않다. 만약 사업자가 대출 이자를 못 갚더라도 괜찮다. 담보 부동산을 경매, 공매에 넘겨버리면 끝이다. 은행은 경매 넘기고 절차 진행되고 낙찰되는 시간 동안 쌓인 지연 이자까지 받을 수 있다. 즉, 회수 가능성이 충분하기 때문에 빌려주는 것이다. 우리는 이를 십분 백분 활용해야 한다.

같은 의미로 매매사업자 실적이 없어도 대출이 잘 나온다. 담보 부동산만 멀쩡하면 된다. 실적이 없든, 매매사업자를 낸 지 얼마 되지 않든 걱정하지 않아도 된다. 이를 이용해 급한 개인대출 대환이나 전세보증금 반환에도 매매사업자 대출을 쓰는 경우를 봤다. 다만 연말로 갈수록 대출 실적을 이미 다 채운 은행들은 대출 최소 한도를 정해놓기도 한다. 지점별로 최소 1억, 최소 2억 이상 등 조건을 거는 식이다.

사업자대출 한도를 70%, 80% 해주는 곳도 잘 찾아보면 만날 수 있다. 은행은 늘 우량 대출 물건에 굶주려 있다. 시골, 지방 은행일수록 실적 쌓기가 어렵다. 이를 서로 연결해주려는 대출 상담사를 잘 만나면 투자 생활에 큰 도움이 된다. 최대한 많은 대출처를 알아보길 바란다.

또 경매는 어차피 2금융권 대출이라 1금융권 규제는 크게 상관없다. 빌라는 전세 사기 방지를 위한 제도 개선으로 대출이 점점 어려워지고 있으니 유의하자. 같은 금액이라도 빌라보다는 아파트에 돈을 빌려주고 싶은 게 인지상정이다.

어떤 대출을 받건 간에, 해당 부동산을 구매하며 담보로 받은 대출이라면 매매사업자 비용처리에 넣을 수 있다. 개인대출 이자만 비용처리 가능한 것이 아니다. 전자상거래 대출을 받아도 해당 부동산 담보로 받았다면 비용처리 가능하다. 비용처리는 소득세율만큼 할인받는 효과와 같이 얼마나 이득인지 짐작이 갈 것이다. 신용대출은 해당 부동산을 담보로 받는 것이 아니기 때문에, 실제 취득에 이용했다고 하더라도 비용처리로 인정받기 어렵다.

실거주 용도로 매매사업자 대출을 받는 것도 가능하다. 임대를 주거나, 전입신고를 하는 것도 가능하다. 다만, 대출처에 따라서 전입신고를 금지하는 경우도 있다. 심지어 임대를 주면 매매사업자 대출을 바로 갚아야 한다는 곳도 만나봤다.

이런 점을 미리 인지하고 대출처와 상의해서 대출을 받아야 추후 문제가 없다. 대출약정서를 눈 빠지게 자세히 읽어보는 사람은 없다. 평형에 따른 대출 한도 차이는 당연히 없다. 대출할 때 부가세를 고려하지도 않고, 부가세는 사업자 부담이기 때문이다.

공동으로 입찰한 물건도 사업자대출을 받을 수 있을까? 된다. 둘이서 공동입찰을 했는데, 1명만 매매사업자여도 매매사업자 대출이 나온다. 공동명의 부동산을 1명이 대출을 받기 위해서는 다른 1명이 담보제공 동의를 해야 한다. 매매사업자가 있는 사람이 차주借主, 나머지 공동명의자는 담보제공자가 되는 것이다. 2명 모두 매매사업자면 당연히 더 문제가 없다.

POINT

사업자대출은 소득, 기존 대출, 주택 수를 보지 않는다. 신탁을 하지 않으면 방공제를 하는 경우가 대부분이다. 매매가의 70% 정도로 보면 무난하다.

Q157

사업자대출은 소득 0원이어도 되나요?

된다. 소득이 없는 사람이어도 사업자대출이 나온다. 이론상 연 100만 원만 써도 된다. 국민연금 최저 금액 지역가입자가 다달이 9만 원을 납부하니 그에 상응하는 정도로 본다. 심지어 배우자 명의 카드 사용내역도 된다. 주부도 가능하며, 소득이 없어도 된다는 말이다.

앞서 밝혔듯 대출 한도는 소득과 전혀 무관하다. 개인대출은 DSR 규제가 있어 소득과 대출상환 능력을 보지만, 사업자대출은 열려 있다. DSR을 보지 않고 부동산 담보가치를 보기 때문에 대출 한도가 고스란히 나온다. 주택 수, 기존 대출도 보지 않으니 집을 100채 가지고 있어도 101번째 주택 대출이 나온다. 사업자대출의 매력이다.

다만, 소득이 낮다면 금리에 일부분 영향이 있을 수는 있다. 한도는 그대로일지라도, 금리는 차주별로 차등 적용하기 때문이다. 돈을 빌려주는 사람은 빌리는 사람의 소득이 높을수록 파산 확률이 적다고 생각할 수밖에 없으니까.

또한, 사업자대출이 대중에게 널리 알려지기 시작하면서, 조건이 조금씩 강화되는 경향이 보인다. 소득을 전혀 보지 않던 몇몇 대출처도 '이자 상환 가능' 정도의 소득 유무를 따지기 시작했다. 월 30만 원 이자가 발생하면 월 소득이 30만 원은 증빙이 되어야 하는 식이다. 이처럼 시장 상황에 따라 대출 조건이 시시각각 바뀔 수 있으니, 물건을 매수하기 전에 반드시 대출 가능 유무를 확인하자.

POINT

> 사업자대출 한도는 소득과 무관하다. 무직, 주부도 이용 가능하다.

Q158 사업자대출은 사업자등록 3개월 후부터 가능한 것 아닌가요?

아니다. 매매사업자 대출의 또 다른 장점은, 사업자등록 시기와 관계없이 가능하다는 점이다. 다른 사업자와 다르게 매매사업자는 부동산을 담보로 대출받기 때문에 사업자를 내자마자 즉시 대출이 가능하다.

'사업자대출은 사업자등록 3개월 후부터 가능하다'라는 말이 틀린 것은 아니다. 다른 사업자는 사업자를 낸 후, 소득이 발생하고 3개월이 지나야 대출이 가능하기 때문이다. 꾸준한 소득이 있어야 이를 기반으로 차주를 믿고 돈을 빌려주겠다는 뜻이다. 그렇게 하지 않으면 사업자만 덜렁 내고 돈을 빌려간 다음 잠적하는 식으로 악용될 여지가 있다. 파산하는 곳은 사업자가 아니라 은행이 될 것이다.

하지만 부동산을 다루는 부동산 매매사업자는 다르다. 차주가 돈을 빌려가서 갚지 않더라도, 은행은 담보 부동산으로 원금+이자를 회수할 수 있다. 일반 매매로 돌리든, 경매에 부치든, NPL^{Non-Performing Loan, 무수익여신}(금융기관이 빌려준 돈을 회수할 가능성이 없거나 어렵게 된 부실채권. 부실대출금과 부실지급보증금을 합친 개념이다. 이 채권을 채권 본래 가격보다 싸게 사서 투자에 활용할 수 있다.)로 회수하든, 은행 마음이다. 돈을 빌려주며 근저당권을 설정해뒀기에, 소유자 뜻과 관계없이 마음대로, 임의대로 처분할 수 있다. 이렇게 근저당권으로 경매에 넘기면? 임의경매다.

우리가 낙찰받는 경매 물건에는 수많은 기업과 사람의 권리관계가 얽혀 있다. 우리의 낙찰금으로 선순위 대출자부터 배당을 받아간다. 배당을 받을 때는, 지연 이자까지 쏠쏠히 챙기니 은행 입장에서는 손해가 없다. 지연 이자율은 일반 대출 이자율보다 훨씬 높다.

그래서 부동산 매매사업자가 사업자대출을 받으려면 '사업자등록증+담보 부동산'만 있으면 된다. 즉시 된다. 매매사업자는 사업자등록 당일이든 다음 날이든 관계없다. 매매사업자의 사업자대출 장점을 십분 활용하자.

참고로 이렇게 받은 사업자대출은 개인대출과 다르게, 국민주택채권을 매입하지 않아도 된다. 따라서 법무사 견적서에 근저당 부분 국민주택채권 매입 수수료가 들어가 있다면 빼달라고 하자. 사업자대출을 받았음에도 국민주택채권 매입 수수료를 이미 낸 사람도 돌려받을 수 있다. 나는 이 글을 쓰다가 몇 년 전에 낸 금액이 생각나서 환급받았다. 책을 안 썼으면 모르고 살 뻔했다.

POINT

사업자대출은 보통 사업 개시 3개월 이후에 가능하지만, 매매사업자 대출은 담보 부동산이 있기에 바로 가능하다.

#기존대출
#사업자대출
#상환요청

Q159

사업자대출을 받으면 기존 주택에 영향은 없나요?

영향이 있다. 사업자대출은 기존 대출, 주택 수를 보지 않는다. 하지만 기존 대출이나 주택이 사업자대출이나 새로 취득한 주택 때문에 변동이 생길 수는 있다.

무주택 유지를 조건으로 받은 대출이나, 주택 매입 금지 약정이 있는 전세대출, 공공임대주택 등이 이에 해당한다. 추가 대출 자체가 문제가 될 수도 있고, 새로운 주택 취득이 문제가 될 수도 있다. 기존 대출, 주택 조건을 미리 확인해야 한다.

예를 들어보자. 철수는 어렵게 노력한 끝에 꿈에 그리던 첫 집을 장만했다. 정부 지원 ○○대출로 자금을 조달했고, 대출약정서에 추가 주택 구입 금지라는 조건이 있었다. 그때 약관을 제대로 숙지하지 못한 탓에, 열심히 노력해서 낙찰을 받았다면? 낙찰 잔금을 치르고 소유권을 넘겨받는 순간 ○○대출 약관에 걸린다. ○○대출을 상환하라는 연락을 받을 것이다.

이런 일을 방지하기 위해서, 본인이 기존 대출을 받아둔 상태라면 조건을 미리 확인하도록 하자. 만약 기존 대출이 추가 주택 매입을 금지해뒀다면, 다른 대출로 갈아탄 후에 매매·낙찰 잔금을 치러야 한다. 이때도 유용하게 쓸 수 있는 대출이 사업자대출이다. 사업자대출은 추가 주택 금지 등 약정이 전혀 없기 때문이다. 아직은 금융당국의 규제 밖에 있지만, 점점 많은 사람이 이용하다 보면 어떻게 될지 모르는 노릇이다.

POINT

사업자대출은 기존 대출에 영향을 주지 않는 것이 일반적이지만, 기존 대출 조건에 따라 상환 요청이 들어올 수 있다.

◀◀◀

Q160

재고자산을 등록해야 매매사업자 대출을 받을 수 있나요?

그렇지 않다. 재고자산은 대출과 관계없다. 이는 매매사업자 인정 요건과 대출 요건을 혼동해서 하는 질문이다. 대출을 위해 필요한 것은 오직 둘, 담보 부동산과 사업자등록증이다. 이 둘만 있으면 매매사업자 대출이 나온다. 사업자대출은 재고자산 등록과 무관하게 가능하다.

사업자대출과 매매사업자 인정은 별개다. 앞서 매매사업자 인정 요건질문 53번을 다시 보면, '사업자대출'은 전혀 해당하지 않는다. 재고자산은 추후 매도 시 양도세가 아닌 사업소득세로 인정받기 위해 쓰는 것이다. 이 기준은 세무서를 위한 것일 뿐, 은행은 전혀 개의치 않는다. 은행은 우리가 매도할 때 매매사업자로 인정받든 말든 원금과 이자만 잘 받으면 그만이다.

POINT

재고자산 등록 여부는 무관하다. 매매사업자 사업자대출은 '담보 부동산+사업자등록증'이면 된다.

Q161

신탁대출의 장단점은
무엇인가요?

　신탁은 방공제를 없애기 위해 주로 사용한다. 방공제를 하면 한도가 줄어들기 때문이다. 대출 규제가 강화된 요즘, 신탁을 꼭 해야만 대출이 가능한 곳도 있고, 신탁을 해도 방공제를 적용하기도 한다. 역시 대출은 대출처에 따라 조건이 각양각색이니 많이 알아보고 최대한 유리한 조건으로 해야 한다.

　방공제 금액은 서울은 5,500만 원, 경기 4,800만 원, 광역시 2,800만 원, 그 외 2,500만 원이다. 방공제는 경매 최우선변제금과 밀접한 관련이 있으니 관심 있는 사람은 공부해보길 바란다. 나 역시 월셋집에 들어가며 최우선변제금 안내를 받았는데, 부동산 사장님이 잘 모르셔서 내가 알려드렸던 기억이 있다.

　또 하나 주의할 점이 있다. 신탁은 매수자 선호도가 낮다. 신탁을 잘 모르는 사람은 거부감이 있기 때문이다. 지금껏 살아오며 했던 매매 방식과 다르니 두려워하는 것이 자연스럽다. 매도인은 '어, 이거 위험한 거 아닌가?'를 납득시켜야 하는 부담이 생긴다. 임차를 줄 때도 마찬가지다. 공인중개사도 신탁을 잘 모르는 경우 꺼리기도 한다. 문제가 생기면 책임을 지기 싫어하는 건 모든 사람이 동일하다.

POINT

신탁대출은 방공제를 없애서 대출 한도를 높일 수 있다. 다만, 매수자·임차인·중개인의 선호도가 낮다는 단점이 있다.

#대출
#은행실적
#조건
} **Q162**

대출 팁을
알려주세요

대출 한도를 최대한으로 받고 싶은 여러분을 위한 팁을 공개한다.

첫 번째, 대출 한도는 늘 연초에 풀린다. 은행도 사업자다. 돈을 벌어야 한다. 실적을 채워야 한다. 그래서 그들만의 특별한 영업 방식을 쓴다. 바로 '연초에 몰아 채우기'다. 은행은 연초에 규제를 풀어서 한 해 채울 실적을 상반기까지 90% 이상 빠르게 채워둔다. 그다음 하반기는 설렁설렁 채운다. 1년 단위로 실적 평가를 해서 그렇다. 그래서 대출은 무조건 연초가 유리하다. 국민연금도 연초 사업 개시가 유리했던 것 기억하는가? 기왕 매매사업자를 시작한 사람이라면 연초를 잘 활용해보자.

두 번째, 숨겨진 인건비를 눈치채라. 대출 한도를 미리 알고 싶어 경매 법정을 찾아간 여러분, 잘했다. 그렇게 해서라도 한도는 꼭 확인해야 한다. 하지만 경매 법정에서 만난 명함 아저씨, 아주머니가 제시한 대출 금리에는 인건비가 녹아 있다. 이 인건비가 금리에 0.1% 정도 반영된다(이거 공개해도 되는 거 맞나 모르겠다). 따라서 다음번 거래부터는 이번에 알게 된 대출상담사나 법무사와 직접 연락하면 더 낮은 금리를 받을 수 있다.

참고로 임대사업자 물건을 낙찰받더라도 대출에는 문제없다. 임대사업자 물건은 원하는 경우에 한해서 사업자를 승계할 수 있다. 낙찰자가 승계를 원치 않으면, 관할 지자체에서 직권 말소 신청할 수 있다. 즉, 경매 낙찰 후 임대사업자 부기등기를 말소할 수 있다. 대출 시점에는 권리관계가 깔끔해진다. 한도는 물건, 차주마다 다를 수 있으니 미리미리 확인하자.

세 번째, 무조건 많이 알아볼수록 유리하다. 낙찰 전에는 연락도 안 되고 나중에 찾아오라던 대출상담사는 낙찰 후에는 180도 바뀐다. 이제 여러분이 갑이다. 내가 아는 분은 중도상환수수료 면제, 금리 4% 조건을 찾아 200곳이 넘는 대출처를 알아봤다고 한다. 결국 원하는 조건으로 대출을 맞추는 걸 보고 정말 대단하다고 느꼈다. 여러분도 꼭 이렇게까지 해야 한다는 것은 아니다. 다만 원하는 조건을 확실히 하고, 가능한 한 많은 대출처와 협상할수록 유리하다.

마지막, 대출청약철회권을 알아두자. 급하게 대출을 실행했다가 더 좋은 조건의 대출을 발견했을 때 요긴하게 쓸 수 있다. 이미 대출을 받았는데 하필 며칠 뒤에 훨씬 좋은 조건의 다른 대출을 알게 됐다면? 중도상환수수료를 내고서라도 대출을 바로 갈아타야 할까? 아니다. 대출청약철회권을 쓰면 중도상환수수료도 면제되고, 자동으로 대출 이력도 신용정보원에서 삭제된다. 대출 원금과 그동안 발생한 이자, 인지세(정부 세금), 법무사비 정도만 감수하면 된다. 기한은 대출 실행일에서 14일이다.

정리하면, 당연한 말이지만, 연초에 가능한 한 많은 대출을 알아보길 바란다. 꼭 연초가 아니라도 괜찮다. 경매 대출은 대부분 2금융권이라, 1금융권이 한도가 잘 나오지 않는 하반기 시즌을 노려서 특판 행사도 종종 하니까. 아, 정말 마지막으로 하나만 더 하자면, 시골에 있는 은행이 대출이 더 잘 나온다. 거기도 지점장이 실적을 쌓아야 승진할 것 아닌가. 나는 어딘지도 모르는 서천 농협에서 대출받아본 적도 있다. 응원한다!

POINT

가능한 한 연초에, 최대한 많은 사람을 알아보자. 특히 1금융권은 연초에 거의 실적을 다 채운다.

#매매사업자대출
#실거주
#임대

Q163

매매사업자 대출 후 임대나 실거주 가능한가요?

매매사업자 대출은 사실 말 그대로 매매 목적 취득을 위한 대출이다. 매매 목적과 반대되는 개념이 바로 실거주라서, 대부분의 대출처에서는 실거주, 즉 사업주 본인의 전입은 금지하는 편이다.

설사 실거주가 된다고 하더라도 대출이 실행되자마자 바로 되는 곳은 없고, 1개월 정도 임대를 주었다가 사업주가 전입하는 형태로 진행한다. 대출 실행 이후에는 확인하지 않기로 미리 합의하는 것이다.

임대는 실거주보다는 조금 더 관대하다. 대부분의 대출처에서 허용하는 편이다. 사업주 본인이 오래 거주한 경우 매매사업자 매도가 어렵지만, 단기 임대의 경우 매매사업자 매도가 가능하다는 점과 연계해서 생각해보면 이해하기 쉬울 것이다.

결론적으로, 임대는 보통 가능, 실거주는 보통 불가능하다. 하지만 이는 대출처마다 정책이 다 다르다. 어디는 임대가 안 되고, 어디는 실거주가 될 수도 있으니 최대한 많은 곳을 알아보는 것이 최선이라 할 수 있겠다.

POINT

일반적으로 매매사업자 대출 후 임대는 가능, 실거주는 불가능하다.

▶▶▶

Q164 6·27 대책의 핵심과 매매사업자의 해결책은 무엇인가요?

#매매사업자대출
#6.27대책
#전입

6·27 대책으로 수도권(서울, 경기, 인천) 가계대출의 대출 최대 한도가 6억 원으로 줄고, 6개월 내 전입 요건이 생겼다. 이는 토지거래허가제(이하 토허제)와는 별개의 제도로, 가계대출을 받은 사람이라면 전입을 반드시 하게 되었다. 다른 점이 있다면 토허제는 실거주 2년이 명시된 반면, 가계대출은 전입 후 유지 기간이 따로 명시되지 않았다는 점이다.

또한, 6·27 대책으로 사업 목적에 맞지 않는 사업자대출이 금지되어, 전자상거래대출 등 타 사업자대출로 주택 잔금을 치르는 것이 어려워졌다. 다행히도 매매사업자 대출과 임대사업자 대출은 사업 목적에 맞는 대출이라 살아남았다.

매매사업자는 타격이 전혀 없었다. 어차피 가계대출 또는 매매사업자 대출 중 유리한 것으로 선택하고 있었는데, 선택지가 하나 없어진 정도니까. 매매사업자 대출의 한도는 여전히 LTV 70%까지 나오고 있었다. 가계대출을 받고 전입으로 인한 매매사업자 부정 가능성을 짊어지느니, 매매사업자 대출을 받는 편이 훨씬 나았다.

하지만 시장은 이를 두고 보지 않았다. 강한 상승장과 대출 규제는 사람들을 조급하게 만들었다. 지금 안 사두면 못 산다는 심리가 시장에 팽배했고, 가계대출 대신 매매사업자 대출로 몰려들었다. 그렇게 6·27 대책 후에도 신고가는 계속해서 이어졌고, 기존에 매매사업자 대출을 알던 사람들 위주로 신속하게 소유권 이전이 이뤄졌다.

그 결과 정부는 다음 대책에서 매매사업자 대출까지 규제하기로 마음먹는다.

POINT

> 6·27 대책으로 가계대출 한도와 전입 요건이 신설되었다. 매매사업자는 크게 타격이 없었다. 그때까지는.

9·7 대책의 핵심과 매매사업자의 해결책은 무엇인가요?

9·7 대책으로 수도권 임대사업자, 매매사업자 대출이 전면 금지되었다. 더욱이 주말에 기습 발표한 탓에 수도권 투자자들은 그야말로 날벼락을 맞았다. 울며 겨자 먹기로 가계대출을 이용할 수밖에 없게 되었으니. 사업자대출과 브릿지론을 이용하는 방법도 있지만, 사업 목적에 맞지 않은 대출로 추후 문제가 될 수 있고, P2P나 캐피탈 대출은 금리가 7~8%대로 매우 높다.

문제는 가계대출을 하면 사업주 본인이 전입을 해야 한다는 점이다. 사업주가 전입을 하면 추후 매매사업자 매도가 부인될 가능성이 있다. 매매사업자로 매도는 하되, 전입을 하기에는 부담스러운 상황이다. 수도권 투자자가 이를 해결할 방법은 없을까? 아마 다른 데서 찾아보기 힘들 방법을 두 가지 제시한다. 특히 정책 담당자가 두 번째 방법을 안다면 규정을 바꿀지도 모른다.

첫째는 일시적 전입이다. 매매사업자 인정 여부를 담당하는 것은 각 지역별 담당 세무서다. 가계대출을 받기 전, 담당자에게 매매 목적으로 받은 대출이며, 정부 정책에 따른 부득이한 일시적 전입임을 미리 확인받는 것이다. 매매사업자 인정은 종합 판단 대상이기 때문에, 전입했음에도 매매사업자 매도를 인정받을 가능성이 있다. 담당자를 잘 설득해보자.

둘째는 공동명의를 이용하는 것이다. 첫 번째 방법이 가능성에 의존하는 것이라면, 두 번째 방법으로는 안전하게 매매사업자를 이용할 수 있다. 가계대출시 전입은 대출을 받는 사람, 즉 차주만 하면 된다. 이를 이용해 공동명의로 매수하면 된다. 과정은 다음과 같다.

매매사업자가 아닌 사람의 지분을 1, 매매사업자인 사람의 지분을 9로 해서 1대9로 매수 혹은 낙찰을 받는다. 그다음 지분이 1인 사람 앞으로 가계대출을 받고 9인 사람은 담보제공동의만 한다. 그러면 대출은 전체 물건에 대해서 나오지만, 전입 의무는 1인 사람에게만 발생한다. 매매사업자인 사람은 전입을 하지 않기 때문에, 추후 매매사업자로 매도해도 전혀 문제가 없다. 이후 두 사람의 지분을 합친 온전한 물건으로 매도하며, 각각 매매차익에 대해 처리한다. 1인 사람은 양도세로, 9인 사람은 매매사업자로 처리하면 된다.

이 방법을 통해 현 정책에서 안전하게 매매사업자를 활용할 수 있다. 1대9로 매수할 경우 사전에 대출이 나오는지 미리 확인하는 것 정도는 필요하겠다. (가능한 곳을 찾지 못했다면 재편의 블로그 '재테크 따라잡기'에 댓글 남겨달라. 연결해드리겠다.)

비수도권은 전혀 영향이 없다. 광역시나 지방 중심도시 투자자는 오히려 지금이 기회다. 가계대출 전입 없고, 매매사업자 대출 여전히 가능하다.

참고로, 매매사업자 대출은 이전에도 0%인 적이 있었다. 2023년 2월 10일부터 임대, 매매사업자 대출이 다시 풀렸고, 2년 반의 활약 끝에 이번에 잠시 퇴장한 것이다. 이처럼 대출은 시장 상황에 따라 늘 변화한다. 시장 참여자의 조건은 모두 똑같다. 같은 조건 안에서 어떻게 하면 좋을지 늘 고민하고 기회를 알아채는 투자자가 되길 바란다. 다음 대출 규제는 LTV, DTI에 이은 DSR보다 더 강력할 것이니.

POINT

매매사업자는 일시적 전입과 공동명의 활용으로 9·7 대책을 피해갈 수 있다.

Q166   가계대출 후 전입 안 하고 매도하면 어떻게 되나요?

수도권 가계대출 전입 요건의 기한은 6개월이다. 소유권을 이전하고 6개월 내에만 전입하면 된다는 뜻이다. 매매사업자는 채 6개월이 되기 전, 소유권 취득 후 다음날이라도 매도해버릴 수 있다. 자, 그렇다면 매매사업자가 가계대출을 받고, 전입 없이 해당 주택을 매도하면 어떻게 될까?

정답은 대출 약정 위반으로 3년간 금융사 대출 금지 및 대출금 회수다. 대출금 회수야 어차피 매도로 돈이 생기니 바로 갚아서 문제가 없지만, 3년간 대출 금지는 부동산 투자자에게 뼈아픈 손실이다. 이후 투자를 못 하게 될 수 있으니까.

전입을 유지한 상태에서 매도해야 하는지, 전입 이력만 있으면 되는지는 불분명하다. 나라에서 정확한 전입 유지 기간을 제시하지 않았을뿐더러, 대출처마다 약관을 다르게 해석하고 있기 때문이다. 고로 미리 확인하고 대출 자서를 해야 한다. 전입 이력만 있어도 괜찮을 수 있고, 아예 전입 상태가 아니라면 문제가 되는 곳도 있을 것이다. 과도기일수록 혼란스러운 법이다.

POINT

전입 이력도 없이 매도하면 3년간 대출이 금지된다. 전입 유지 상태에서 매도해야 하는지는 여전히 의문이지만, 대출처와 협의하기 나름이다.

Q167

10·15 대책의 핵심과 매매사업자의 해결책은 무엇인가요?

9·7 대책에도 서울 주요 단지 위주로 신고가가 계속되자, 다음 대책이 나왔다. 10·15 대책! 서울 전역과 경기도 핵심지가 규제지역으로 지정됐고, 토허제도 같은 범위로 확대 지정됐다. 토허제 대상은 '아파트'와 '동일 단지 내 아파트가 1개 동 이상 포함된 연립, 다세대주택'이다. 일반적인 빌라, 연립주택은 토허제를 피했다.

대출규제도 강화됐다. 매매가액 15억 원 이하는 대출 6억 원, 25억 원 이하는 대출 4억 원, 25억 원 초과는 대출 2억 원으로 한도가 줄었다. 스트레스 DSR 금리도 1.5%에서 3%로 두 배 올랐으며, 1주택자의 전세대출 이자도 DSR에 반영된다.

우선 규제지역 확대로 인한 문제부터 살펴보자. 매매사업자의 비교과세 대상에는 중과대상주택이 있다. 중과대상주택의 정의는, 매도하는 주택이 규제지역이며, 매도자가 다주택자여야 한다. 이 규제지역 범위가 늘어난 것이니 앞으로는 매매사업자로 매도할 때 해당 주택이 규제지역인지를 꼭 확인해야 한다.

앞서 말했듯 매매사업자의 재고자산이더라도 (양도세) 중과대상주택 판정 시에는 주택수에 포함되기 때문에, 규제지역 1주택자만이 비교과세 대상이 아님을 기억하자. 재고자산이 양도세 주택수에는 제외가 되지만, 중과대상주택 주택수에서는 제외되지 않는다.

토허제는 가계대출의 전입 요건과 달리 전입을 하고, 실제로 거주를 2년간 해야 한다. 2년간 연속해서 거주해야 하므로, 실거주 기간 임대나 제3자가 사용할 수 없다. 한마디로 전월세 주지 말고 직접 2년간 살라는 것이다.

자, 그렇다면 9·7대책의 해결책으로 제시한 공동명의 매수는 어떻게 될까. 토허제 구역에서 공동명의로 매수할 경우 소유권자 모두가 실거주 의무를 2년간

이행해야 한다. 즉, 1대9 공동명의 방법을 써도 매매사업자가 실거주를 2년간 하게 되므로 대출과 관계없이 매매사업자로 매도할 수는 없게 된다.

그러면 토허제 구역에서는 매매사업자를 전혀 활용할 수 없게 되는 걸까? 아니다. 토허제 구역이어도 토허제를 면제받는 방법을 우리는 이미 잘 알고 있다. 바로 경매다. 법원 경매로 취득한 부동산은 토허제 예외다. 바로 전세를 주든 매도를 하든 실입주를 하든 말든 소유자 마음이다.

여기서 중요한 주의사항이 있다. 우리가 매도할 때는 여전히 토허제 대상이라는 점이다. 우리 물건의 매수자가 실거주 가능해야 하기에, 공실 상태로 매도해야만 한다. 즉, 임차인을 들여서 대출 이자를 상쇄하는 방법을 쓰기 어려워졌다. 사전에 해당 지역의 매수 수요를 더 철저히 파악해야 울며 겨자먹기로 2년간 보유할 일이 없을 것이다.

또한, 이번 토허제는 아파트만을 대상으로 한다. 아직 토허제를 적용받지 않는 초기 재개발 물건(빌라, 연립주택 등)을 노린다면 충분히 일반 매매로도 매매사업자를 활용할 수 있다. 심지어 공공 또는 금융기관의 채무불이행으로 인한 경·공매라면 재건축, 재개발 조합원 승계도 된다.

게다가 여전히 토허제가 아닌 수도권에서는 앞선 질문들로 해결한 매매사업자의 방법을 여전히 쓸 수 있으며, 지방은 아직 규제 대상이 아니기에 지방 중심 도시와 광역시는 훌륭한 매매사업자 투자처가 될 수 있다.

누차 말하지만, 조건은 모든 시장 참여자에게 평등하다. 규제라는 댐이 생기면 물길이 막힌 돈은 다른 방향으로 흐른다. 이번 규제는 어디로 돈이 흐르게 할까, 다음 규제는 어디일까? 고민해보자. 급변하는 규제 속 탈출구를 먼저 찾아내는 사람일수록 목표에 더 빠르게 가까워질 것이다. 고로 절망하지 말고, 본인만의 방법을 찾아 기회를 노리자.

POINT

10·15 대책으로 확대된 토허제 구역에서 실거주를 하면 매매사업자를 이용할 수 없지만, 경매나 비아파트를 매매사업자로 활용할 수 있다.

토허제 구역에서는 매수하는 사람이 토지거래허가 4개월 내 실입주가 가능한 상태여야 허가가 나온다. 기존 임차인이 있는 경우에는 '임대차계약종료확인서'를 추가로 지자체에 제출해야 한다. 허가 4개월 내 입주가 가능하도록 기존 점유자와 협의하라는 뜻이다. 만약 토지거래허가가 나지 않으면 매매 계약 후 대금이 오갔더라도 그 효력이 사라진다.

토허제를 피하는 가장 좋은 방법은 경매 낙찰이다. 경매 낙찰자는 실입주 의무가 면제된다. 덕분에 임차인을 들여 공실의 관리비와 대출이자를 충당할 수 있다. 여기까지는 좋다. 그런데 이제 팔 때가 문제다. 누군가 사려면 실입주가 가능한 상태여야 하니까.

토허제 구역이므로 다음 매수자가 임차인에게 임대차계약종료확인서를 받아내야 하는데, 이제 막 들어온 임차인이 집을 빨리 빼주겠는가? 여러분이어도 들어온 지 3개월 만에 갑자기 나가달라고 하면 '아, 나가야 하는구나' 하고 나가겠는가? 세입자의 대항력을 십분 활용해서 정해진 임대차 기간을 최대한 채우려 할 것이다.

매매사업자는 단기 매도를 목적으로 하기에, 임대 기간이 길어지면 매매사업자의 사업용 주택으로 인정받지 못한다. 즉, 토허제 구역에서 한번 임대를 주면 매매사업자로 매도하는 건 거의 불가능하다고 봐야 한다. 임대를 2년 주고 양도세 기본세율 또는 비과세로 매도하는 방법밖에 없다.

따라서 토허제 구역에서는 낙찰을 받더라도 공실 상태로 팔 수밖에 없다. 다만 요즘에는 임차인이 들어가 있는 매물보다 실입주 가능 매물이 호가가 조금 더 높다. 이 시세까지 면밀히 매도가에 반영할 수 있다면, 대출이자와 관리비를 다소 부담하더라도 이득인 거래를 만들 수 있을 것이다. 입주가능매물의 시세를 별도로 잘 파악하자.

또 하나 주의점은, 임차인의 갱신권이다. 과거에는 임차인이 갱신권을 사용하지 않았더라도, 신규 매수자의 실거주를 이유로 갱신권을 거절할 수 있었다. 그러나 10·15 규제 이후 토허제 구역이 확대되면서 판도가 달라졌다.

지자체에서 요구하는 임차인의 '임대차계약종료확인서'는 협의의 대상이지, 법적인 작성 의무가 없다. 즉, 임차인이 갱신권을 쓰겠노라 마음먹고 해당 서류를 작성해 주지 않으면 신규 매수인은 허가를 받을 도리가 없다. 갱신권 사용을 막으려면 신규 매수자가 기존 임차인의 계약 종료 2~6개월 사이에 계약을 체결해야 하는데, 계약 자체가 무효가 되어버리니 임차인이 무조건 이기는 게임이 되었다. 즉, 갱신권을 안 쓴 세입자가 갱신권 사용을 원할 경우 집주인은 매도조차도 마음대로 할 수 없게 됐다.

정말 어쩔 수 없이 세입자를 내보내고 매도해야 하는 상황이라면, 임대인이 입주해서 갱신권을 무력화하는 방법이 있다. 토허제를 불문하고 여전히 임대인 본인의 입주는 갱신권을 막을 수 있다. 입주 후 2년 거주하는 게 원칙이다. 이 원칙을 어기고 타인에게 매도하거나 임대할 경우 기존 임차인에게 손해배상을 해야 해야 한다.

손해배상액은 보통 3개월치 임대료 및 법정 이자(5.5% 내외) 혹은 임차인의 임대료상승분, 이사비, 중개수수료 등 실제 증빙이 가능한 지출 금액으로 정해진다. 즉, 수백만 원~천만 원대 초반 금액이 보통이다. 이 금액을 감당한다면 임대인 본인의 입주를 근거로 일단 세입자를 내보내고, 타인에게 매도/임대하는 것도 불가능한 일은 아니다. 손해배상의 대상이지만, 매도/임대 금지의 대상은 아니기 때문이다.

다만 이런 행위가 수차례 반복된다면, '임차인을 속여 재산적 이익을 취했다'는 논리가 성립될 수 있다. 즉, 민사적 손해배상을 넘어 형사적 리스크나 세무조사의 타겟이 될 수 있다. 또한 법적 다툼 자체가 스트레스이므로, 가능한 범위에서 협의하는 것이 최고라 할 수 있겠다. 진정한 투자자는 법의 빈틈을 파고드는 사람이 아니라, 법의 테두리 안에서 임차인과 상생하며 리스크를 0으로 만드는 사람이 아닐까.

정리하면, 경매 낙찰로 토허제 면제를 받더라도, 매도할 때도 토허제 면제가 아니기에 공실 매도가 강제된다. 또한, 토허제 구역에서 기존 세입자가 있는 주택은, 신규 매수자의 전입을 이유로 갱신권을 무효화하는 것이 불가능해졌다. 물론 토허제가 아닌 구역에서는 여전히 신규 매수자가 이긴다. 토허제를 확대하며 이런 것까지 고려했을까 싶다.

POINT

토허제 구역의 확대로 매매사업자가 유의해야 할 점이 늘었다.

매매사업자 명의를 다르게
활용할 방법은 없나요?'

보통 부부 중 소득 낮은 사람 명의로 입찰하라는 말이 있다. 이유는 간단하다. 소득 구간이 낮아 세율이 낮기 때문이다. 매매사업자 사업소득은 종합소득세에 들어가기 때문에, 기존 소득이 적을수록 사업소득에 부과되는 세율도 작다. 얼핏 보면 맞는 말 같다. 그러나 이는 반만 맞는 말이다.

먼저, 대출을 고려해야 한다. 소득이 낮으면 개인 명의 대출이 적게 나온다. 앞서 말했듯 부동산을 매도하며 매매사업자를 쓰더라도, 취득 시 개인대출을 받든 사업자대출을 받든 상관없다. 무주택자 기준으로, 개인대출은 소득이 반영되는 대신 사업자대출보다 한도가 약간 높다. 따라서, 자금 동원 측면에서는 소득이 높은 사람이 매수·낙찰하는 것이 유리할 수 있다. 자금 출처 소명에도 유리하다.

다음으로, 건강보험료와 국민연금도 생각해야 한다. 무소득이던 사람이 소득이 생길 경우, 건강보험료 피부양자 자격이 박탈되고 국민연금 납부 의무가 생긴다. 특히 국민연금은 연 최대 660만 원까지 추가 납부해야 할 수 있으니 주의를 요한다. 앞선 파트 4를 잘 읽은 우리는 직장가입자는 지역가입자 대비 영향이 훨씬 적다는 것을 알 것이다. 따라서 직장가입자는 이 부분은 고려하지 않아도 좋다.

취득은 개인으로 하고 매도에만 매매사업자를 쓰는 것도 된다는 사실을 기억하자. 따라서 누구 명의로 매매사업자를 쓸 것인지 결정하기 위해서는 대출, 건강보험료와 국민연금, 세금 구간을 잘 고려해서 자금 계획을 짜야 한다.

Q169

매매사업자
명의변경도 가능한가요?

　개인 매매사업자는 대표자 명의변경이 원칙적으로 불가능하다. 한 번 내면 폐업 전까지 낸 사람 명의로 쭉 간다. 그러므로 경매에서 낙찰을 받거나, 부동산을 매수할 때 처음부터 누구 명의로 할지 잘 생각해야 한다. 명의자 앞으로 소유권이 넘어가니 추후 분쟁이 생기면 큰 문제가 될 수 있다. 스마일게이트 창업주 부부의 이혼 소송에서도 최초 명의자가 아내여서 법적 분쟁의 요소가 되고 있다.

　최근에 상담해드린 분이 생각난다. 남편, 아내 명의로 각각 1주택인 부부 2주택자였다. 남편 명의 주택을 매매사업자로 처분하고 싶어 했다. 하필 남편이 공무원이라 매매사업자 등록이 불가능했다. 남편 명의로 매매사업자를 잠깐 내고 재고자산을 등록해서, 아내 명의로 사업자를 넘겨받으면 되지 않냐고 하셨다. 아쉽게도 개인사업자는 대표자 명의변경이 안 되는 대신, 대안을 말씀드렸다.

　아내가 매매사업자를 내서 아내 명의 주택을 재고자산에 넣는다. 그러면 남편 명의 주택을 개인으로 매도할 때 1세대 1주택 비과세를 받을 수 있다. 양도세 계산 시 부부 주택 수 합산에서 아내 명의 재고자산 주택은 배제되기 때문이다. 이를 듣고 정말 기뻐하셨던 기억이 난다.

　원칙적으로는 대표자 명의변경이 어렵지만, 약간의 편법을 이용하면 방법은 있다. 기존 대표자와 사업을 넘겨받을 사람이 공동명의 동업계약서를 작성한 후, 공동사업자로 사업자를 변경한다. 일정 기간이 지난 후, 동업을 해지한다. 이 방법을 거치면 사업을 그대로 가져오는 효과가 있다.

POINT

　사업주 명의를 변경하는 것은 원칙적으로 불가하다. 명의란 그만큼 중요하므로 처음부터 누구 명의로 시작할지 심사숙고하자.

Q170 공동명의 아파트를 매도하면 어떻게 되나요?

공동명의 아파트를 매도할 때, 공동명의자 모두 매매사업자가 없으면 쉽다. 각각 지분만큼 양도세를 내면 된다. 양도세에는 기본공제 250만 원이 있다. 흔히 부부 주택 매도 시 공동명의가 단독명의보다 유리하다고 하는 이유가 바로 이 기본공제 때문이다. 기본공제는 인당 250만 원씩 들어가기 때문에, 각각 250만 원씩 총 500만 원을 할인받을 수 있다.

만약 1명만 매매사업자가 있다면? 따로따로 한다. 매매사업자가 있는 사람의 지분은 사업소득세로, 없는 사람의 지분은 양도세로 납부한다. 늘 그렇듯 매매사업자는 강제가 아니니, 소득세 대신 양도세를 선택해도 된다. 조금이라도 세금을 아끼는 방향으로 매매사업자를 활용하면 되는 것이다.

공동명의자 모두가 매매사업자가 있다면? 각각 지분 명의자별로 매매사업자로 매도하든, 개인으로 매도하든 선택할 수 있다. 지분에도 매매사업자를 똑같이 적용할 수 있기 때문이다.

지분도 부동산의 종류 중 하나다. 따라서 지분도 매매사업자를 적용할지 말지 자유롭게 선택할 수 있다.

POINT

각자 지분만큼 처리하면 된다. 매매사업자가 1명만 있다면, 있는 사람은 소득세와 양도세 중 선택, 없는 사람은 양도세다.

Q171

사업자 명의는
꼭 본인으로 해야 하나요?

겸업금지가 있는 직장인은 매매사업자를 내기는 어렵다. 이때는 주로 가족 명의를 활용한다. 가족 간 거래는 제3자보다 조금 더 너그럽게 봐주는 경향이 있다.

아내 명의로 매매사업자를 내고, 남편이 직접 활동해도 불편함이 없을까? 크게 문제없다. 우선 대출 부분이다. 소득이 없으면 개인대출은 한도가 나오지 않는다. 하지만 명의자 소득이 적더라도 매매사업자 대출을 이용하면 한도가 다 나온다.

행정 절차는 위임장을 작성해서 충분히 대리로 활동할 수 있다. 입찰도 대리인으로 하면 된다. 낙찰 후 법원 경매계에 경매서류열람을 하러 갈 때도 가족관계증명서, 위임장을 제출하면 대리인 서류열람이 가능하다. 이후 명도, 잔금, 계약 등등 위임장을 모두 활용하면 된다.

꼭 명의자 본인이 가야 하는 경우는 딱 하나, 매도 계약을 체결할 때다. 이때만큼은 꼭 본인이 가서 신분증, 인감을 대조해야 매수자가 안심하고 돈을 줄 수 있으니.

가족이 아닌 사람 명의를 쓸 수도 있지만, 일단 돈이 걸려 있기 때문에 기본적인 신뢰 문제가 생긴다. 또한, 돈이 오갈 때 가족처럼 증여 공제 한도를 활용할 수 없다. 제3자와 동업을 한다면 투자계약서를 사전에 작성하길 바란다.

POINT

가족 명의로 충분히 매매사업자를 할 수 있다. 가족이 아닌 타인은 어느 정도 제한이 있으니 투자계약서(동업계획서)를 미리 쓰자.

Q172

매매사업자도
공동사업자가 가능한가요?

가능하다. 매매사업자도 공동사업자를 낼 수 있다. 임대사업자가 공동사업자가 가능한 것처럼. 공동사업자끼리 사업자 지분도 원하는 대로 설정할 수 있다.

하지만 매매사업자는 공동사업자를 굳이 추천하지는 않는다. 회계 과정만 복잡해진다. 굳이 공동사업자를 할 필요가 없다. 공동명의로 부동산을 취득하려면 공동입찰 혹은 공동명의매수를 하면 된다. 이후 각각 매매사업자를 내서 각자 물건을 처리하면 된다.

예를 들어, 우리가 같은 스터디원 4명과 함께 공동입찰해서 낙찰을 받았다고 해보자. 우리는 이 부동산 지분 5분의 1을 매매사업자로 매도할 계획이다. 그러면 우리 지분만큼 매매사업자 재고자산에 넣으면 된다. 지분마다 각각 소유권자가 다르니, 우리가 어떻게 팔든 말든 우리 마음이다. 다른 사람들도 매매사업자로 처리한다면 재고자산에 넣고, 아니면 개인으로 그대로 매도해도 된다. 각각 소유권을 행사할 부동산 지분만큼을 알아서 처리하는 것이다.

정리하면, 부동산은 공동명의로 소유할 수 있기에 다른 사업장처럼 굳이 공동사업자를 할 필요가 없다. 가능은 하지만, 굳이 추천하지는 않는다.

POINT

공동사업자가 가능하지만, 지분 소유가 가능한 부동산 특성상 굳이 추천하지 않는다. 회계 과정만 복잡해진다.

Q173

Q1: A주택을 남편과 아내가 50:50으로 공동명의 취득했다. 남편만 매매사업자를 보유한 상황에서 A주택을 매도하면 어떻게 되나?

A: 매매사업자가 있는 사람은 선택, 없는 사람은 무조건 양도세를 낸다. 지분도 일종의 부동산이다. 각자 아파트 1채씩을 판다고 생각하면 된다. 따라서 남편은 양도세와 사업소득세 중 선택 가능, 아내는 양도세를 납부하면 된다.

Q2: 기존 주택이 남편 1채, 아내 1채일 때, 아내가 사업자를 내면 남편 주택도 사업용으로 등록 가능한가?

A: 불가능하다. 매매사업자는 개인사업자다. 사업주 본인 명의 주택만 재고자산 등록이 가능하다. 아내가 매매사업자를 내더라도, 남편 주택은 아내 명의 매매사업자 재고자산으로 등록 불가능하다. 남편이 매매사업자를 내야 남편 명의 주택을 재고자산으로 넣을 수 있다. 비용처리도 같은 원리다. 사업주 명의 카드로 쓴 돈, 사업주 소유 자동차만 비용처리 할 수 있다.

Q3: 아내 주택을 사업용 주택에 넣으면, 남편 주택을 개인 명의로 매도 시 1주택 비과세 혜택 가능한가?

A: 좋은 질문이다. 가능하다. 남편 주택을 개인 명의로 매도하면 양도세로 과세된다. 양도세 1세대 1주택 비과세 판단에는 부부 합산 주택 수로 들어간다. 이때, 아내 주택은 부부 주택 수 합산에서 배제된다. 부부합산 주택 수에서 부부 누구 명의든 매매사업자 재고자산으로 등록된 주택은 양도세 주택 수에서 제외되기 때문이다.

Q4: 아내만 매매사업자가 있는 상태에서, 부부가 공동명의로 낙찰받고 매매사업자 대출 가능한가?

A: 놀랍게도, 가능하다. 남편이 담보 제공에 동의하면 아내를 차주로 매매사업자 대출을 받을 수 있다. 남편이 매매사업자가 없음에도 말이다. 개인대출도 당연히 된다. 부부합산 소득으로 한도를 높일 수도 있다.

POINT

부부 관계에서 공동명의, 매매사업자를 다양한 상황에서 유리하게 활용해보자.

Q174

주부도 매매사업자를
할 수 있나요?

주부는 겸업금지 조항이 없으니 오히려 좋다. 걱정이 있다면 소득 증빙과 건강보험료, 국민연금이다.

일단 근로소득이 없으니 개인대출은 소득 증빙이 어렵다. 카드내역으로 일정 부분 소득을 인정받을 수는 있지만, 월급에 비해 인정 범위가 좁다. 주택담보대출은 DSR과 LTV를 동시에 보기 때문에, 둘 중 낮은 한도로 나온다. 고로 주부의 대출 한도도 적다. 이럴 때는 사업자대출을 활용하면 좋다. 사업자대출은 소득이 거의 없어도 대출이 나온다. 1년 카드 사용내역이 100만 원만 나와도 충분하다.

건강보험료, 국민연금은 다소 주의가 필요하다. 피부양자 자격에서 지역가입자로 전환되면 다달이 부담하는 금액이 확 커질 수 있다. 또한, 국민연금은 사업 개시일에 따라 월 소득액을 다르게 산출하는 희한한 계산 방식이 있다. 사업개시일에 따른 계산 방식을 아직 모르겠다면 파트 4로 돌아가서 국민연금 부분을 다시 꼼꼼히 읽어보자. 자칫하면 57만 원씩 1년간 684만 원을 납부해야 할지 모른다.

또한, 주부처럼 다른 소득이 없거나 적은 사람만이 가진 장점이 있다. 세율이 낮다는 점이다. 매매사업자로 사업 소득이 생겼을 때, 세율이 낮다는 장점을 십분 활용해야 한다. 순수익 1,400만 원까지는 6%, 5,000만 원까지는 15%의 세율이 적용되니 남는 돈이 고소득자에 비해 크다. 게다가 세금이 적으니 입찰가·매수가를 다른 사람보다 조금 더 높여 쓸 수 있어서 경쟁력이 있다. 게다가 건강보험료와 국민연금이 다소 올라가더라도, 사업자라서 비용처리도 가능하니 고스란히 손해는 아니다. 부동산 매매 경험이 있는 주부라면 더욱 좋다. 이미 할 줄 아는 일에 사업자를 내기만 하면 되니까. 사업자를 하는 과정에서 궁금한 점은 이 책 안에 다 예언되어 있으니 필요할 때 찾아보면 될 것이다.

 이런 점을 모두 고려해서 입찰가, 매매가를 산정하면 손해를 방지할 수 있다. 주부에서 매매사업자, 경매를 시작한 사람들이 부지기수다. 부동산 관련 책을 찾아보면 주부에서 시작해서 성공한 사람들이 많다. 어려운 시작에서 성공에 다다르는 스토리는 잘 팔리니까 말이다. 모두 실제로 있었던 일이고, 우리라고 그 주인공이 되지 말라는 법은 없다. 파이팅이다.

POINT
주부도, 무직자도 모두 매매사업자를 할 수 있다. 대출, 건강보험료, 국민연금을 주의하자.

Q175 가족 명의 사업자를 내고 내 통장으로 세금 없이 돈 가져오는 법이 있나요?

가족 명의로 매매사업자를 하고 내가 투자금을 마련한다면, 매매사업 수익을 그대로 가져올 수 있을까? 가능하다. 사전에 공동투자계약서를 작성하면 된다. 계약서에 명시된 만큼 투자금을 내고 이익을 분배받는 것이다.

예를 들어, 아버지 명의로 매매사업자를 내고, 투자금은 5:5로 한 다음, 이익의 분배 비율을 5:5로 설정하는 것이다. 그러면 1억 원의 이익이 생겼다고 할 때 5천만 원을 사업소득으로 우리가 분배받을 수 있다. 사업주인 아버지는 5천만 원에 대해서만 종합소득세 신고를 하면 된다.

공동사업자가 아닌 투자자의 경우, 사업자는 3.3% 원천징수 후 투자자에게 수익을 배분한다. 투자자 몫 수익이 1,000만 원이라면 33만 원은 다음 달 10일까지 국세청에 신고 및 납부하고, 나머지 967만 원을 투자자에게 지급한다. 만약 공동사업자라면 원천징수 없이 각자 종소세 신고를 별도로 하면 된다.

이는 정당한 투자에 따른 이익 분배이므로, 차명 거래로 보기도 어렵다. 성실한 사업 활동, 세금 납부면 세무서도 문제 삼을 이유가 없다. 이때 투자금의 비율과 이익의 분배 비율은 꼭 같을 필요도 없지만, 1:99 같은 너무 극단적인 경우는 지양하도록 하자. 세무서의 눈길을 끌면 손해다. 또한, 이미 가족 명의로 매매사업자 이익이 생겼는데, 공동투자계약서가 없을 수도 있다. 이런 경우 사후 합의서를 작성해야 한다. 투자금, 수익금 금액, 날짜, 분배 비율 등을 명시해서 차후 증여세 추징을 대비해야 한다.

POINT

공동투자계약서를 사전에 작성해 타인 명의로
매매사업자를 해도 수익을 분배받을 수 있다.

조금 더 자세히
알고 싶다면

Q176 사업소득이 아닌 다른 방법으로 배분받으면 안 되나요?

돈이 전달되는 방법은 크게 두 가지로 나뉜다. 소득과, 소득이 아닌 것.

소득이 아닌 것은 간단하다. 누군가에게 돈을 대가 없이 주는 경우 증여라고 한다. 주는 사람이 사망했을 경우는 상속이라 한다. 증여와 상속은 공제 한도와 세율이 정해져 있다. 증여 공제 한도는 부부일 경우 10년간 6억 원, 부모와 자식은 10년간 5천만 원, 형제자매는 10년간 1천만 원이다. 공제 한도를 넘어서는 금액부터는 1억 원 이하 10%, 5억 원 이하 20%의 세금을 내야 하니 수익을 지속적으로 분배받기 위해서는 다른 방법을 고려하는 편이 낫다.

소득은 어떤 소득이냐가 중요하다. '어떤 소득'으로 처리되느냐에 따라 세금이 다르기 때문이다. 사업소득은 종합소득세율 6~45%, 이자소득과 배당소득은 14%, 기타소득은 20%로 세율이 정해져 있다. 지방세 10%는 별도다.

따라서 가장 유리한 세율로 처리하면 될 것처럼 보이지만, 그렇지도 않다. 임대가 오래되면 우리가 재고자산으로 넣어도 세무서에서 유형자산으로 분류하듯, 소득의 발생 방식에 따라 세무서에서 다르게 분류하기 때문이다. 즉, 실질과세가 원칙이다.

이자소득은 '정해진 원금+이율'로 받는 고정 수익, 배당소득은 '법인이 주주(투자자)에게 분배'하는 수익, 기타소득은 '일시적, 일회성' 수익이다. 이중에 가족 명의로 매매사업자 이익이 생겼을 때 분배받는 것에 해당하는 것이 있는가? 없다. 사실상 우리가 분배받는 소득은 사업소득으로 자동 분류될 수밖에 없다. 고로 사업소득으로 처음부터 공동투자계약서를 작성하는 편이 좋다.

POINT

증여 공제한도와 사업소득 분배를 상황에 맞게 유리하게 활용하자.

PART

6

실전 계산!
개인 vs
매매사업자

🎯 양도소득세 기본세율 및 종합소득세율 구간

양도소득세 기본세율

과표	세율	누진공제
1,400만 원 이하	6%	-
5,000만 원 이하	15%	126만 원
8,880만 원 이하	24%	576만 원
1.5억 원 이하	35%	1,544만 원
3억 원 이하	38%	1,994만 원
5억 원 이하	40%	2,594만 원
10억 원 이하	42%	3,594만 원
10억 원 초과	45%	6,594만 원

종합소득세율

과표	세율	누진공제
1,400만 원 이하	6%	-
5,000만 원 이하	15%	126만 원
8,880만 원 이하	24%	576만 원
1.5억 원 이하	35%	1,544만 원
3억 원 이하	38%	1,994만 원
5억 원 이하	40%	2,594만 원
10억 원 이하	42%	3,594만 원
10억 원 초과	45%	6,594만 원

양도소득세 기본세율과 종합소득세율은 사실 동일하다. 잘못 들어간 것이 아니다. 둘은 과표, 구간, 누진공제까지 100% 동일하다. 즉, 양도소득세 기본세율과 종합소득세율은 동일하니, 2년 뒤 비과세를 받을 게 아니라면 매매사업자로 빠르게 매도하는 것이 유리함을 알 수 있다. 시간도 벌고, 비용처리로 세금도 아끼니까.

- 근로소득 연 1억 원(세율 35% 구간)
- 2026년 1월 비규제지역 3억 원 매수, 전용면적 84㎡ A아파트
- 2026년 7월 3.5억 원에 매도

매매차익 예정신고는 기본세율로, 매도 후 두 달 이내 신고 및 납부를 마쳐야 한다. 그 후 다음 해 5월에 종합소득세 신고 및 납부를 하면 된다. 예정신고 때 미리 낸 세금만큼 제외하고 납부한다. 종합소득세 세율은 근로소득과 합친 금액으로 결정된다. 세율과 사업소득을 곱해 추가 납부할 세금이 산출된다.

이번 케이스는 소득 구간 변경이 없다. 만약 소득 구간이 변경되면, 사업 소득은 변경된 세율이 적용되니 유의해야 한다. 소득 구간 변경은 다음 질문에서 알아보자. 참고로, 이번 실전 계산 파트에서는 양도세와 종합소득세 비교가 목적이라, 굳이 누진공제까지 계산에 넣지는 않았다.

개인

항목	계산법	값
매매차익	매도가 - 매수가	5,000만 원
인적공제	1명당 250만 원	250만 원
과세표준	매매차익 - 인적공제	4,750만 원
양도세율	1년 이내	70%
양도소득세	과세표준×양도세율	3,325만 원
지방소득세	양도소득세×10%	332만 원
총 납부액	양도소득세+지방소득세	3,657만 원

매매사업자

항목	계산법	값	비고
예정신고			**2026년 9월**
매매차익	매도가 - 매수가	5,000만 원	
예정신고 세율	기본세율 15% 구간	15%	
예정신고 납부액	매매차익×예정신고 세율	750만 원	
종합소득세			**2027년 5월**
사업소득	매매차익	5,000만 원	
세율	종합소득세율 35% 구간	35%	근로소득 1억 원+사업소득 0.5억 원 = 종합소득 1.5억 원
사업소득세	사업소득×세율	1,750만 원	
지방소득세	사업소득세×10%	175만 원	
종합소득세	사업소득세+지방소득세	1,925만 원	
종합소득세 납부액	종합소득세-예정신고 납부액	1,175만 원	예정신고 납부액은 종합소득세 납부액에서 공제

[결론]

● 양도세 3,657만 원

● 종합소득세 1,925만 원

● 양도세 - 종합소득세 = 1,732만 원

개인으로 양도세를 냈을 때보다, 매매사업자로 사업소득세를 내면 1,732만 원을 절약할 수 있다. 세금 신고만 달리했을 뿐인데 1,732만 원을 벌었다.

Q178

⊙ 근로소득 연 1억 원(세율 35% 구간)

⊙ 2026년 1월 비규제지역 3억 원 매수, 전용면적 84㎡ A아파트

⊙ 2026년 7월 3.5억 원에 매도

⊙ 2026년 7월 비규제지역 1억 원 매수, 전용면적 84㎡ B아파트 지분 42㎡

⊙ 2026년 11월 1.3억 원에 매도

위 사람이 A아파트 말고도, 2026년 7월 비규제지역 1억 원짜리 B아파트 지분 중 42㎡ 매수 후, 2026년 11월에 1.3억 원에 매도했다. 국민평형 이하 주택이므로, 지분도 계산 방법이 똑같다.

잔금일 기준 1년에 2개 이상 부동산을 매도하는 경우, 매도한 모든 부동산의 소득을 합쳐서 신고한다. 예정신고 때도, 종합소득세 신고 때도 모두 합쳐서 신고하면 된다. 이때, A아파트(먼저 예정신고한 아파트) 때 예정신고하며 먼저 낸 세금은 B아파트 매도 후 매매차익 예정신고 때 제하고 납부하면 된다. 이번에는 소득 구간 상승이 있으니 같이 고려한다. 말로 설명하니 복잡하다. 계산은 간단하다!

개인

항목	계산법	값
A아파트 매매차익	매도가−매수가	5,000만 원
B아파트 매매차익	매도가−매수가	3,000만 원
총 매매차익	A아파트 매매차익+B아파트 매매차익	8,000만 원
인적공제	1명당 250만 원	250만 원
과세표준	총 매매차익−인적공제	7,750만 원
양도세율	1년 이내	70%

양도소득세	과세표준×양도세율	5,425만 원
지방소득세	양도소득세×10%	542만 원
총 납부액	양도소득세+지방소득세	5,967만 원

매매사업자

항목	계산법	값	비고
첫 번째 예정신고			**2026년 9월**
매매차익	매도가-매수가	5,000만 원	
예정신고 세율	기본세율 15% 구간	15%	
예정신고 납부액	매매차익×예정신고 세율	750만 원	
두 번째 예정신고			**2027년 1월**
A, B아파트 매매차익	매도가-매수가	8,000만 원	같은 연도에 있었던 매매 건과 합쳐서 신고
예정신고 세율	기본세율 24% 구간	24%	
A아파트 예정신고 기납부세액		750만 원	
예정신고 납부액	A, B아파트 매매차익×예정신고 세율-A아파트 예정신고 기납부세액	1,170만 원	기존에 낸 세금은 제하고 납부
종합소득세			**2027년 5월**
사업소득	매매차익	8,000만 원	
세율	종합소득세율 35%/38% 구간	35%/38%	근로소득 1억 원+사업소득 0.8억 원=종합소득 1.8억 원 1.5억 원까지 35% 구간, 1.5억 원 초과분 38% 구간
사업소득세	구간별 사업소득×세율	2,890만 원	5,000만 원×35%+ 3,000만 원×38%
지방소득세	사업소득세×10%	289만 원	
종합소득세	사업소득세+지방소득세	3,179만 원	
종합소득세 납부액	종합소득세-예정신고 납부액	1,259만 원	첫 번째, 두 번째 예정신고 기납부액 공제, 세율 구간 상승 고려

◀◀◀

[결론]
- ◯ 양도세 5,967만 원
- ◯ 종합소득세 3,179만 원
- ◯ 양도세 - 종합소득세 = 2,788만 원

약 2,700만 원을 아꼈다.
세금 처리만 바꿨을 뿐인데.

당연하지만, 횟수가 많아질수록 강력하다.
3회, 4회, 5회가 되어도 계산 방식은 동일하다.
위 금액은 심지어 비용처리 미반영 금액이다. 매매사업자로 개인이 받을 수 없는 비용처리(이자 비용, 수선비, 인건비, 차량유지비, 교통비, 경조사비 등)까지 추가하면 소득은 더 낮아져서 세금이 더 줄어든다.

왼쪽 표 사업소득세 계산을 보면, 이런 질문이 들 수 있다.

'세율 구간이 올라가니, 근로소득에 대한 세금도 올라가는 게 아닌가?'
'왜 근로소득과 사업소득을 합친 구간의 세율을 곱하지 않고, 따로따로 곱했지?'
'왜 '(1억 + 8,000만 원) × 38%'가 아니고, '5,000만 원 × 35% + 3,000만 원 × 38%'로 계산했을까?'

'(근로소득 + 사업소득) × 세율 - 누진공제'와, '근로소득 × 세율 + 사업소득 × 세율 + (구간 초과한 금액의)사업소득 × 세율 - 누진공제'는 결과값이 같다. 직접 계산해보면 쉽게 알 수 있다. 그래서 사업소득에 대한 세율 구간이 올라가더라도, 근로소득에 대한 세금은 영향을 받지 않는다. 연말정산으로 했으면 끝이다.

Q179

실전 예시 ③: 올해 사고 내년에 파는 경우

- ❂ 근로소득 연 1억 원(세율 35% 구간)
- ❂ 2026년 1월 비규제지역 3억 원 매수, 전용면적 84㎡ A아파트
- ❂ 2026년 7월 3.5억 원에 매도
- ❂ 2026년 7월 비규제지역 1억 원 매수, 전용면적 84㎡ B아파트 지분 42㎡
- ❂ 2026년 11월 1.3억 원에 매도
- ❂ 2026년 12월 비규제지역 5억 원 매수, 전용면적 59㎡ C아파트
- ❂ 2027년 5월 7억 원에 매도

또 해보자! 이번에는 2026년 매수, 2027년 매도할 경우다. 위 사람이 2026년 12월에 비규제지역, 5억 원, 59㎡ C아파트 매수 후 2027년 5월에 7억 원에 매도. 근로소득은 2026년, 2027년 동일하다 가정해보자.

종합소득세는 매도한 연도 다음 해 5월에 신고한다. 따라서 C아파트를 팔아서 얻은 사업소득은 2027년 5월이 아닌 2028년 5월에 종합소득세 신고를 한다. 단, 매매차익 예정신고는 연도 상관없이 매도 후 두 달 안에 해야 한다.

개인

항목	계산법	값
C아파트 매매차익	매도가 - 매수가	2억 원
인적공제	1명당 250만 원	250만 원
과세표준	매매차익 - 인적공제	1억 9,750만 원
양도세율	1년 이내	70%
양도소득세	과세표준 × 양도세율	1억 3,825만 원

지방소득세	양도소득세×10%	1,382만 원
총 납부액	양도소득세+지방소득세	1억 5,207만 원

매매사업자

항목	계산법	값	비고
예정신고			**2027년 7월**
매매차익	매도가 - 매수가	2억 원	
예정신고 세율	기본세율 38% 구간	38%	
예정신고 납부액	매매차익×예정신고 세율	7,600만 원	두 달 이내 신고 및 납부
종합소득세			**2028년 5월** C아파트는 2027년 5월 매도라서 2028년 5월에 종합소득세 신고 2027년 5월 종합소득세는 질문 148번 '실전 예시②'와 동일
사업소득	매매차익	2억 원	근로소득 1억 원+사업소득 2억 원=종합소득 3억 원
세율	종합소득세율 35%/38% 구간	35%/38%	1.5억 원까지 35% 구간, 1.5억 원 초과분 38% 구간
사업소득세	사업소득×세율	7,450만 원	0.5억 원×35%+ 1.5억 원×38%
지방소득세	사업소득세×10%	745만 원	
종합소득세	사업소득세+지방소득세	8,195만 원	
종합소득세 납부액	종합소득세 - 예정신고 납부액	595만 원	예정신고 납부액은 종합소득세 납부액에서 공제 A, B아파트는 2027년 종합소득세에서 정산이 끝났기 때문에, C아파트 예정신고만 고려 실제로는 비용처리가 들어가므로 종합소득세 환급 가능

▶▶▶

[결론]

◑ C아파트 매매차익 2억 원

◑ 양도세 1억 5,207만 원

◑ 종합소득세 8,195만 원

◑ 양도세 - 종합소득세 = 7,012만 원

금액이 커지면 효과가 더 커진다! A, B아파트에서 아낀 돈을 합치면 거의 1억 원이다.

여기서 알아야 할 것, 추후 비용처리 시 C아파트 관련 비용 중 일부(취등록세, 중개수수료, 법무비 등)는 2027년 종합소득세에 반영하면 안 된다. 기억할 것이라 믿는다. '양도가액 비용처리 항목'은 아파트 매도 잔금 날짜를 따라간다. 2027년 5월에 매도했기 때문에 2028년 5월 종합소득세에 반영해야 한다.

Q180

실전 예시 ④: 비용처리까지 넣어서 계산하기

- 근로소득 연 1억 원(세율 35% 구간)
- 2026년 1월 비규제지역 5억 원 매수, 전용면적 84㎡ A아파트
- 2026년 7월 6억 원에 매도

항목	값
취등록세	550만 원
매수 중개수수료	200만 원
매도 중개수수료	240만 원
법무사비	40만 원
관리비	50만 원
수선비	400만 원
교통비	20만 원
업무추진비	300만 원
6개월 대출 이자	1,200만 원
비용처리 항목 총합	3,000만 원

세금 계산 방식을 익히느라 수고했다. 마지막이다. 매매사업자로 이익을 보려면 얼마에 매도해야 하는지, 비용처리까지 고려해야 한다.

매매차익 예정신고와 종합소득세 신고 시 넣을 수 있는 비용처리 항목이 다르다. 예정신고에는 '부동산'에 관련된 비용만 넣을 수 있다. 개인이 양도세 신고 시 넣을 수 있는 항목과 같다. 취등록세, 매매중개료, 법무사비 등이 있다. 예정신고에서 넣지 못한 항목은 종합소득세 때 모두 넣어서 계산하게 되니 걱정하지 말자.

개인

항목	계산법	값
양도가액 비용처리	취등록세＋중개＋법무사비	1,030만 원
매매차익	매도가－매수가－양도가액 비용처리	8,970만 원
인적공제	1명당 250만 원	250만 원
과세표준	매매차익－인적공제	8,720만 원
양도세율	1년 이내	70%
양도소득세	과세표준×양도세율	6,104만 원
지방소득세	양도소득세×10%	610만 원
총 납부액	양도소득세×지방소득세	6,714만 원

매매사업자

항목	계산법	값	비고
예정신고			**2026년 9월**
양도가액 비용처리	양도세와 동일	1,030만 원	
매매차익	매도가－매수가－양도가액 비용처리	8,970만 원	
예정신고 세율	기본세율 35% 구간	35%	
예정신고 납부액	매매차익×예정신고 세율	3,140만 원	양도가액 비용처리 항목만 예정신고 때 비용처리 함
종합소득세			**2027년 5월**
비용처리	전부 해당	3,000만 원	
사업소득	매도가－매수가－비용처리	7,000만 원	
세율	종합소득세율 35%/38% 구간	35%/38%	근로소득 1억 원＋ 사업소득 0.7억 원 ＝종합소득 1.7억 원 1.5억 원까지 35% 구간, 1.5억 원 초과분 38% 구간
사업소득세	사업소득×세율	2,510만 원	5,000만 원×35%＋ 2,000만 원×38%
지방소득세	사업소득세×10%	251만 원	
종합소득세	사업소득세＋지방소득세	2,761만 원	
종합소득세 납부액	종합소득세－예정신고 납부액	-379만 원	예정신고 납부액은 종합소득세 납부액에서 공제
종합소득세 환급액		379만 원	종합소득세 납부액 (-)면 환급

[결론]

- 양도세 6,714만 원
- 종합소득세 2,761만 원
- 양도세 - 종합소득세=3,953만 원

비용처리를 하지 않았을 때는 직접 계산해서 비교해보길 바란다. 3천만 원 비용처리를 통해 대략 1천만 원 넘는 돈을 추가로 아꼈다. 파트 1에서 말한 소득세율만큼 할인받는다는 뜻이 바로 이런 의미다. 커피값 아끼는 것도 중요하지만 크게 크게 아껴야 하는 이유다.

경매라고 다르지 않다. 경매에는 일반 매매에서는 없었던 비용들이 추가될 뿐, 전체 계산 방법은 위에 알려준 것과 동일하다. 거기다 비용처리 부분에서 예정신고 때 가능한 항목과 종합소득세 신고 때 가능한 항목을 구분만 하면 된다.

입찰가 산정을 위해서는 세후수익이 얼마나 날지 알아야 한다. 이번 물건으로 1천만 원 남길지, 3천만 원 남길지, 1억 원 남길지를 알고 투자해야 할 것 아닌가. 안타깝지만 세후수익은 '매도가-매수가'의 단순한 식으로 계산되지 않는데, 많은 사람이 매매차익에서 세율을 곱한 금액으로 세후수익을 계산하고 있다. 최종 세후수익은 '매도가-매수가-비용합-세금합'으로 정의할 수 있다. 비용합은 비용처리 가능 여부와 관계없이 모든 지출의 합이고, 세금합은 매매차익에서 비용처리 가능한 금액을 제하고 세율을 곱한 값이다. 그래야 내 주머니에서 총 나간 금액과 매도가의 차이를 산정해서, 최종 세후수익을 계산할 수 있다.

줄글로 하니까 무슨 말인지 모르겠다. 표를 보자. 표의 단위는 만 원이다.

단순히 매도가와 낙찰가를 조정하는 것이 아니라, 비용처리 가능한 금액과 아닌 금액을 나눠서 계산할 수 있어야 정확한 세후수익을 계산할 수 있다.

가격 부분에는 희망 매도가와 낙찰가를 입력한다. 그러면 단순 매매차익, 세전수익이 '매도가-낙찰가'로 계산되어 나온다. 이 단순수익에 세율을 곱하는 게 아니다. 다음을 보자. 위 표를 보면 5.75억 원에 낙찰받아 6.5억 원에 매도하니, 단순 세전수익은 7,500만 원이 된다.

비용 파트에서 취등록세, 국민주택채권, 대출이자, 법무사비, 관리비, 명도비, 인테리어비, 중개사비, 기타는 부동산/경매 투자를 하면서 흔히 발생하는 비용이며, 이들은 모두 비용처리가 가능하다. 상세 항목으로 굳이 나눠서 적는 이유는 각각이 얼마나 들어갔는지 알아야 다른 투자 건과 비교를 할 수 있기 때문이다. 위 표에서 비용처리 가능한 항목의 합은 '가능합'에서 2,900만 원임을 알 수 있다. 이렇게 가능합을 따로 구하는 이유는 가능합만이 과세표준을 줄여주기 때문이다. 이 책을 열심히 읽은 독자라면 무슨 말인지 알 것이라 믿는다.

대분류	소분류	금액	비고	계산
가격	매도가	6.5억 원		
	낙찰가	5.75억 원		
	단순수익	7,500만 원	세전수익	매도가-낙찰가
비용	취등록세	600만 원		
	국민주택채권	100만 원		
	대출이자	550만 원	중도상환수수료 포함	
	법무사비	90만 원		
	관리비	100만 원		
	명도비	100만 원		
	인테리어비	1,000만 원		
	중개사비	260만 원		시세(매도가격)의 0.4%
	기타	100만 원	추가중개료 등	
	불가합	100만 원		비용처리 불가 비용 합
	가능합	2,900만 원		비용처리 가능 비용 합
	비용합	3,000만 원		가능합 + 불가합
세금	과세표준	4,600만 원		세전수익-가능합
	소득세	564만 원	누진공제 고려	과세표준×세율-누진공제
	지방세	56만 원		소득세×10%
	세금합	620만 원		
최종	총지출	3,620만 원		비용합+세금합
	세후수익	3,880만 원	최종 수익	단순수익-총지출

비용 파트에서 비용처리 불가능한 항목은 굳이 상세 항목으로 적지 않았다. 건별로 비교도 어려울뿐더러 세후수익 계산에는 큰 의미가 없기 때문이다. 비용처리 불가한 항목의 합은 불가합으로 일괄 기재한다. 위 표에서는 100만 원이다.

이렇게 구한 가능합과 불가합을 합치면 '비용합', 즉 비용으로 나간 지출의 총합이 나온다. 추후에 이 비용합을 세전수익에서 빼서 순수익 계산하는 데 쓸 것이다. 위 표를 보면 이 물건을 온전히 소유하기까지 들어간 비용은 '비용합' 3,000만 원임을 알 수 있다.

다음 파트는 세금이다. 과세표준은 매매차익에서 비용처리 가능한 금액을 뺀 값이고, 과세표준에 세율을 곱해 도출한 세금이 우리의 최종 세금이다. 과세표준은 '세전수익-가능합'으로 계산하니 4,600만 원이다. 불가합은 세금 계산에서 고려할 필요가 없다. 과세표준에 종합소득세율을 곱할 때는 누진공제를 빼거나, 구간별로 쪼개서 계산하면 된다. 근로소득이나 이전 거래 건으로 헷갈린다면, 누진공제는 잊어버리고 구간별로 쪼개서 계산하길 바란다. (모르겠으면 'Q30 세율 구간 올라가면 근로소득에 대한 세금도 늘어나는 거 아닌가요?' 참고) 그렇게 나온 세금이 바로 소득세다. 여기에 소득세의 10%를 지방세로 또 내야 한다. 그렇게 총 세금은 소득세와 지방세를 합친 '세금합' 620만 원이다. 이 물건을 소유하기까지 들어간 세금은, 620만 원임을 확인했다.

자, 이제 다 끝났다. 최종 파트다. 총지출은 온전히 내 주머니에서 나간 돈, '비용합'과 '세금합'의 합으로, 3,620만 원이다. 따라서 세전수익 7,500만 원 중 3,620만 원이 지출로 나갔으므로, 최종 세후수익은 3,880만 원이 된다.

이렇게 여러 항목을 조정해가며, 최종 입찰가를 산정하는 것이 여러분이 할 일이다. 위 물건에서 매도가액을 7억 원으로 올려도 보고, 낙찰가를 5.5억 원으로 낮춰도 보면서 세후수익이 얼마가 되는지를 알고 입찰해야 한다. 그러면 드디어 세후수익을 기준으로 움직이는 경매 중수가 될 것이다. 그동안 투자하면서 왜 사전 계산에서는 이익이었는데 최종 계산은 손해였을까 고민이었다면, 이 표가 답이 되어줄 것이라 믿는다. 셀프로 표를 만들 사람들을 위해 '계산'열에 계산 방법을 기재해두었으니 참고하길 바란다. 혼자 만들기 어려운 사람은, 작가 블로그(blog. naver.com/bjy20000)에 댓글을 남겨달라. 친애하는 독자라면 언제든 이메일로 보내주도록 할 테니.

여러분의 성공적인 투자를 기원한다.

🎯 경매 초보를 위한 숨겨진 한 페이지

이 페이지는 이 책을 열심히 읽은 분들만을 위한 곳이다. 일부러 목차에도 넣지 않았다. 우선 입찰가를 산정할 줄 알게 된 여러분, 축하한다. 나도 경매 초보 시절 입찰가 산정의 비밀을 찾아 수많은 곳을 헤맸다. 결론은, 입찰가 산정 비법은 없다. 세후수익으로 움직이는 것이다. 어느 정도의 노력을 들여서 얼마의 수익을 낼 건지를 결정해서 말이다. 그러면 더 이상 손해보는 일이 없을 것이다.

다음, 매도가는 실거래가로 추론하는 게 아니다. 해당 지역 부동산에서 알아내야 한다. 적당히 매도할 가격, 빨리 팔릴 가격, 지금 당장 바로 팔릴 가격은 다르다. "급하게 6.5억에 내놓으면 바로 사갈 사람이 있을까요?" 같은 질문으로 가격을 알아내야 한다. 보통 세 군데 정도 전화하면 희망 매도 기간에 따른 매도가가 나온다. 이 가격을 기준으로 순수익을 산정하면 틀리지 않는다.

참고로 우리가 낙찰/매수하고 물건을 팔 때는 언제나 시장이 안 좋다. 마음을 단단히 먹자. 장담컨대 좋은 시장 따위는 없다. 책이나 유튜브에서 나오는 하루 만에, 일주일 만에 팔리는 일은 생각보다 별로 없다. 잘된 사례라서 우리한테까지 왔을 뿐이다. 실제로는 6개월 이상 걸리는 경우도 꽤 많으며 매도조차 안 되어 2년을 강제로 보유하게 되는 경우도 허다하다. 시장이 좋을 때는 없고, 단지 매력적인 가격만 있을 뿐이다.

또한, 가격만으로 경쟁하는 것은 가장 나쁜 전략이다. '네이버 부동산 매물 중 최저가에 내놓으면 바로 팔리겠지' 하는 건 오산이다. 나와 있는 매물 중 최저가에 내놓아도 더 급한 사람이 우리보다 더 저가에 내놓고, 서로 가격을 더 내리는 치킨 게임이 벌어진다. 이러면 있던 수익마저 사라진다. 가격으로 승부를 보려 해서는 안 된다. 가장 싼 매물이 팔리는 것이 아니라, 가장 매력적인 매물이 먼저 팔린다는 것을 깨달아야 한다.

가장 매력적인 매물을 만드는 방법은 인테리어도 로얄동 로얄층도 아닌 바로 복비다. 부동산은 부동산 사장님이 팔아준다. 부동산 사장님이 어떤 물건을 손님에게 소개할까 생각해보면 답이 나온다. 복비를 아까워하지 말자. 다른 데 들이는 돈보다 복비가 가장 싸게 먹힌다. 반드시 기한 내 팔아야 한다면 더더욱. 또, 이렇게 인연을 쌓아두면 해당 지역에 다시 투자할 때 든든한 우군이 되어줄 것이다. 혹시 아는가? 낙찰자 전화번호 붙이러 대신 가주실지.

PART

7

시장을 대하는
마음가짐은

Q182

전문가들이 늘 틀리는 이유는 뭔가요?

시장을 예측하는 건 불가능하다. 앞으로 집값이 오르니 내리니 예상하는 것은 모두 헛소리다. 전문가들도 정확하게 반반 갈린다. 만일 전문가가 한쪽으로 편중되어 있다면 그 반대 방향으로 투자를 고려할 법하다.

전문가는 대중의 신용으로 먹고사는 직업이다. 대중의 신용을 잃지 않기 위해서라도, 한발 늦게 시장 심리에 편승한 분석을 할 수밖에 없다. 이 원리에서 벗어나 늘 '미리' 시장 예측에 '100%' 성공한 전문가가 있다면 꼭 본인만 알고 있길 바란다. 다른 사람이 아는 순간 미래가 바뀌기 때문이다.

시장 예측이 불가능한 데는 이유가 있다. 예측이 미래에 영향을 줘서 또 다른 결과를 낳기 때문이다. 100% 정확한 확률로 내일 주가를 분석하는 기계가 있어도, 시장 참여자들은 이 기계에 영향받아 미리 주식을 사고팔게 되어 또 미래가 바뀐다. 결국 시장은 예측하지 못한 방향으로 흐를 수밖에 없다.

이런 구조를 우리는 '2차 카오스'라고 한다. '나비효과'처럼 사소한 사건으로 예측할 수 없는 일이 벌어지는 경우가 1차 카오스, 특정 사건의 결과를 예측하면 이 예측 자체가 미래에 또 영향을 미치는 경우가 2차 카오스다. 시장이 2차 카오스 형태를 띤 복잡계 영역이기 때문에, 예측을 해도 의미가 없으며, 100% 맞는 예측 자체가 불가능한 것이다.

이를 뒷받침하는 유진 파마Eugene Fama 시카고대학교 경영대학원 교수의 유명한 연구가 있다. '주식시장 가격의 랜덤워크.' 미래 주가의 움직임을 예측하는 것은 불가능하다는 주장이다. 시장은 효율적이어서 가능한 한 모든 정보를 곧바로 반영한다는 이유에서다. '효율적 시장이론'으로도 불린다. 우리가 아는 모든 정보는 이미 시장에 반영되어, 미래를 바꾼다. 이 공로로 유진 파마 교수는 노벨 경제학상을 수상했다.

미래는 마치 역사와 같다. 역사는 늘 의도하지 않은 방향, 예측할 수 없는 방향으로 흘러왔다. 인류는 농경사회를 맞이하며 획기적인 변화를 겪었다. 수렵 사회는 빠르게 농업을 받아들여 변화했다. 생존에 유리했기 때문이다. 떠돌이 생활을 그만두고 한곳에 정착할 수 있게 되었다. 식량 생산량도 이전보다 늘어나 부족 구성원이 늘었으며, 덕분에 마을을 만들고 공동체가 다 함께 살아갈 수 있었다.

하지만 이 때문에 예상치 못한 결과가 또 나타난다. 잉여 생산량 덕에 바보 유전자도 살아남아 후세에 DNA를 물려줄 수 있게 되었고, 매년 병충해와 흉작을 대비해 잉여 식량을 확보해야 하는 과업에 늘 시달렸다. 분명 농경사회가 수렵채집사회보다 한층 생존과 번식에 유리하기 때문에 발전한 것인데도, 역사는 생각하지 못한 방향으로 흘렀다.

Q183 그러면 우리는 어떻게 해야 하나요?

시장, 인류, 아니 지구 전 역사에 통틀어 변하지 않는 진리, 원리는 존재한다. 그것은 '욕심'이다. 이 사실만은 변하지 않는다. 어떤 종목이든 시장 참여자의 심리, '욕심'이 사이클을 만든다. 그리고 부동산은 그중 가장 투명하고 정직한 편이다. 기업 총수의 비리도, 특정 세력의 조작도, 상장폐지도 없다. 개인이 주가 되는 거의 유일무이한 투자 시장이다. 나라에서 망하지 않게 지원도 해준다.

그래서 성공 확률, 생존 확률이 여러 투자 대상과 비교해 부동산이 가장 높다. 수익률은? 투자할 때 수익률을 좇아야 부자가 된다고 생각할 수 있다. 그래서 주식, 코인에서 미래를 찾는 사람이 많다. 하지만 정말로 주식, 코인으로 부자가 된 사람을 만나봤나?

물론 개별 주식 중에 장기간 말도 안 되는 수익률을 보여준 종목도 있지만, 과연 우리가 그 종목을 선택해서 부동산만큼의 자본을 투입할 수 있을까? 글쎄다. 부동산은 다른 종목보다 수익률이 극도로 높지는 않을지라도, 안정적으로, 오래 부자가 될 수 있게 해준다. 그래서 나는 부동산을 선택했다.

앞선 문단에서 언급했던 시장 참여자의 심리, '욕심'이 사이클을 만든다는 말 기억하는가? 예측할 수 없는 미래라도, 우리는 이를 이용해야 한다. 각 경제 요소가 어떻게 부동산의 가격에 영향을 미치는지 깨닫는 게 시작이다. 부동산 가격의 사이클에 따른 상황을 파악하고, 현 상황에 대입해보는 능력을 길러야 한다.

인류의 욕심은 우주 탐험에도 반영된다. 닐 암스트롱Neil Armstrong이 달에 발을 디딘 게 단순히 인류의 발전을 상징하기 위함이었을까. 천만의 말씀. 달 표면에는 온갖 희토류 자원이 묻혀 있다. 지구에 얼마 없는 중요한 희소 자원이 달에서는 희소하지 않은 것이다.

국가 간 패권이 결국 자원, 에너지, 희토류에서 나온다는 사실을 알면, 일론 머스크[Elon Musk]가 화성 탐사를 그렇게 부르짖는 이유도 자명해진다. 우주 산업도, 여행도 결국에 다 돈이다. 돈이 된다. 이 책을 내준 출판사도 내 원고가 돈이 되니까 출간한 것이다.

　책에서 종종 욕심 대신에 시세차익, 목적, 돈벌이 등의 용어가 사용된다. 하지만 결국 다 욕심을 대체하는 말로 받아들이면 된다. 정부 또한 정권 유지가 곧 정부 인사의 돈이자 미래이기 때문에 움직이는 것이다. 결국, 자본주의사회는 돈으로 굴러간다는 사실을 잊지 않길 바란다.

Q184

이번 기회도 놓쳤다는 생각이 든다면

2025년 6월, 대통령의 얼굴이 바뀌었다. 규제 없이 시장에 맡기겠다던 공약은 온데간데없고, 6월 27일부터 느닷없이 규제가 시작됐다. 규제는 9월에도, 10월에도 연이어 강화됐다. 2021년을 보는 듯했다. 끝을 모르고 타오르던 불장, 매번 더욱 강력한 대출 규제를 예고하던 정부, 이 시기를 놓치면 영영 대출도, 내집 마련도 불가능해 보였던 시절.

아마 이 글을 읽고 있는 여러분은, 나와 비슷한 시기, 혹은 그 이후에 부동산 시장에 입문한 사람일 것이다. 나 역시 격동의 시기에 부동산 투자를 처음 시작했기에, 여러분이 느끼는 막막함을 잘 안다. 사실 우리가 투자를 시작하는 시기는 늘 격변의 시기다. 안정적이고 편안한 시기는 존재하지 않는다.

하락장이고 기회의 장이었던 2022년 말과 2023년에 기회를 알아챌 수 있었던 사람들은, 이미 하락장과 상승장을 모두 경험해본 사람들이었다. 초보가 이때 투자를 처음 시작했다면 쉽게 성공할 수 있었을까? 아니, 2023년 말까지 아주 지지부진하게 오르는 집값을 보며, 그리고 왜 지방 아파트는 2021년처럼 오르지 않는지 의문을 가지며 후회했을 것이다.

지나간 시간은 늘 쉬워 보인다. 과거의 그래프는 당시를 직접 겪었던 사람이 느꼈던 감정까지 보여주지 않는다. 하락장이 얼마나 무서웠는지, 얼마나 끝도 없이 떨어지는지, 같은 단지 사람이 집 왜 팔았냐고 부동산도 집주인도 욕하던 시절이 어땠는지.

2023년 말부터 시작된 상승장에 투자를 시작했다면 달랐을까? 2022년 말의 최저점을 보면서 '아, 이때 샀어야 했는데'만 반복하고 있었을 가능성이 크다. 그러다 조금씩, 조금씩 올라가는 호가와 거래가를 눈치채지 못하고 놓치거나, 다시 떨어지기만을 기대하며 2025년 상승장을 다시 맞이했을지도 모른다. 2023년 말까지도 큰 상승장이 이토록 다시 빠르게 시작된다고 생각하는 사람은 없었으니. 그런 생각을 하는 건 불가능에 가깝다. 2022년의 폭락장을 경험해 봤다면 더더욱.

과거 이명박, 박근혜 정부 시절 '빚내서 집사라'는 정책에도 상승장은 쉽게 오지 않았다. 되려 상승장은 문재인 정부 시절에야 찾아왔으니, 한참 후에나 왔다고 할 수 있다. 금융위기 이후 반포자이 실거래가를 찾아보면 당시 하락장이 얼마나 길었는지를 알 수 있을 것이다.

지금은 또 다르다. 상승 하락 사이클 속도가 너무나도 빨라졌다. SNS와 프롭테크의 발달로 부동산 정보의 전달 시간이 획기적으로 줄었기 때문이다. 또, 이들이 비교와 불안을 수백, 수천 배 가중시켜 '심리'에 지배받는 부동산 시장을 만들었다. 부추겨진 심리는 시장의 왜곡된 편향을 더욱 가중하고, 시장 참여자, 특히 초기 참여자들의 마음에 조급함을 심어 지금이 아니면 안 될 것 같은 불안감에 미치게 만든다.

이 글을 읽는 여러분은 꼭 하나를 알았으면 한다. 반드시 다음 기회가 온다. 시장이 변하고 정책이 변하고 세계가 변해도 단 한 가지 변하지 않는 사실이 있기 때문이다. **인간은 욕망하는 존재다.** 욕망이 상승을 만들고, 하락을 만든다. 인간이 만든 기업, 정부, 시장 또한 욕망으로 움직인다. 즉, 인간의 본성이 바뀌지 않는 한, 기회는 반드시 온다.

기회가 반드시 온다는 믿음을 확실히 했다면, 다음으로 해야 할 것은 준비다. 기회를 알아차릴 수 있도록 공부를 해야 한다. 동시에 아는 게 많아질수록 놓친 기회가 많았음을 깨닫게 될 것이다. 충분히 괴로워하고, 후회하고, 과거의 무능력을 인정하고 수용하길 바란다. 지금 우리가 보내는 이 순간 또한 미래의 누군가에겐 '쉬웠던' 순간이 될 것이니. 열심히 하고자 하는 의지가 있기에 괴로운 것임을, 자연스럽게, 자랑스럽게 받아들이자.

그렇다고 공부를 하지 않고, 현실을 보지 않는다면, 어제의 우리와 달라질 것이 없다. 실패도 하고 아파도 보고 문제를 해결하고 직접 겪으며 체화하는 통탄의 경험이 있어야지만, 시장의 파도에 휩쓸리지 않고 투자의 성공에 도달할 수 있다. 지금 내가 부족할지언정, 시장이 정부가 정책이 대출이 규제가 뭘 어쨌건 간에, 내가 과거로 돌아가더라도 지금의 부족한 지식으로는 똑같이 괴로웠을 것이라는 사실을 받아들여야 한다. 이 사실을 인정한다면, 실패는 이제 성공으로 가는 과정일 뿐이다.

왜 하필 내가 투자를 하려고 하면 규제가? 하는 생각이 얼마나 의미 없는 것인지, 깨달았을 것이라 믿는다. 투자에 있어 어려움이란 늘 존재하는 법이다. 세상에 낮은 호가는 없으며, 규제도 존재할 이유가 있기에 만들어진 것이다. 어차피 시장 참여자에게 똑같이 주어진 규제라면, 한발 먼저 앞서 해결해보는 게 어떠한가. 그 안에 또 기회가 있을 것이다.

작가 재편입니다.
감사의 마음을 담아 '경매마당' 2개월 쿠폰을 무료로 드립니다. QR 코드로 접속해서 나온 블로그 글에, 이 페이지와 이름 적은 포스트 잇을 사진 찍어서 댓글로 남겨주세요.

재편의 이야기

생애 첫 투자는 주식이었다.

아무것도 모르던 2019년. 마이너스통장 2천만 원으로 테슬라 300% 수익률을 달성했다. 주변에서 칭찬도 많이 들었고, 스스로 뿌듯함도 많이 느꼈다. 그렇게 나는 해서는 안 될 행동을 하고 만다. 마이너스 통장 1억 원을 미국 주식에 몰빵한 것이다. 목표는 결혼 자금 마련. 사랑하는 사람과 더 좋은 곳에서 살고 싶었다.

하지만 때가 좋지 않았다. 하필 우크라이나 전쟁이 터지기 직전, 제롬 파월 Jerome Powell 의장이 금리를 인상하기 직전이었다. 1년 전에 몰빵했다면 결과가 달랐을까? 투자는 수천만 원 손실로 마감했다. 손절한 종목 중에는 엔비디아도 있었다. '쭉 들고 있었더라면…, 비트코인을 팔지 않았더라면…' 하고 후회만 하는 삶을 살기는 싫었다. 공부를 해야 했다.

그렇게 부동산 공부를 시작했다. 주식으로 부자가 된 사람은 없어도 부동산으로 부자가 된 사람은 많다고 들었기 때문이다. 개인에게 승산이 있는 시장 같았다. 초기 투자금을 줄이기 위해 강의는 듣지 않고, 책 위주로 공부했다.

▶▶▶

특히 경매 책은 모르는 용어가 너무 많아서 1권을 읽는데 일주일이 넘게 걸렸다. 10권쯤 읽으니 조금 눈에 보이기 시작했고, 특수 경매, 지분 경매, 매매사업자도 이 무렵 알게 됐다. 경매로 싸게 사서 매매사업자로 빠르게 매도한다니. 부자의 새로운 공식을 깨달은 듯했다. 마음 같아서는 1년에 10채, 20채 사고팔며 돈을 벌고 싶었다.

그렇게 허생처럼 글공부만 하기를 1년, 드디어 실제 경매 법정에 찾아갔다. 용기가 부족했던 탓도 있지만, 대출이 두려웠던 탓도 컸다. 초보자는 대출이 얼마나 나올지 알 수가 없으니, 자칫하면 입찰보증금을 날리기 때문이다. 어쩔 수 없이 70% 대출을 가정하고 수차례 입찰했다. 첫 입찰에는 보증금을 넣지 않아 집행관 선생님께 혼도 났더랬다. 그렇게 여러 법원을 돌아다니며 입찰 경험을 쌓다보니, 어쩐지 용기가 점점 생겼다. '될 수도 있겠는데?' 노력에 가속이 붙어, 200개 물건을 조사하고, 20번쯤 입찰한 끝에, 첫 낙찰이 찾아왔다.

🏢 첫 번째 아파트

첫 아파트 낙찰은 지분경매였다. 2등과 60만 원 차이. 경쟁자 20명을 제치고 낙찰. 2023년 11월 무렵이다. 낙찰받고 바로 뭣도 모르고 매매사업자를 등록했다. 코드는 703011, '간이'는 아닌 것 같으니 일단 '일반'으로. 전대차 계약서는 다음 날 세무서 전화를 받고 알았다. 추가 제출했다. 사업자등록증이 생겼다며 그저 기뻐하는 초보였다.

사정을 알아보니 막내아들이 인터넷도박에 빠져 3금융권에 빚을 졌고, 아버지에게 물려받은, 어머니가 거주 중인 인천의 조그만 나홀로 아파트 지분이 경매로 넘어간 것이었다. 남매들을 만나 이야기를 시도했지만 다시는 오지 말라고 문전박대를 당했다. 상대편 법무사한테는 '나이도 어린놈이 xx' 하며 연락하지 말라는 말이나 들었다.

그렇게 맨땅에 헤딩. 나 홀로 소송이 시작됐다. 송장에, 송달료에, 준비서면에, 보정서에, 법원 직원이랑 수십 번 통화하고… 결국 어찌어찌 2개월 만에 감정가보다 조금 낮게 공유지분권자에게 매도 성공했다.

바로 이어서 매매차익 예정신고를 해야 했다. 아무것도 모르니 빨리 시작해야 기한 안에 끝낼 수 있을 것 같았다. '기본세율'을 알아내는 데만 하루가 걸렸고, 취득가액, 양도비, 공과금, 자본적 지출액 입력 등 다 해서 일주일쯤 걸렸다. 매매사업자 덕에 양도세를 큰 폭으로 줄일 수 있었다. 첫 사이클을 돌렸다는 생각에 무척 행복했다. 맨땅에 헤딩 전문가가 되어가고 있었다. 나중에 알고 보니 '기본세율'을 모르는 매매사업자가 참 많았다. 나만 그런 게 아니었다.

🏢 두 번째 아파트

두 번째 아파트는 얼마 가지 않아 찾아왔다. 2023년 12월 즈음, 낙찰가를 조금씩 높여가던 무렵. 인천 계양구에 있는 2013년에 준공된 대지권 미등기 아파트를 낙찰받았다. 86% 정도 되는 낙찰가율에 받았는데 아쉽게도 입찰자가 나 혼자였다. 무서운 마음이 들었다. 사실 임장도 가보지 않고 오로지 시세와 유찰가만 보고 들어갔기 때문이다.

사정을 알아보니 채무자가 아내, 장인어른, 친척 등 주변 모든 사람을 속여 사기죄로 감옥에 있었다. 어쩐지 연락이 어렵더라니. 어렵사리 알아낸 채무자 아내 연락처로 명도에 성공했다. 참 힘든 일이 많았다. 지분경매나 할 걸 싶었다. 입주청소도 깔끔하게 단장하고, 여기저기 부동산에 들러 인사도 드리며 '우리 집 잘 팔아주세요' 신신당부 부탁드렸다.

그러나 집이 팔리지를 않았다. 동네에서 제일 싼데, 컨디션도 좋은데, 얼어붙은 부동산 경기에 집을 보러 오는 사람이 없었다. 일단 전세를 먼저 받아서 대출을 갚기로 했다. 경매 물건 대출은 1금융권보다 이율이 높아 부담이 컸다. 운 좋게 '전세금+800만 원'으로 대출을 모두 갚았다. 남은 건 사줄 사람을 차분하게 기다리는 것이다.

2024년 2월, 매도를 기다리던 중 우편함에 편지가 한 통 날아들었다. '뭐지?' 부가세 기한 후 신고 독촉장이었다. 가산세도 내야 한다는 내용과 함께. 청천벽력이었다. '이런 게 있었구나…' 신고 방법을 몰라 세무서에 문의하니, 작년 매도 건이 없으니 무실적 신고를 하면 된다고 친절히 안내받았다. 더불어 가산세도 없었다. 내야 할 세금이 없어서. 천만다행이었다. 하지만 세무서에서 온 편지, 가산세라는 단어가 주는 압박감만은 생생히 내 안에 남았다.

그렇게 일주일 즈음 지났나, 세무서에서 또 편지가 왔다. '세상에, 또 뭐람.' 양도세 납부 통지서였다. '엥? 양도세? 매매사업자는 매매차익 예정신고를 하는데, 왜 양도세도 내라는 거지?' 세무서에 전화하니, 자동 발송되는 통지서니 무시하라고 했다. 집을 처음 팔아보니, 처음 받는 양도세 납부 통지서에 당황한 것이었다. 이런 내용은 책에 없었으니까. 재밌었다. '이것도 다 경험이지.' 이렇게 매매차익 예정신고, 부가세 신고를 배웠다.

🏢 세 번째 아파트

두 번째 물건이 팔리기도 전에, 세 번째 아파트에 계약금을 넣었다. 만용이라면 만용이었다. 하지만 곧 전근을 앞두고 있어서 서울에 발을 붙이고 떠나고 싶었다. 자금 계획을 세웠다. 딱 수천만 원이 모자랐다. 두 번째 아파트에 자금이 묶인 탓이었다. 환금성이 이렇게 중요하다.

두 번째 아파트가 팔리지 않으면 내 본가에서 일부를 빌리기로 했다. 흔쾌히 수락해준 아버지께 정말 감사했다. 아내 임신 소식을 알리며 요청한지라… 설득이 더 쉬웠다(?).

꾸역꾸역 돈을 끌어모아 2월에 계약금을 넣고, 내가 훈련소에 가 있는 동안 아내가 고군분투하며 세입자를 맞췄다. 아내는 부동산의 'ㅂ'도 모르는 사람이어서, 세입자를 맞추는 과정이 너무나 힘들었다고 한다.

이 세입자는 xx조건을 달라 하는데 이 사람 놓쳐서 5월 잔금 못 하면 어떡하지. 집이 어쩌고저쩌고 계속 부동산에서 전화가 오는데, 아는 건 없고 잘못될까 두렵고…. 임신 중 입덧 구토를 한 번도 하지 않던 아내가 스트레스 때문에 처음으로 토악질을 했다.

훈련소에서 연락이 될 리 없던 내 휴대폰에 '전화 좀 받아줘 제발' 하고 연락을 보내둔 걸 확인한 날 가슴이 너무 아파 미칠 것 같았다. 너무 미안하고, 고마웠다.

훈련소 전화 시간 일주일에 1번, 1시간은 아내와 부동산 통화로 가득 채웠다. 마지막 통화에서 간신히 세입자가 구해졌다. 5월 잔금일에 맞춰 전세 잔금을 받기로 했다. 하늘이 도왔다.

훈련소가 끝난 4월 초, 종합소득세 신고가 다가왔다. 이것도 혼자 해보려 했는데, 장렬히 전사했다. 장부? 복식부기? 재고자산? 사업용 주택? 비교과세? 이렇게 복잡할 줄이야. 매매사업자는 복식부기로 재고자산을 등록해야 한다는 사실을 처음 알았다. 장부도 당연히 없었다. 세무사 선생님을 수소문해 종합소득세 신고 대행과 장부 작성을 30만 원에 맡겼다. 지금 생각하면 매도 건이 없는

▶▶▶

종합소득세 신고였으니, 근로소득과 사소한 비용처리만 해주신 셈이었다.

이후 복식부기 장부를 받았는데, 하나도 알아볼 수가 없었다. 회계 프로그램으로 장부를 직접 작성해보려 했지만, 용돈기입장만 써본 내겐 벅찬 일이었다. 복식부기 기장은 세무사에게 맡겨야겠다 다짐했다.

두 번째 아파트도 매수자가 나타났다. 아무도 보러 오지 않는 무서움, 반려 아파트가 될 수 있다는 두려움…. 이 아파트로 너무 마음고생을 많이 해서 바로 매도에 응해버렸다. 급한 마음에 시세보다 1천만 원을 더 깎아서 매도했다. 손해가 조금 있더라도 빨리 정리하고 싶었다. 바로 매매차익 예정신고를 첫 번째 아파트 건과 합쳐서 신고했다(합쳐야 하는 줄 몰라서 두 번 신고한 건 비밀이다).

부동산, 매수는 쉬워도 매도는 어렵다더니. 밤마다 '안 팔리면 어떡하지' 했던 불안함을 하루빨리 떨쳐버리고 싶었다. 이래서 서울, 서울 하나 싶었다. 인천에는 다시는 안 들어가야지, 다짐했다. 경매는 낙찰이 목적이 되어서는 안 되고 이후 있을 시간, 노력도 모두 고려해서 'n천만 원' 이득과 상쇄할 수 있을 때 들어가야 한다는 점을 깨달았다.

그리고 5월, 이름이 등기부에 박혔다. 소유권 이전 2024년 5월 xx일 매매 소유자 ○○○.

월세 오피스텔, 좁아터진 10평대 전셋집에 살다가 결혼 1년 반 만에 이룩한 성공. 부동산 시장이 앞으로 어떻게 될지 모르지만, 집값이 떨어져도 이 집에 들어가 살면 되겠다며 아내와 축배를 들었다. 이제 적어도 서울에 발붙일 곳 하나는 생겼다. 인생 세 번째 아파트였다.

이어서 또 부가세 신고가 왔다. 1월부터 6월까지 발생한 매출에서 부가세를 신고해야 했다. 일반과세자는 면세사업자와 달리 부가세 신고를 두 번 한다는 걸 그때 처음 알았다. 이번에도 세무사 선생님 도움을 받기로 했다. 덕분에 부가세 관련 매출이 없는 과세사업자는 매입세액을 불공제해서 비용처리한다는 걸 알게 됐다. 이 즈음 매번 친절하게 상담해주신 세무사 선생님께 믿음이 갔다. 처음으로 월기장 계약을 맺었다.

비용처리 품목도 훨씬 다양해졌고, 사업자카드를 적극적으로 활용하기 시작했다. 홈택스에 사업자카드를 등록하며 괜히 뿌듯하기까지 했다. 이제야 조금은 어엿한 매매사업자가 되었다는 생각이 들었다. 다음 부가세 신고도 두렵지 않았다. 이제 실적도 생겼으니 기한에 맞춰 신고하지 않으면 가산세도 붙는다.

두 번의 매도, 세 번의 매수 경험 덕에, 부동산 투자에 자신감이 붙었다. 분야를 넓혀 아파트, 빌라, 상가, 오피스텔, 꼬마빌딩, 건물도 적극적으로 알아보기 시작했다. 매매사업자를 시작하지 않았다면, 지금쯤 다음 전셋집을 찾아 전전긍긍하고 있지 않았을까? 그즈음 전세 사기가 이슈였다. 경매를 공부한 나로선, 참 안타까웠다. 만약 우리 전셋집에 다음 세입자가 들어오지 않았다면, 경매 공부를 하지 않았다면, 우리도 어떻게 되었을지 모르는 노릇이었다.

🏢 네 번째 아파트

그로부터 3달 뒤, 사랑하는 아이가 태어났다. 더불어 인연을 맺어온 중개법인 팀장님께 건물 하나를 소개받았다. 서울 서초구 예술의전당 앞 대로변 30억 원 건물. 대로변이고 예술의전당이라는 특수 상권이 있었다. 애초에 강남, 서초에서 30억 원짜리 덩어리 물건이 잘 나오지도 않는데, 거기다 대로변이라니. 눈이 돌아갔다.

놀란 마음을 진정시키고, 현 우리 가계 상황을 점검했다. 동원 가능한 현금이 조금 있었다. 어라, 생각보다 많았다. 거기다 세 번째 아파트가 조금 올라 있었다. 세 번째 아파트를 용기 내 2024년 초에 매수했는데, 운이 따라서 이렇게 단기간에 올라준 것이다.

'이 현금이면 아파트 갭투자도 되겠는데?' '네이버부동산', '호갱노노'를 켜서 갭 n억, 30평대, 세대수 300세대 이상 아파트를 검색했다. 강남, 서초, 송파, 용산, 성동, 광진 순서로. 눈에 들어온 단지가 하나 있었다. 꿈의 아파트였다.

'이게 된다고?' 매매가와 전세가를 확인한 순간. 나는 이상한 감정에 휩싸였다. 내 동기부여 카드 뒷면에 떡하니 자리 잡은 그 아파트. 세 번째 아파트를 사며 '10년 안에 입성하자!' 하고 와이프랑 열의를 다졌던 그 아파트를 살 수 있었다. 손이 떨리기 시작했다.

세 번째 아파트 매수 잔금을 치른 지 불과 5개월이었다. 세 번째 아파트도 10년 가지고 있을 생각으로 샀는데, 역시 미래는 아무도 모른다.

바로 집 보는 약속을 잡았다. 급하게 기차를 끊느라 새벽 5시 기차만 남아 있었다. 놓치면 안 될 것만 같았다. 출산 3주 차 아내도 같이 가겠노라 한다. 아내의 의지도 불타오르는 것이 보였다. 내 훈련소 시기 부동산의 'ㅂ'도 몰라 눈물을 뚝뚝 흘리며 힘들어하던 아내가 맞나 싶었다.

실제로 가본 집은 사진보다 더 좋았고, 계약까지 일사천리로 진행했다. 세입자를 구해야 했고, 세 번째 아파트를 팔아야 하는 숙제가 있었지만 개의치 않았다. 매매사업자로 쌓은 경험 덕분이었다. 매매사업자는 경매뿐 아니라 일반 매매에도 이용할 수 있으니까. 다만 올해 안으로 잔금을 받으면 성실신고대상에 걸리니 내년에 잔금을 받아야 했다.

그래도 여태까지 쌓은 성공 경험이 있어서, 망설이지 않을 수 있었다. 그리고 2022년 9월에 시작한 독서도 그새 계속 쌓이고 있었다. 누적 400권을 돌파했다.

그즈음 매매'사업자'를 본격적으로 공부하기로 했다. 매매사업자도 결국 사업자 중 하나였다. 그러니 사업, 세무, 회계 지식도 갖춰야 한다고 생각했다. 사업자 관련 책을 읽기 시작했다. 지식이 파도처럼 밀려들었다. 평생을 근로소득자로 살던 내겐 너무도 충격적인 세계였다.

부가가치세, 종합소득세, 분리과세, 기타소득, 공제, 회계, 복식부기, 경비율, 개인사업자, 법인사업자, 과세·면세사업자, 간이·일반과세자, 공동사업자, 비용처리, 조기환급, 사업장현황신고, 건강보험료, 국민연금, 세무조사, 경정청구, 성실신고, 창업, 지분, 재무제표, 합병, 분할, 증여, 상속….

시간이 오래 걸려도, 하나하나씩 제대로 이해하려 노력했다. 이 모든 것을 하나도 모르고 사업자를 시작했다니. 그 시절 나는 무모했다. 만용. 하지만 그 용기 덕에 여기까지 왔다. 맨땅에 헤딩으로 시작할 수 있는 용기는 잃을 게 없는 사람의 특권이다.

첫 입찰에서 1년 남짓한 시간이 흘렀다. 나처럼 시행착오를 겪는 사람들이 있을까 싶었다. 블로그에만 쓰던 글을 네이버 카페에도 쓰기 시작했다. 질문을 받았다. 한두 명 받다 말겠지 싶었다. 카페 게시글은 출석체크 환영 인사가 절반이었으니까. 거기다 매일 새 글이 1,000개씩 올라오는데 내 질문 글을 읽을 사람이 얼마나 되겠는가.

웬걸. 수요 초과였다. 자유롭게 물어볼 수 있는 질문 창구가 절실한 사람은 너무나도 많았다. 이들은 내가 궁금했고, 실수했고, 고민했던 것들을 똑같이 고민하고 있었다. 나도 몰랐고, 네이버 검색해도 잘 안 나오는 것들. 여기저기 전화해 물어보고 책을 뒤져가며 겨우 알아낸 지식. 공짜로 다 알려드렸다. 내가 얼마나 힘들었는지 아니까. 나처럼 고생하지 않길 바라는 마음이었다.

'속이 시원하다', '덕분에 궁금증이 싹 해결됐다', '빛과 같은 존재다', '책 어서 내달라' 커피를 쏴주시겠다는 분도 계셨고, 상담료를 주겠다는 분도 있었다. 모두 감사한 반응이었다. 하지만 여러 반응 중에서도 가장 기억에 남는 반응 하나가 있다.

'여러분의 문답 덕에 제 궁금증이 해결됐어요. 감사합니다.'

놀라웠다. 내가 과거에 겪은 문제는, 누군가가 미래에 겪을 문제였던 것이다. 나는 누군가를 돕기 위해 매매사업자를 시작하지 않았다. 그저 돈 몇 푼 더 벌어서, 사랑하는 사람과 시간을 더 보내는 데 보태고 싶었다. 미약한 시작이 이렇게 이어질 줄은 꿈에도 몰랐다.

그렇게 카페 문답에 그치지 않고, 더 많은 사람에게 도움을 주자는 생각에 책을 쓰기 시작했다. 문을 쓰고 답을 쓰기를 몇 날 며칠을 반복했다. 출판을 어떻게 하는지 몰라 출판 관련 서적도 읽었다. 출판기획서라는 걸 처음 알았다. 원고가 5만 자를 넘어갈 무렵, 출판기획서도 완성됐다. 출판사 100곳 중 50곳에서 답변이 왔고, 그중 8곳에서 출간 의뢰가 왔다. 신인 작가에겐 과분한 반응이었다.

그저 양도세 아끼려 시작했던 초보 매매사업자가, 2년이 지나 매매사업자 책을 쓰고 있다니.

나는 이 책에 쓰인 내용의 1%만 알고 매매사업자를 시작했다. 덕분에 시행착오도 많이 겪고, 남들보다 훨씬 어렵게 돌아서 갔다. 이끌어주는 사람이 없으니, 처음부터 스스로 길을 개척해야 했다. 일단 시작하니 다음 이벤트를 어떻게든 해결해야 했다. 망할 수는 없었으니까. 한 번, 두 번, 계속해서 어려웠던 경험을 극복하고 나니 이렇게 책을 쓰고 있다. 미래는 어떻게 이어질지 알 수 없다. 2차 카오스다. 예언가도 본인 미래는 모른다.

기억에 남는 반응이 하나 더 있다.

Q 재편 님, 안녕하세요? 항상 감사드립니다.

　　1) 매매사업자로서 단기 매도를 하면 안 되는 특정한 시기(ex: 하락기)가 있다고 생각하시나요? 아니면 재편 님은 부동산 분위기에 관계없이 매매사업을 하시는 편인가요?

　　2) 만약 1번의 질문에서 매매사업을 하면 안 되는 시기가 있다고 생각하신다면, 그 시기를 알기 위해 어떤 노력을 하셨나요?

　　용기 내어 매매사업자 첫발을 내딛고 싶은데, 안 좋은 시기에 시도했다가 물리게 될까봐 걱정되어 질문드렸습니다. 안 잃는 게 투자에서 가장 중요하다고 생각해서요.ㅠㅠ

　　2025. 02. 17. 10:23

⌙ 💬 찐 투자자시군요. 좋은 고민입니다.

　　1) 없습니다. 투자에는 늘 위기와 기회가 공존하니까요. 부동산 시장이 좋으면 기회도 많으니 좋고, 시장이 안 좋으면 사람들이 투자를 꺼리니 오히려 기회가 됩니다.

　　2) 투자 시기를 아는 방법은 없지만, 제 안의 두려움을 다스리는 방법은 잘 알고 있습니다. 지식을 많이 쌓는 겁니다. 책을 읽어보세요. 두려움은 '어떻게 될지 몰라' 하는 무지에서 나옵니다. 어떤 일이 펼쳐질지 아는 만큼 덜 무서워할 수 있습니다.

3) 잃지 않는 게 투자에서 가장 중요한 것, 맞습니다. 하지만 더 중요한 건 시작하는 겁니다. 설사 조금 잃더라도 괜찮습니다. 사이클을 한 바퀴를 돌려본 사람과 아닌 사람은 천지 차이입니다. 인생이 망하지 않을 정도의 손실이면 전혀 문제없습니다. 미래에는 더 큰 수익으로 이어질 겁니다. 응원합니다.^^

2025. 02. 17. 10:23

> 💬 **엄청 큰 도움이 되었습니다.**
>
> 제가 매매사업자로 첫 수익을 내면 꼭 감사 인사드릴게요. 용기 주셔서 감사합니다!
>
> 2025. 02. 18. 10:52

시작하려는 사람은 누구나 용기가 필요하다. 하지만 그 용기는 누가 찾아줄 수 있는 게 아니다. 잘해서 용기가 생기는 게 아니다. 이미 여러분 스스로 안에 있다. 만용인지, 위용인지는 앞으로 걸어갈 길이 자연스레 알려줄 것이다.

그러니 용기를 내자. 여러분의 소중한 사람들도, 씩씩하게 걸어 나가는 여러분을 응원할 것이다. 나 또한 이 길을 걸을 수 있도록 응원과 격려를 아끼지 않은 사랑하는 아내 JY, 딸 HN에게 이 자리를 빌려 무한한 감사를 전한다.

마지막으로 내가 정말 좋아하는 책, 천선란 작가의 《아무튼, 디지몬》(위고)을 인용하며 마쳐본다.

"꼭 책을 읽어야 소설을 쓸 수 있는 건 아니잖아. 너 한글 쓸 줄 알잖아. 그럼 됐지."

그 말은 여태껏 내가 뼈에 새기고 있는 삶의 이정표 중 하나가 되었다. 모두가 모든 것을 완벽하게 준비하고 시작하지 않는다. 우리는 아무 준비 없는 피아노 건반을 누르고, 어쩌다 크레파스로 그림을 그리고, 규칙도 모른 채 축구공을 찬다. 어떤 일을 시작할 때, 우리는 그것의 정체를 전부 알고 하지 않는다. 희끄무레한 빛, 크기를 알 수 없는 그림자 그런 것을 더듬으며 나아간다.

성투하시길.

여러분의 길을 응원한다.

질문이 있다면 언제든 찾아와도 좋다.

추신)

 와, 감사합니다!! 재편 님은 모르는 게 있으신가요.ㅎㅎㅎㅎ

2025. 02. 20. 08:29

 저 아무것도 모르고 시작했어요.ㅋㅋㅋ 덕분에 고생을 많이 해서 이렇게 알려드리고 있네요.^^

2025. 02. 20. 08:53

《부동산 매매사업자 처음 시작합니다》를 읽은 독자들의 생생한 이야기

💬 **여지껏 세무사분들이 낸 매매사업자 책을 보며 답답함이 있었는데**
다른 분 추천 후기 보고 바로 주문해서 이틀 만에 열독 완성했습니다!!!
열독 후 매매사업자 신청해서 하루 만에 사업자등록증 받았네요~~ 너무나 도움되고 유익한 책이었습니다. 👍

2025. 05. 14. 16:57 롱스

💬 **매매사업자 및 부동산 관련 책을 많이 읽어보았는데요…,**
재편님 책은 육아서 《삐뽀삐뽀 119》라는 책이라는 생각을 했어요…ㅎ 잘 모르시겠지만 이 책은 출산한 엄마의 필독서로 모든 집에 한 권씩 배치하고 있는 책인데요…. 재편님 책이 그래요. 책꽂이에 꽂아두고 필요할 때마다 꺼내 보고 꺼내 보고…. '부동산 삐뽀삐뽀 119'예요^^ 감사드리고, 더 좋은 선한 영향력 부탁드려요.

2025. 05. 29. 15:21 에이유

💬 **안녕하세요, 재편님.**
우연히 블로그 글 보고 오늘 책을 받아보고 읽고 있습니다. 제게 필요한 내용들이 많아서 읽는 내내 재미있습니다.

2025. 07. 18. 16:10 티거

💬 **진,짜. 좋은 책입니다.**
어느 교과서와 비교도 안 될만큼!!! 유익한 건 덤이지만 가독성이 너무 좋아요.

2025. 09. 10. 15:57 링하나

▶▶▶

💬 **저는 매매사업자 운영하면서**

법률 찾고 하나씩 시행착오투성이였는데, 진짜 실제 투자하시는 분들에게는 큰 도움되는 책이네요.^^

2025. 10. 03. 09:32 김주임

💬 **책이 되게 읽기 쉽게 술술 써졌더라구요.**

게다가 아, 이것도 궁금한데? 이런 건 바로 뒤에 써져 있거나 다음 질문에 들어가 있더라고요. 덕분에 매매사업자 지식이 많이 늘었습니다.

2025. 05. 12. 11:47 서울의봄은

💬 **매매사업자의 멘토 재편님**

작년 12월 처음으로 재편님을 뵙고 1월 아파트 낙찰을 받았습니다. 낙찰 후 매매사업자로서의 진행과정이 너무 낯설고 어렵게 느껴질 때 재편님을 블로그를 통해 만날 수 있었습니다. 매매사업자에 관한 어떤 정보도 접할 수 없어 궁금한 점도 많고 두렵기만 하던 때였지요. 초기에 매매사업자 등록을 언제 해야 할지가 가장 궁금했는데 재편 님이 제 질문에 답을 주셔서 큰 도움이 되었고 용기를 얻을 수 있었답니다.

그 이후에도 재편님 블로그 글을 보며 매사자 운영정보 등을 얻고 있었는데 재편님이 책을 발간해 주셔서 너무 잘 읽고 사업에 활용하고 있답니다. 이 책은 저의 스터디 동료분들이 서로 권하고 함께 읽는 책이 되었답니다.

이번에 매사자 강의까지 들으니 정말 많은 이해가 되었어요. 종종 드리는 질문들에도 너무 명료하게 잘 답변 주셔서 감사함을 느낍니다.

《부동산 매매사업자 처음 시작합니다》의 개정판이 나와서 시기에 맞는 대책과 방향을 또 짚어볼 수 있다면 큰 도움이 될 것 같습니다.

늘~~ 감사드립니다.

2025. 10. 01. 19:17 웃긴 세상

💬 **안녕하세요, 재편님!**

재편님의 부동산투자 매매사업자와 관련된 커뮤니티의 질문과 답을 관심 있게 지켜보고 있던 중 2025년 4월에 지방 소형 아파트 낙찰받고 재편님의 책 《부동산 매매사업자 처음 시작합니다》를 제목 그대로 처음 시작부터 매뉴얼처럼 읽고 적용하고 있습니다.

초보자도 알기 쉽게 설명한 예시와 깊이 있는 내용으로 매매사업자 개설에서부터 매도와 종합소득세 예정신고까지 마치고, 두 번째 지방 아파트를 또 낙찰받아 책과 글, 재편님이 운영하시는 단톡방을 벗삼아 신나게(?) 경매 투자를 하고 있습니다.

실질적인 내용들을 성실하고 내실 있게 답해주는 재편님과 커뮤니티 멤버들. 무엇보다 매매사업자 바이블 《부동산 매매사업자 처음 시작합니다》를 통해 실전투자자의 길을 성공적으로 성실하게 밟아갈 수 있다는 자신감을 얻게 되었습니다. 매매사업자와 부동산투자를 알아보고 함께하시는 분께 재편님 커뮤니티와 책을 자신 있게 추천해드리고 있습니다.^^
항상 감사드리고, 출간 예정인 개정판도 또 기대가 됩니다.
재편님 투자도 출간도 승승장구 하시길 항상 응원드립니다!!

2025. 10. 02. 11:39 두드리미

💬 **안녕하세요. 저는 부동산경매 강사 평공쌤입니다.**
강단에서 수많은 분을 만나뵙지만, 부동산 경매투자를 '사업'의 관점에서 제대로 바라보는 분은 그리 많지 않습니다. 특히 절세와 수익을 동시에 잡을 수 있는 부동산 매매사업자는 복잡한 규정 때문에 많은 분이 지레 포기하곤 합니다. 이 책은 바로 그 복잡한 길을 가장 친절하고 투명하게 안내하는 등대와 같습니다.
작가 재편님은 제가 아는 한, 지식을 나누는 일에 있어 한 점의 흐릿함도 없는 분입니다. 어려운 내용도 독자의 눈높이에서 쉽게 풀어내고, 꼭 알아야 할 핵심 정보만을 가감 없이 보여줍니다. 이 책에는 매매사업의 준비부터 사업자등록, 실제 매매 과정에서 발생하는 세금 문제까지, 투자의 성공 확률을 높이는 실질적인 노하우가 빠짐없이 담겨 있습니다.
복잡해서 주저했던 분들, 이 책으로 사업가로서의 첫걸음을 자신 있게 내디디시길 바랍니다. 투명한 길을 알려주는 재편 작가님과 함께라면 부동산 투자의 새로운 지평이 열릴 것입니다. 저의 자긍심을 걸고 이 책을 강력하게 추천합니다.

2025. 10. 02. 14:23 부동산경매 평공쌤

💬 **재편님 글이 재밌어서**
그냥 쭉쭉 다 읽게 되네요. 원래는 잘 읽지 않는데…. 책 사서 읽어야겠어요~.

2025. 06. 06. 19:27 리1

💬 **부동산 매매사업자를 처음 시작하려 할 때**
흩어진 정보들 속에서 방향을 잡기 어려웠습니다. 이 책은 그 조각난 정보들을 한데 모아 정리해준 실전 입문서입니다. 매매사업자의 개념 정리부터 절차, 세금과 절세, 비교과세에 이르기까지 챕터별로 명확히 설명되어 있어 이해가 쉬웠고 실행으로 이어질 용기를 얻었습니다.
정독은 물론 필요한 부분만 골라 읽어도 실질적인 도움을 받을 수 있는, 그야말로 매매사업자 바이블이라 할 수 있습니다. 부동산 매매사업자 시작은 이 책 한 권으로 종결이라 확신합니다!

2025. 10. 02. 15:49 슬리버티

💬 **책 읽는 중에 너무 내용이 쉽고**

정리가 잘 되어 있어서 친구한테도 사서 선물해줬습니다.^^ ㅎㅎ

2025. 06. 30. 13:16 카이로스

💬 **안녕하세요. 부린이입니다.**

재편님 책 보며 매매사업자 공부하며 경매 도전 중입니다! 너무 좋은 책이에요.

2025. 09. 11. 14:15 또이또이

💬 **다른 곳에서 유료 강의를 들으면서도**

차마 강사에게 물어보지도 못했던 아주 사소한 질문들까지 빼곡이, 친절히 답해주는 책이라 읽으면서 너무 반가웠어요. 어쩜 가려운 곳을 쏙쏙 찾아서 긁어주시는지!! 매매사업자를 하고 있는 사람, 하려는 사람에게 바이블이 될 책이라고 생각합니다. 개정판도 나오는 대로 바로 구매할게요.

2025. 10. 02. 20:50 부자기획

💬 **안녕하세요. 부산 사직동에서**

독립서점 크리스탈북스를 운영하고 있는 안수정입니다. 2022년 첫 부동산 경매낙찰을 시작으로 2023년부터 부끌 클럽 스터디를 운영하며 책 친구들과 책을 읽고 경매투자를 하며 단기투자 수익 및 현금흐름을 만들어가고 있습니다.

3년 가까이 공부하면서 매매 사항이 생길 때마다 책을 찾고 블로그로 검색하면서 모르는 것을 해결했는데, 재편 작가님의 《부동산 매매사업자 처음 시작합니다》를 읽고 대부분의 궁금한 부분이 해결되었습니다. 또한 책 친구들이 매매사업자 세금 관련 물어볼 때면 재편님의 책 목차에서 질문을 찾고 그 부분을 공유해주며 함께 공부하고 있습니다.

기획부터 획기적이며 부동산 매매사업자로 투자를 하는 분들에게 정말 많은 도움이 됩니다. 부동산 매매사업자 처음 시작하는 분들에게 딱 한 권의 세금 책을 추천한다면 이 책을 추천하고 싶습니다. 좋은 책 집필해주셔서 감사합니다.

2025. 10. 10. 10:57 크리스탈

💬 **안녕하세요! 위에 정말 큰 손 같은 분들이 댓글을 달아주셨는데요.**

저는 매일 아침 무거운 눈꺼풀을 겨우 떠가며 출근하고 녹초가 되어 퇴근하는 평범한 직장인입니다. 지금 하고 있는 일도 분명 보람 있고 즐거운 순간들이 많지만, 결국 생존을 위해 돈을 버는 일로만 느껴질 때면 늘 마음이 무겁습니다. 그러던 중 알게 된 것이 매매사업자였습니다.

요즘처럼 경제적으로 서로에게 날카로워져 부동산 매매업에 대해 이야기하기조차 조심스러운 분

◂◂◂

위기 속에서, 그리고 반복되는 출퇴근으로 조금이라도 에너지를 아끼고 싶었던 저에게 재편님의 책은 정말 동아줄 같았습니다. 궁금했지만 혼자서는 해결하기 힘들었던 복잡한 질문들을 간단명료하게 설명해주시는 것만으로도 제 인생의 멘토가 생긴 듯한 든든함을 느꼈습니다.

덕분에 용기를 내어 매매사업자를 시작할 수 있었고 조금씩이나마 제 인생의 새로운 가능성을 만들어가고 있습니다. 좋은 책을 써주셔서 정말 감사드리고, 앞으로도 많은 분들께 큰 도움이 되실 거라 확신합니다. 다시 한번 진심으로 감사드립니다!

2025. 10. 11. 14:38 떵떵이

 안녕하세요.

처음 경매를 시작한 작년 11월경 선생님께 1:1 티칭을 들었던 경유입니다.

그때를 계기로 경매의 기본부터 실전까지 차근차근 배워나가며 지금은 빌라 1건 매수·매도 완료, 최근에는 아파트까지 낙찰받게 되었어요. 책를 통해 가장 크게 느낀 건, '실전 중심의 흐름을 정확히 짚어주는 구조'였습니다.

처음엔 용어 하나하나가 낯설었지만, 선생님 책을 여러 번 읽기를 반복하니 어느 순간 "아, 이제는 스스로 판단할 수 있겠다"는 확신이 생기더라고요. 이번 개정판 소식을 듣고 정말 반가웠습니다. 그동안 정말 많은 도움 받았고 앞으로도 쭉 함께 해주십시오!

이 책이 단순한 지식서가 아니라 실제 변화를 만들어준 책이라 진심으로 추천드리고 싶습니다!!

2025. 10. 12. 22:00 경유

개정판

부동산 매매사업자
처음 시작합니다

초판 1쇄 발행	2025년 5월 2일
개정판 1쇄 발행	2026년 1월 27일

지은이	재편
펴낸이	신민식
펴낸곳	가디언
출판등록	제2010-000113호

주소	서울시 마포구 토정로 222 한국출판콘텐츠센터 419호
전화	02-332-4103
팩스	02-332-4111
이메일	gadian@gadianbooks.com

CD	허남희
마케팅	남유미
디자인	미래출판기획

종이	월드페이퍼(주)
인쇄 제본	(주)상지사P&B

ISBN	979-11-6778-180-2 (03320)